飞行组织运行与管理

主　编 ◎ 李艳伟　佟家男
副主编 ◎ 石靖柏　张馨予

Flight Organization
Operation and Management

清华大学出版社
北　京

内 容 简 介

本教材根据知识的层次性、工作的有序性，理论与实践结合，合理安排 8 章内容。全书系统介绍飞行组织运行与管理工作的基本知识、法规要求、工作程序及要求，并详细阐述各种案例，对飞行组织运行与管理工作的实践具有一定的参考价值。

本教材针对高等院校教育和职业培训需求，以职业能力为核心，以实践分析为主线，整合飞行组织运行管理相关人员的工作内容，结合大量实践案例，突出实用性、适用性的特点，内容丰富，结构清晰，图文并茂，适合各大高等院校相关专业学生、培训机构学员以及一线员工的培训和学习。

本书封面贴有清华大学出版社防伪标签，无标签者不得销售。
版权所有，侵权必究。举报：010-62782989，beiqinquan@tup.tsinghua.edu.cn。

图书在版编目（CIP）数据

飞行组织运行与管理 / 李艳伟，佟家男主编. —北京：清华大学出版社，2022.1
ISBN 978-7-302-59757-5

Ⅰ. ①飞… Ⅱ. ①李… ②佟… Ⅲ. ①民用航空—旅客运输—交通运输管理 Ⅳ. ①F560.83

中国版本图书馆 CIP 数据核字（2022）第 003396 号

责任编辑：杜春杰
封面设计：刘 超
版式设计：文森时代
责任校对：马军令
责任印制：沈 露

出版发行：清华大学出版社
网　　址：http://www.tup.com.cn, http://www.wqbook.com
地　　址：北京清华大学学研大厦 A 座　　　　邮　编：100084
社 总 机：010-83470000　　　　　　　　　　邮　购：010-62786544
投稿与读者服务：010-62776969, c-service@tup.tsinghua.edu.cn
质量反馈：010-62772015, zhiliang@tup.tsinghua.edu.cn
印 装 者：三河市铭诚印务有限公司
经　　销：全国新华书店
开　　本：185mm×260mm　　　　印　张：19.75　　　　字　数：453 千字
版　　次：2022 年 3 月第 1 版　　　　　　　　印　次：2022 年 3 月第 1 次印刷
定　　价：69.80 元

产品编号：086992-01

前　言

飞行组织运行与管理是对航空器的起始、持续、终止等环节的控制过程，是航班正常、安全、高效运行的重要保障。飞行组织运行涉及大量的法规要求，也涉及对相关人员及设备设施的要求，是航空承运人及空中交通管理部门非常重要的一项工作。本教材从飞行运行管理机构的设备设施要求、飞行组织运行管理过程中对飞行签派员和空中交通管制人员的执照要求及工作内容等角度出发进行编写，适用于高等院校交通运输相关专业，对一线的相关工作人员也具有一定的参考价值。

本教材包括 8 章内容。第一章对飞行组织与实施机构进行了详细的介绍。第二章对航行基础知识进行了详细的阐述，并结合相应的例题进行讲解。第三章对飞行运行组织进行了详细介绍，并配有较多的实践案例。第四章对航班运行监控进行了介绍，并配有大量的实践案例分析。第五章及第六章对飞行组织运行中的非正常航班及特殊情况的飞行组织运行进行了介绍，分别从分类、应对处置等几个方面进行讲解，并配有大量案例。第七章对飞行组织与实施人员事故及差错标准进行介绍，并结合案例进行分析、说明。第八章对其他飞行的组织与保障进行了详细介绍。

本教材的编者团队不仅有高校的一线教师，还有来自各机场的具有飞行组织运行管理实践经验的飞行签派员及空中交通管制人员。李艳伟（沈阳航空航天大学民用航空学院）编写第一、二、三、四章，佟家男（金鹏航空股份有限公司运行控制部）编写第五、六章，石靖柏（松原查干湖机场航管中心）编写第七章，张馨予（唐山海运职业学院交通运输系）编写第八章，李艳伟负责全书的统稿。

编　者
2021 年 10 月

CONTENTS 目录

第一章 飞行组织与实施机构 1

第一节 飞行组织与管理机构 2
第二节 飞行组织与实施人员管理规定 10
思考题 24

第二章 航行基础知识 26

第一节 航空器和空勤人员 27
第二节 机场 45
第三节 飞行分类 76
第四节 空域的划分 78
第五节 飞行高度 88
第六节 飞行的运行标准 102
思考题 119

第三章 飞行运行组织 120

第一节 飞行组织与实施的一般程序 121
第二节 航班放行一般程序 128
第三节 航班放行实例 143
思考题 152

第四章 航班运行监控 153

第一节 航班运行监控概述 154

第二节　航班运行监控系统及通信手段 ································· 162
  第三节　飞行监控实例 ································· 188
  思考题 ································· 193

第五章　非正常航班概述的飞行组织与实施 ································· 194

  第一节　非正常航班飞行组织与实施管理规定 ································· 195
  第二节　非正常航班处置案例 ································· 207
  思考题 ································· 210

第六章　飞行中特殊情况的处置 ································· 211

  第一节　特殊飞行情况的管理规定 ································· 212
  第二节　飞行组织与实施人员在特殊情况下的应急处置 ································· 213
  第三节　特殊飞行情况下的飞行组织与实施管理 ································· 222
  第四节　特殊情况飞行的应急处置案例 ································· 257
  思考题 ································· 262

第七章　飞行组织与实施人员事故及差错标准 ································· 263

  第一节　空中交通管制事故、差错 ································· 264
  第二节　飞行签派员的事故及差错 ································· 268
  第三节　航行情报事故差错标准 ································· 272
  第四节　其他飞行组织保障人员的差错标准 ································· 274
  思考题 ································· 286

第八章　其他飞行的组织与保障 ································· 287

  第一节　通用航空飞行的一般规定 ································· 288
  第二节　几种通用航空飞行的特点和飞行标准 ································· 290
  第三节　其他飞行的飞行组织与实施管理规定 ································· 296
  第四节　外国民用航空器飞行的管理规定和保障 ································· 300
  思考题 ································· 307

参考文献 ································· 308

第一章

飞行组织与实施机构

本章学习目标

- 掌握飞行组织与实施的机构分类；
- 掌握空中交通管理部门职责的划分；
- 掌握飞行签派机构席位设置；
- 掌握空中交通管制人员的管理要求；
- 掌握飞行签派员的管理规定。

第一节 飞行组织与管理机构

一、我国的飞行组织管理机构

目前，我国实施的是国家通过职能部门对境内所有的飞行活动实施统一管理的飞行管制，各航空部门分别进行组织的管理模式。中国民用航空局空中交通管理局（以下简称民航局空管局）主要对我国的飞行管制工作负责，各航空部门分别组织与实施各自的飞行活动。

（一）空中交通管理局

民航局空管局是民航局管理全国空中交通服务、民用航空通信、导航、监视、航空气象、航行情报的职能机构。

中国民航空管系统现行行业管理体制为民航局空管局、地区空管局、空管分局（站）三级管理。其中，华北、东北、华东、中南、西南、西北、新疆七大地区空管局为民航局空管局所属的事业单位，其机构规格相当于行政副司局级，实行企业化管理。中国民用航空局（以下简称民航局）负责统一管理全国民用航空空中交通管理工作，中国民用航空地区管理局（以下简称地区管理局）负责监督管理本辖区民用航空空中交通管理工作。

空中交通服务包括空中交通管制服务、飞行情报服务和告警服务。空中交通管制服务的目的是防止航空器与航空器相撞及在机动区内航空器与障碍物相撞，维护和加快空中交通的有序流动。飞行情报服务的目的是向飞行中的航空器提供有助于安全和有效地实施飞行的建议和情报。告警服务的目的是向有关组织发出需要搜寻援救航空器的通知，并根据需要协助该组织或者协调该项工作的进行。

空中交通管制服务运行组织形式基本是以机场管制、进近管制、区域管制为主线的三级空中交通服务体系。机场管制服务是向在机场机动区内运行的航空器以及在机场附近飞行且接受进近和区域管制以外的航空器提供的空中交通管制服务。进近管制服务是向进场或者离场飞行阶段接受管制的航空器提供的空中交通管制服务。区域管制服务是向接受机场和进近管制服务以外的航空器提供的空中交通管制服务。

（二）空中交通管制单位

为了对管制区、管制地带和机场范围内的航空器提供空中交通管制服务、飞行情报服务和告警服务，应当设立管制单位。飞行情报区内的飞行情报服务和告警服务由指定的管制单位或者单独设立的提供空中交通飞行情报服务的单位提供。空中交通服务由空中交通管制单位（以下简称管制单位）提供。

管制单位应为下列航空器活动提供空中交通管制服务。

（1）高空管制区、中低空管制区、进近管制区、机场管制地带内所有仪表飞行规则的飞行。

（2）中低空管制区、进近管制区、机场管制地带内的所有目视飞行规则的飞行。

（3）特殊目视飞行规则的飞行。

（4）机场交通。

民用航空空中交通管制工作分别由下列管制单位实施。

（1）空中交通服务报告室。

（2）塔台管制单位。

（3）进近管制单位。

（4）区域管制单位。

（5）地区空中交通运行管理单位，即地区局调度室。

（6）全国空中交通运行管理单位，即总调度室。

（三）空中交通管制单位职责

（1）塔台管制单位负责对本塔台管辖范围内航空器的开车、滑行、起飞、着陆和与其有关的机动飞行的管制工作。在没有机场自动情报服务的塔台管制室，还应提供航空器起飞、着陆条件等情报。

（2）空中交通服务报告室负责审查航空器的飞行预报及飞行计划，向有关管制室和飞行保障单位通报飞行预报和动态。

（3）进近管制单位负责一个或数个机场的航空器进、离场的管制工作。

（4）区域管制单位负责向本管制区内受管制的航空器提供空中交通管制服务；受理本管制区内执行通用航空任务的航空器以及在非民用机场起降而航线由民航保障的航空器的飞行申请，负责管制并向有关单位通报飞行预报和动态。

（5）地区局调度室负责监督、检查本地区管理局管辖范围内的飞行，组织协调本地区管理局管辖范围内各管制室之间和管制室与航空器经营人航务部门之间飞行工作的实施；控制本地区管理局管辖范围内的飞行流量，处理特殊情况下的飞行；承办专机飞行的有关工作，掌握有重要客人、在边境地区和执行特殊任务的飞行。

（6）总调度室负责监督全国范围内的有关飞行，控制全国的飞行流量，组织、承办专机飞行的有关管制工作并掌握其动态，处理特殊情况下的飞行，审批不定期飞行和外国航空器非航班的飞行申请。

(四)管制单位的席位

为了适应交通量的增长和提高空中交通服务效率，管制单位可以根据规定，将空中交通服务工作责任分配到若干工作席位。直接对本管制区航空器实施空中交通管制服务的工作席位统称为管制席。管制单位可以将空中交通管制服务的责任区域分为若干管制扇区，并为管制扇区设置相应管制席。

（1）塔台管制单位工作席位。塔台管制单位工作席位分为以下几种。

① 机场管制席，负责为机场管制地带内活动的航空器提供空中交通管制服务。

② 地面管制席，负责对除跑道外的机场机动区内活动的航空器、车辆、人员实施管制。

③ 放行许可发布席，负责向离场航空器发布放行许可。

④ 通报协调席，负责向有关单位通报飞行动态信息和计划，并进行必要的协调。

⑤ 主任席，负责塔台管制单位现场运行工作的组织管理和监督，以及与其他单位的总体协调。

⑥ 军方协调席，负责本管制单位与飞行管制部门之间的协调。

塔台管制单位工作席位的设置，应当符合下列规定。

① 塔台管制单位应当设置机场管制席。

② 年起降架次超过 40 000 架次或者实施仪表着陆系统 II 类运行的机场，应当在其管制塔台增设地面管制席。

③ 年起降架次超过 100 000 架次的机场，应当在其管制塔台增设放行许可发布席。

④ 塔台管制单位应当设置主任席。

⑤ 塔台管制单位应当根据实际情况设置通报协调席和军方协调席。

⑥ 塔台管制单位可以根据机场使用跑道的数量和滑行道的复杂程度，增设机场管制席和地面管制席。

（2）进近管制单位席位。全年起降架次超过 36 000 架次或者空域环境复杂的机场，应当设置进近管制单位。进近管制单位工作席位分为以下几种。

① 进近管制席，负责对进、离场的航空器及其空域范围内飞越航空器提供空中交通管制服务。

② 进场管制席，负责对进场着陆的航空器提供空中交通管制服务。

③ 离场管制席，负责对起飞离场加入航路、航线的航空器提供空中交通管制服务。

④ 通报协调席，负责协助管制席向有关单位通报飞行动态信息和计划，并进行必要的协调。

⑤ 主任席，负责进近管制单位现场运行工作的组织管理和监督，以及与其他单位的总体协调。

⑥ 飞行计划处理席，负责维护、处理飞行计划。

⑦ 流量管理席，依据流量管理的原则和程序，对所辖地区的飞行流量进行管理。

⑧ 军方协调席，负责本管制单位与飞行管制部门之间的协调。

进近管制单位工作席位的设置，应当符合下列规定。

① 进近管制单位应当设置进近管制席。

② 年起降超过 60 000 架次的机场，应当分别设置进场管制席和离场管制席或者增设管制扇区。

③ 年起降超过 36 000 架次或者空域环境复杂的机场，但无条件设置进近管制单位或者在进近管制单位设立前，可以在塔台管制单位设立进近管制席位。

④ 进近管制单位应当设置主任席。

⑤ 进近管制单位应当根据实际情况设置飞行计划处理席、通报协调席、军方协调席。

⑥ 独立平行仪表进近时，进近管制单位应当设置非侵入区监控席。

（3）区域管制单位席位。区域管制单位工作席位分为以下几种。

① 程序管制席，使用程序管制方法对本管制区内的航空器提供空中交通服务。

② 雷达管制席，借助航路管制雷达对本管制区的航空器提供空中交通服务。

③ 主任席，负责区域管制单位现场运行工作的组织管理和监督，以及与其他单位的总体协调。

④ 飞行计划处理席，负责维护、处理飞行计划。

⑤ 通报协调席，负责协助管制席向有关单位通报飞行动态信息和计划，并进行必要的协调。

⑥ 军方协调席，负责本管制单位与飞行管制部门之间的协调。

⑦ 流量管理席，依据流量管理的原则和程序，对所辖地区的飞行流量进行管理。

⑧ 搜寻援救协调席，负责航空器搜寻援救的协调工作。

区域管制单位工作席位的设置，应当符合下列规定。

① 区域管制单位根据本单位实际需要设立程序管制席。

② 实施雷达管制的区域管制单位应当设立雷达管制席。

③ 区域管制单位应当设置主任席。

④ 区域管制单位应当设置飞行计划处理席。

⑤ 区域管制单位应当根据本单位实际需要设置通报协调席、军方协调席、流量管理席。

⑥ 区域管制单位应当设置搜寻援救协调席。

（4）空中交通服务报告室工作席位。空中交通服务报告室席位由管制单位根据本单位的实际需要设置，可分为以下几类。

① 飞行计划处理席，负责处理、通报飞行计划，维护飞行计划数据。

② 动态维护席，负责航班动态信息的维护和发布，拍发及处理起飞、落地、延误等相关动态报文，与飞行保障单位协调航班返航、备降等保障事宜。

③ 主任席，负责本管制单位现场运行工作的组织管理和监督，以及与其他单位的总体协调。

二、航空公司飞行运行控制中心

航空公司经营人为保证本公司的飞行能安全、正常运行必须建立航空公司的"飞行运行控制机构"。飞行运行控制机构是航空公司组织与实施飞行的中心，是安全飞行的有力保障，飞行运行控制机构是负责放行航空器并实施运行管理的机构，是航空公司的运行程序、方针、政策的执行机构。

航空公司的飞行运行控制机构，即飞行运行控制中心（AOC），是根据航空公司本身的经营范围和规模进行编制设立的，通常由总部飞行运行控制中心、地区飞行运行控制中心和基地飞行运行控制中心组成。

CCAR-121部规定合格证持有人应当证明，对于其所实施的飞行运行拥有足够数量的飞行签派中心，并且这些飞行签派中心的位置和能力，能够确保对每次飞行进行恰当的运行控制。因此，各航空公司设立了相应的AOC，通过在AOC设立各席位对航班进行恰当的运行控制。

（一）AOC结构

运行控制中心是一个航空公司的大脑，它由最高管理阶层授权，负责管理航空公司每天航班的安全运行，处理和发布运行中所遇到的、任何潜在影响航班的信息。航空公司组织结构和AOC结构如图1-1所示。

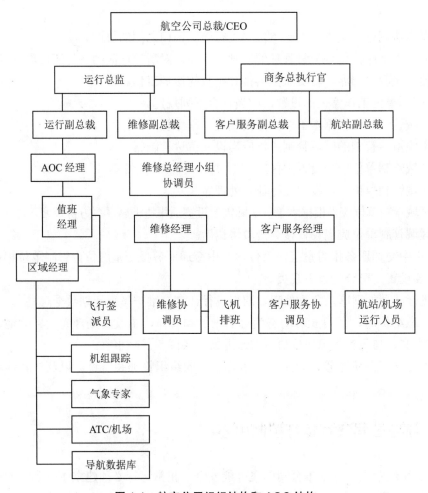

图1-1 航空公司组织结构和AOC结构

AOC 由航空公司有关人员、设备设施、规章和程序组成，它可以是一个独立的部门，也可以依据公司的规模由几个不同的部门组成。它是公司总裁的全天候运行授权的代表，是公司组织和实施飞行的指挥中心，是每时每刻协调、控制公司航班运行的职能部门，是集中、迅速处理不正常及紧急事件的决策和发布机构；它的有效工作程序、运行管理规则和信息处理方法，能保证及时有效地行使运行控制的责任。

（二）飞行签派机构

为保证飞行安全和正常运行，航空公司必须建立"飞行签派机构"，配备合格的飞行签派人员。航空公司的飞行签派机构是航空公司组织和指挥飞行的中心，可设总飞行签派室、地区飞行签派室和机场飞行签派室（以下统称"签派室"）。

航空公司可以根据公司经营的范围，划分若干飞行签派区，明确各签派室的责任范围。

航空公司的飞行，由航空公司的值班经理通过飞行签派室具体组织与实施，各级飞行签派室人员均应在公司值班经理领导下认真仔细地履行其职责，飞行签派机构的职责如下。

（1）布置飞行任务，组织飞行的各项保障工作。

（2）拟订公司航空器的运行计划，向空中交通管制部门提交飞行申请。

（3）督促检查并帮助机长做好飞行前准备，签发放行航空器的文件。

（4）及时与空中交通管制、通信、气象、航行情报、机场等单位联系，取得飞行和保障飞行方面的情报。

（5）向机长提供安全飞行所必需的航行情报资料。

（6）掌握本公司航空器的飞行动态，采取一切措施保证飞行安全和正常。

（7）航空器遇到特殊情况时，协助机长正确处理。

（8）航空器不能按照原定计划飞行时，及时通知有关部门，妥善安排旅客和机组。

（三）飞行签派机构的席位设置

负责航班飞行运行控制的签派机构通常由许多席位组成，各航空公司根据自身机队规模等情况设立席位，通常包括主任值班经理席位、航班计划席位、航班放行席位、气象服务席位、性能服务席位、航行情报席位等为签派员承担，AOC 还有其他部门设立的飞机资源调度席位、机组资源管理席位、地服调度席位、配载席位、后勤保障席位、航空卫生席位等多席位来支持航班安全高效运行（见图1-2）。

1. 主任值班经理席位职责

（1）监控公司的生产运行情况。

（2）监控航班的执行情况，布置航班生产运行任务。

（3）负责与公司内部及机场、空管等部门协调。

（4）及时、准确地向公司领导提供有关公司日常运行情况的总体报告。

（5）对影响公司任何部门、设备、雇员和旅客的不正常运行或紧急情况进行处置和管理。

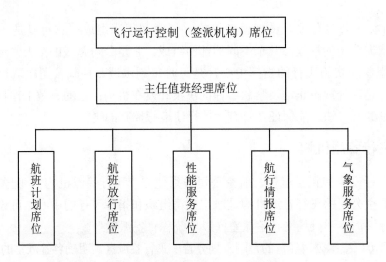

图 1-2　飞行签派机构席位设置图

（6）做出航空公司运行的战略决策，监督决策执行过程。

（7）对每天的航班运行进行生产讲评。

（8）收到安保类信息后按工作程序及时上报。

（9）及时汇报工作中发现的问题，提出改进意见。

（10）完成上级领导交办的其他工作。

2. 航班计划席位职责

（1）负责公司当日航班动态的维护、监控运行和保障各席位的工作进程。

（2）接受运行障碍报告，协助 AOC 值班经理实施运行决策，按照 AOC 值班经理的要求发布运行指令并监控指令的执行情况。

（3）与公司内外管理机构进行协调，对公司的运力实施统一的动态调配；在 AOC 值班经理的领导下，对航班保障职能部门发布运行指挥指令。

（4）跟踪运行指令执行情况，收集各职能部门运行保障信息，记录并发布航班不正常信息。

（5）实施航班计划的短期协调，使之与实时航班动态有效衔接，并申请和发布次日计划，评估航班计划质量，提出优化航班计划建议，承办临时航班计划的航务申请和发布，参与新开航线前的准备工作。

（6）次日航班计划的申请和动态的发布。

3. 航班放行席位职责

（1）收集和分析气象、航行通告、飞机故障保留、机组等相关信息，依据公司油量政策，通过 AOC 系统制订飞行计划，并对放行资料进行打包。

（2）对航班的运行条件、要求和标准进行签派讲解，机长和放行签派员共同确认航班能够放行后，在放行单上签字。

（3）按照公司运行手册开展飞行签派工作，并对航班运行的起始、持续和终止实施控制;当放行条件发生变化时,及时更改、重新进行签派放行。

(4) 参与公司应急反应演练,当发生紧急事件时,按照公司应急处置手册的要求参与应急反应。

(5) 不断完善签派控制室的安全运行制度和操作程序,参与并完善部门工作手册,并确保其有效实施。

4. 气象服务席位职责

(1) 制定与天气预报工作有关的工作制度、程序。

(2) 定时向 AOC 各控制席位与签派席位发布全国各地区天气形势及演变趋势,提请签派人员加强对相关地区天气的关注。

(3) 负责对公司运行各地区存在的重要天气进行实时跟踪,并将天气演变趋势及时通报签派员。

(4) 负责公司运行范围内飞行气象文件的收集与分发。

(5) 根据卫星云图、雷达图及各种气象站信息,监控系统天气、各种警报信息,监控特殊气象条件的机场,并发布相关信息。

(6) 向签派员提供天气讲解并及时回答签派员提出的各种天气咨询。

(7) 负责相关气象信息、系统的正常性,如发生故障或不可用,向相关人员协调处理。

(8) 负责对公司相关人员进行气象培训工作。

(9) 检查、评定预报工作质量。

(10) 记录值班期间的工作情况。

5. 性能服务席位职责

(1) 负责公司所选机型的机场和航线适应性分析。

(2) 负责机场起飞着陆性能分析。

(3) 负责航线油量及业载预测评估。

(4) 负责航线性能安全性评估、机型航线综合性能分析和其他运行所需的各种性能计算、分析工作。

(5) 负责公司所选机型的静态参考油量数据。

(6) 负责新辟机场和航线试飞、首航的性能分析工作,并制定和提交机型综合性能分析报告。

(7) 负责公司引进新机型相关性能准备工作。

(8) 负责为有关保障部门提供经批准的飞机基本数据和性能限制数据。

(9) 根据标准和程序向机组和有关单位提供准确及时的飞机性能资料和飞机性能技术支援。

(10) 负责飞机性能技术资料下发的管理。

6. 航行情报席位职责

(1) 负责公司航线管理、维护。

(2) 负责航行资料的管理、维护。
(3) 负责 EFB（电子飞行包）运行相关情报保障工作。
(4) 负责导航数据库的维护。
(5) 负责航行通告的处理。
(6) 负责公司引进新机型、新开辟航线、机场的情报准备工作。

第二节　飞行组织与实施人员管理规定

一、空中交通管制员管理规定

空中交通管制员（以下简称管制员）是指担任空中交通管制任务的具体工作人员。管制人员按照工作岗位不同，分为塔台管制员、进近管制员和区域管制员三大类。在不同的岗位上，管制员又分为不同的席位。

管制员实行执照管理制度，执照经注册方为有效执照。持有有效管制员执照的，方可独立从事其执照载明的空中交通服务工作。

（一）管制员执照

管制员执照，是指管制员执照持有人（以下简称持照人）具有符合要求的知识、技能和经历，有资格从事特定空中交通管制工作的证明文件。

管制员执照类别包括机场管制、进近管制、区域管制、进近雷达管制、精密进近雷达管制、区域雷达管制、飞行服务和运行监控等八类。

管制员执照长期有效，持照人应当在其工作单位所在地的地区管理局进行执照注册，注册的有效期为 1 年。颁发执照时，地区管理局应当进行首次注册。管制员所从事的工作应当与其执照签注相符合。在签注过程中应对管制员执照类别（以下简称执照类别）、英语无线电陆空通信资格（以下简称英语资格）、特殊技能水平（以下简称特殊技能）、从事管制工作的地点（以下简称工作地点）等以签注标明。

持照人执照未经注册或者注册无效的，不得独立从事其执照载明的工作。

持照人的工作单位跨地区管理局辖区变更时，应当在变更后的工作单位所在地的地区管理局办理重新注册。地区管理局办理相关的执照管理档案转移，并报民航局备案。重新注册后，执照仍适用原注册有效期。

（二）管制员执照的申请

1. 专业培训

管制员执照或者签注申请人应当在管制员专业培训机构完成规定的专业培训，通过培训机构的考核，并取得培训机构颁发的培训合格证。

2. 岗位培训

申请管制员执照或者签注前应当完成规定的岗位培训，并且获得在持照管制员监督下见习工作的经历。见习经历要求如下：

（1）机场管制、进近管制、区域管制、飞行服务、运行监控类别签注申请人，在具有相应类别签注持照人的监督下，完成至少3个月的管制见习工作。

（2）进近雷达管制、区域雷达管制、精密进近雷达管制类别签注申请人，在具有相应类别签注持照人的监督下，完成至少4个月的管制见习工作。

（3）精密进近雷达类别签注的申请人，还应当在雷达模拟机上实施不少于200次精密进近，在所在单位使用的设备上实施不少于100次精密进近。

（4）增加或者变更工作地点签注的申请人，应当于新工作地点在持照人监督下，完成至少1个月的管制见习工作，增加或者变更的工作地点为新设立管制单位的情况除外。

申请人的（1）（2）（3）项经历要求应当在申请前的6个月内完成，但可以同时进行。

3. 理论考核

根据规定取得培训合格证，并满足规定的申请经历要求后，管制员执照或签注申请人方可参加理论考试。

管制员执照或签注申请人的理论考试由工作单位所在地的地区管理局组织。

管制员执照或签注理论考试可以通过笔试或者计算机辅助考试实现。

理论考试为百分制，成绩在80分（含）以上的申请人方可获得理论考试合格证。管制员执照或签注理论考试合格者由地区管理局颁发理论考试合格证。理论考试合格证有效期3年。

4. 技能考核

根据规定取得培训合格证，并满足规定的申请经历要求后，管制员执照或签注申请人方可参加技能考核。

管制员执照或签注申请人的技能考核由工作单位所在地的地区管理局组织，并安排管制检查员主持考核。

管制员执照或签注技能考核可以通过在实际运行环境或模拟环境中了解申请人技术能力的方式进行。管制员执照或签注技能考核按优、良、中、差评定。考核评定在良（含）以上者为考核合格。主持考核的管制检查员应当详细记录考核情况，分析申请人技术水平，并评定技能考核结果。

经主持考核的管制检查员评定，管制员执照或签注技能考核合格者由地区管理局签发技能考核合格证。技能考核合格证有效期1年。

5. 提交申请

符合规定条件的管制员执照申请人应当向工作单位所在地的地区管理局提交指定的《民用航空空中交通管制员执照申请表》以及申请人身份证明、学历证明、体检合格证、培训合格证、理论考试合格证、技能考核合格证、岗位培训和工作经历证明及近期照片等申请材料。

管制员执照申请人应当具备下列条件。

(1) 具有中华人民共和国国籍。

(2) 热爱民航事业,具有良好的品行。

(3) 年满 21 周岁。

(4) 具有大学专科(含)以上文化程度。

(5) 能正确读、听、说、写汉语,口齿清楚,无影响双向无线电通话的口吃和口音。

(6) 通过规定的体检,取得有效的体检合格证。

(7) 完成规定的专业培训,取得有效的培训合格证。

(8) 通过理论考试,取得有效的理论考试合格证。

(9) 通过技能考核,取得有效的技能考核合格证。

(10) 符合本规则规定的管制员执照申请人经历要求。

6. 初步审查

对于申请材料不齐全或者不符合格式要求的,地区管理局应当在收到申请之后的 5 个工作日内一次性通知申请人需要补正的全部内容。逾期不通知视为在收到申请之日起受理。

地区管理局应当对申请人是否具备条件进行初步审查,并将申请材料及初步审查意见于受理后 20 个工作日内报送民航局。

7. 审核及签署颁发

民航局自收到地区管理局报送的执照申请材料及初步审查意见后 20 个工作日内,对申请材料进行审核并做出决定。符合条件的,应当准予批准,并自批准之日起 10 个工作日内颁发管制员执照;不符合条件的,应当不予批准,并通知地区管理局和申请人,说明不予批准的原因。管制员执照由民航局局长或者其授权人员签署颁发。

8. 英语等级签注

管制员取得英语资格相应等级签注的,方可使用英语进行无线电陆空通信。

申请英语资格签注的,除了能正确读、听、说、写汉语,口齿清楚,无影响双向无线电通话的口吃和口音外,还应当通过民航局规定的管制英语等级考核,并获得有效的英语无线电陆空通信考核等级证明文件。申请程序参照执照申请程序办理。

民航局根据新技术发展应用情况以及采用的空中交通管制方式和手段,增加管制员执照特殊技能签注,以表明持照人有从事特殊管制岗位工作的能力。

(三)管制员执照管理

1. 近期经历要求

已获得执照的管制员应当满足下列近期经历要求。

(1) 每 6 个月内在管制员执照载明工作地点履行工作职责的时间不少于 80 h。

(2) 熟悉与履行空中交通管制工作职责相关、现行有效的规则、程序和资料。

（3）按照空中交通管制培训管理规则的规定完成有关岗位培训并达到相关要求。

持照人持有两个（含）以上类别签注的，应当结合现岗位工作，满足其中至少一个类别签注的近期经历要求。

持照人有下列情形之一的，不得从事空中交通管制工作。

（1）持照人身体状况发生变化，出现不符合所持体检合格证相应医学标准的情况时。

（2）在饮用任何含酒精饮料之后的 8 h 之内或者处在酒精作用之下、血液中酒精浓度含量等于或者大于 0.04%，或者受到任何作用于精神的物品影响损及工作能力时。

（3）持照人被依法暂停行使执照权利期间。

2. 管制员执照技术档案

持照人所在单位应当建立管制员技术档案，如实记录持照人岗位培训、理论考试、技能考核、执照检查、岗位工作等技术经历。

持照人所在工作单位每年应当对其知识和技能进行考试、考核，做出是否掌握工作岗位所需知识和技能的结论，并将考试、考核情况记入管制员技术档案。

持照人从事执照相应的岗位工作时应当携带执照或者将执照保存在岗位所在单位，便于接受执照检查。

3. 管制员执照的注册

持照人应当在其工作单位所在地的地区管理局进行执照注册，注册的有效期为 1 年。

持照人在执照注册有效期满前 2 个月向工作单位所在地的地区管理局提交执照注册申请，并将持照人体检合格证、所在单位出具的岗位培训和近期经历证明、所在单位知识考试和技能考核情况等注册材料提交地区管理局。

地区管理局对持照人执照注册材料进行审核，对于符合执照注册条件的，地区管理局应在执照注册有效期满前予以注册。逾期未注册的持照人申请重新注册时，由地区管理局对其进行管制员执照注册检查，对于符合条件的予以重新注册。持照人的工作单位跨地区管理局辖区变更时，应当在变更后的工作单位所在地的地区管理局办理重新注册。地区管理局办理相关的执照管理档案转移，并报民航局备案。

（四）管制员执勤时间

1. 管制员执勤时间

管制员的执勤时间是指管制员为了完成管制单位安排的管制工作，从到达指定地点报到时刻开始，到完成工作时刻为止的连续时间段。执勤时间应包括以下时间段。

（1）岗前准备时间。

（2）岗位执勤时间。

（3）岗后分析、讲评时间。

（4）管制培训时间。

（5）其他工作时间。

2. 管制员休息时间

管制员的休息时间是指从管制员到达休息地点起，到为履行下一次管制工作离开休息地点为止的连续时间段，在该段时间内，管制单位不应为管制员安排任何工作。

3. 管制员值勤时间的规定

除了出现人力不可抗拒因素或者应急情况，管制员的执勤时间应当符合下列要求。

（1）管制单位不得安排管制员连续执勤超过 10 h。

（2）如果管制员在连续 24 h 内被安排执勤超过 10 h，管制单位应当在管制员执勤时间到达或者累计到达 10 h 之前为其提供至少连续 8 h 的休息时间。

（3）管制员在 1 个日历周内的执勤时间不得超过 40 h。

（4）管制席的管制员连续岗位执勤时间不得超过 6 h；从事雷达管制的管制员，连续岗位执勤时间不得超过 2 h，两次岗位执勤时间之间的间隔不得少于 30 min。

（5）管制单位应当在任意连续 7 个日历日内为管制员安排 1 个至少连续 24 h 的休息期，或者在任一日历月中安排相当时间的休息期。

（6）管制单位应当在每个日历年内为管制员安排至少一次连续 5 日以上的休息时间。

由于人力不可抗拒因素或者应急情况，导致管制员的执勤时间或者岗位执勤时间超出了上述规定时，管制单位应在条件允许时，及时安排管制员休息，超出规定的执勤时间或者岗位执勤时间应计入下一执勤时间。

管制员执勤期间出现因疲劳无法继续从事其工作的状况时，应当及时向所在管制单位报告。管制单位不得继续安排疲劳管制员执勤。管制员在下列情况下不得参加管制岗位执勤。

（1）管制员身体出现不符合民航局规定的航空人员体检合格标准的情况时。

（2）管制员在饮用任何含酒精饮料之后的 8 h 之内或处在酒精作用之下、血液中酒精含量等于或者大于 0.04%，或者受到任何作用于精神的物品影响损及工作能力时。

（3）管制员被暂停行使执照权利期间。

（4）管制单位或者管制员本人认为不适合参加管制岗位执勤的情形。

二、飞行签派员管理规定

飞行签派员是航空公司运行控制的核心人员，其在飞行运行中担当组织协调、指挥决策的重要职责，与机长共同对每次飞行的签派放行、安全和效益负责。根据航空规章要求，飞行签派员必须具备履行职责相应的航空知识、技能、运行经历以及协调和决策能力。航班运行量快速增长、运行环境日趋复杂以及资源配置紧张等因素，对飞行签派员综合能力提出了更高要求。

（一）飞行签派员

飞行签派员指的是在公共航空运输运行中，持有按《民用航空飞行签派员执照管理规则》（CCAR-65FS-R2）颁发的飞行签派员执照，由合格证持有人指定从事飞行运行控制和监督，并承担各项责任的人员。

（二）飞行签派员执照

目前，飞行签派员是实施执照管理制度的。为规范中国民用航空飞行签派员执照管理，依据《中华人民共和国民用航空法》和《国务院对确需保留的行政审批项目设定行政许可的决定》制定了《民用航空飞行签派员执照管理规则》（CCAR-65FS-R2），适用于民用航空飞行签派员执照和飞行签派员训练机构资格证书的申请、颁发和管理。

民航局对考试合格的飞行签派员执照申请人统一颁发飞行签派员执照。

民航局飞行标准职能部门负责组织、指导飞行签派员执照和飞行签派员训练机构资格的审定工作，制定飞行签派员执照考试标准，发放飞行签派员执照。

民航地区管理局负责受理本地区飞行签派员执照和飞行签派员训练机构资格的申请，审查申请材料，组织飞行签派员执照申请人考试，颁发飞行签派员临时执照，负责本地区飞行签派员执照管理，飞行签派员训练机构的合格审定，颁发飞行签派员训练机构资格证书，监督检查飞行签派员训练机构的训练课程和训练质量。

1. 考取飞行签派员执照的过程

飞行签派员执照申请人获得签派员执照，应该按照 CCAR-65 部的要求，按照下列步骤完成。

（1）申请人经历和训练要求。

CCAR-65 部首先对申请人提出了要求，规定申请人在申请理论考试前 3 年中至少有 2 年的如下任意经历或任意组合，并圆满完成按照《飞行签派员执照训练课程》要求设置的至少 200 h 的课程训练，并获得有效书面毕业证明。

① 在国家航空器运行中担任驾驶员。

② 在 CCAR-121 部航空承运人的运行中，担任驾驶员、航空气象分析人员、飞机性能工程师、航行情报人员。

③ 在航空器运行中担任空中交通管制员或民用航空情报员。

④ 在航空器运行中，履行民航局认为能够提供同等经历的其他职责。

如果申请人不具备上述经历要求，则应当在飞行签派员训练机构按照要求完成至少 800 h 的课程训练，并获得有效书面毕业证明。

相关的书面毕业证明有效期为 2 年。

（2）申请人实习要求。

飞行签派员执照申请人必须在申请执照考试前 12 个月内，在合格的飞行签派员监视下，在签派放行岗位上实习至少 90 天，并有相关的证明文件。

（3）理论考试。

参加飞行签派员执照理论考试的申请人应当在获得规定的有效书面毕业证明之后完成理论考试。理论考试成绩有效期为 24 个日历月。

飞行签派员执照申请人申请参加理论或实践考试的，应当向民航地区管理局提交"飞行签派员执照申请和审查表"、证明材料复印件、身份证复印件和两寸标准白底正面免冠彩色照片两张及其电子版，并按照要求在飞行签派员执照管理系统上填写相关资料；民航地区管理局应当在 20 个工作日之内，安排考试的时间，指定考试地点和考试员，并将前述决定通知申请人，向其发放准考证。

理论考试应当包含以下航空知识内容。

① 与航线运输驾驶员权力、限制和飞行运行相关的中国民用航空规章中适用的规定。

② 气象，包括锋的知识和影响、锋的特性、云的形成、结冰和高空资料。

③ 气象和航行通告资料的收集、分析、分发和使用。

④ 气象图表、地图、预报、顺序报告、缩写和符号的理解和使用。

⑤ 当其在相应的空域系统内运行时，有关的气象服务职能。

⑥ 风切变和下沉气流的认识、识别和避让。

⑦ 仪表气象条件下的空中导航。

⑧ 与航路运行、终端区和雷达环境下有关的运行以及与仪表进离场和进近程序相关的空中交通管制程序和驾驶员的职责。

⑨ 航空器的载重与平衡、航图、图表、表格、公式和计算的应用，以及对航空器性能的影响。

⑩ 与正常和非正常飞行状态下的航空器飞行特性和性能有关的空气动力学。

⑪ 人为因素。

⑫ 决策与判断。

⑬ 签派资源管理和机组资源管理，包括机组交流和协调等。

理论考试各个地区管理局每年在春秋各举行一次，理论考试采用电子试卷的形式，考试题目为 100 道，考试合格成绩为百分制的 80 分。

（4）实践考试。

飞行签派员执照申请人理论考试合格后，满足规定的经历和训练要求的，执照申请人可以持理论考试合格成绩单参加实践考试。

飞行签派员执照申请人应当通过针对航空运输中使用的任何一种大型飞机的实践考试。内容应当基于《飞行签派员实践考试标准》中的规定要求。

实践考试采用面对面口试的方式进行，考试时间一般为 2 h 左右。实践考试合格成绩为百分制的 80 分。

（5）飞行签派员执照的申请。

飞行签派员执照申请人应当满足下列要求。

① 年满 21 周岁，身体健康。

② 具有大学专科（含）以上学历。

③ 能够读、说、写并且理解汉语。

④ 通过规定的理论考试。

⑤ 满足规定的经历和训练要求。

⑥ 通过规定的实践考试。

⑦ 根据规定颁发的书面毕业证明的颁发日期距申请之日不超过 24 个日历月。如若逾期，申请人需重新参加 200 学时的课程训练。

符合上述规定资格要求的飞行签派员执照申请人可以向民航地区管理局提交相关证明材料申请颁发飞行签派员执照。

民航地区管理局应当在自接到执照申请人的申请材料之日起 5 个工作日内书面告知申请人是否受理其申请，申请人提供的资料不全或者不符合本规则要求的，应当一并告知申请人补正。

民航地区管理局应当在受理后 20 个工作日内完成审核，报民航局审批。民航局应当在 20 个工作日内做出决定，对符合资格要求的执照申请人，由民航局做出准予许可决定并颁发执照。不予许可的，应当书面说明理由。

2. 飞行签派员执照管理

（1）执照要求。

飞行签派员执照持有人应当满足下列执照要求，否则不得履行运行控制职责。

① 完成 CCAR-121 部所规定的训练。

② 在前 36 个日历月内至少完成一次执照认证检查。

③ 在连续 12 个日历月内，在签派放行岗位上至少工作 30 天。

（2）执照检查。

飞行签派员在履行运行控制职责时应当携带飞行签派员执照，在民用航空飞行标准监察员或者授权的民航局代表提出要求时，应当出示飞行签派员执照，接受检查。

航空承运人不得指定未取得飞行签派员执照的人员履行运行控制职责。

（3）执照的有效期。

① 按照本规则颁发的执照长期有效，除非执照持有人自愿放弃，或者依法被暂扣、吊销。

② 执照失效的，执照持有人应当将执照交回民航地区管理局。

③ 执照持有人因执照遗失或者损坏而重新申请补办执照的，应当向民航地区管理局提交书面申请，民航地区管理局受理并审核通过申请的，应当报民航局审查办理执照。申请人在换发、补办执照期间，可向民航地区管理局申请领取有效期不超过 120 天的临时执照，并持该执照履行运行控制职责。

（三）飞行签派员的合格要求

在国内、国际定期载客运行中担任飞行签派员的人员，应当持有飞行签派员执照，并且按照 CCAR-121 部第 N 章批准的训练大纲，圆满完成相应飞机组类中的一个型别飞机的下列训练。

（1）飞行签派员初始训练，但是如果该飞行签派员已对同一组类的另一型别飞机接受了初始训练，则只需完成相应的转机型训练。

（2）运行熟悉，在驾驶舱观察按照本规则实施的运行至少 5 h（含一次起飞和着陆）。对于驾驶舱没有观察员座位的飞机，可以在配备耳机或者喇叭的前排旅客座位上观察。要求可以用额外增加一次起飞和着陆代替一个飞行小时的方法，将运行熟悉小时数减少至不低于 2.5 h。

（3）对于新引进组类的飞机，在开始投入运行后 90 天之内，不满足本款第（2）项中运行熟悉要求的人仍可以担任飞行签派员。

飞行签派员所签派的飞机与原签派的同型别飞机存在差异时，应当接受该飞机的差异训练。

飞行签派员应当在前 12 个日历月内完成定期复训地面训练和资格检查。

飞行签派员应当在前 12 个日历月内在其签派的每一组类飞机的一个型别飞机上，满足运行熟悉要求。对每一组类飞机，本款要求可以使用批准的该组类一个型别的飞行模拟机，完成训练观察 5 h 的方法来满足。但是，如果使用飞行模拟机满足本款要求，不得减少小时数。

合格证持有人在批准飞行签派员执行飞机签派任务前，应当确认该飞行签派员熟悉其行使签派管辖权的运行区间的所有运行程序。但是，经审定合格可以签派飞机通过其他某个运行区间的飞行签派员，在与经审定合格的对该运行区间行使签派管辖权的飞行签派员协调后，可以签派飞机通过其他某个运行区间。

（四）飞行签派员的值勤时间

合格证持有人应当规定飞行签派员日常的值勤时间。值勤时间应当从飞行签派员为签派飞机而了解气象情况和飞机运行情况时刻开始，至所签派的每架飞机已完成飞行，或者已超出其管辖范围，或者由另一位经审定合格的飞行签派员接替其工作时止。

除了出现超出合格证持有人控制能力的情形或者紧急情况，签派员的值勤时间限制应当符合下列要求。

（1）任何合格证持有人不得安排飞行签派员连续值勤超过 10 h。

（2）如果飞行签派员在连续 24 h 内被安排值勤时间超过 10 h，该合格证持有人应当在该飞行签派员值勤时间达到或者累计达到 10 h 之前为他提供至少连续 8 h 的休息时间。

（3）合格证持有人应当在任意连续 7 个日历日内为飞行签派员安排一个至少连续 24 h 的休息期，或者在任一日历月中被安排相当时间的休息期。

合格证持有人在经民航局批准后，可以安排在境外工作的飞行签派员，在 24 h 内连续工作超过 10 h，但在每个 24 h 期间内，应当安排该飞行签派员至少连续休息 8 h。

（五）飞行签派员的工作内容

飞行签派工作的任务是，根据航空公司的运行计划，合理地组织航空器的飞行并进行运行管理，争取航班正常，提高服务质量和经济效益。航空公司经理应当加强飞行签派工作的领导，重视飞行签派工作的建设。飞行签派员工作的主要内容包括航班的签派放行和航班的飞行监控。

1. 签派放行

签派人员在放行飞机时，必须根据飞行的类型，根据不同的规则组织与实施飞行。其中飞行的类型分为目视飞行和仪表飞行。下面就签派放行的一般规则进行简要说明。

航空器起飞的放行许可是对一次飞行安全运行各项内容的确认。每次放行航空器起飞，都必须根据所飞航线、降落机场和备降机场的天气实况、天气预报、飞行直接准备情况，由签派员和机长共同决定。其要求如下。

（1）放行航空器，必须有签派员或其代理人和机长或其代理人在飞行放行单上签字。

（2）签派员在飞行放行单上签字，表示起飞机场、航路、目的地机场和备降机场的天气符合放行条件；有关该次飞行的各项条件均符合公司有关规定和安全标准。

（3）机长或其代理人在飞行放行单上签字，表示机长胜任该次飞行，并确认该次飞行的天气、航空器和其他各项保障条件符合公司的有关规定和安全标准。

（4）机长和签派员对放行许可意见不一致时，应报航空公司经理决定。经理应采用安全程度较高的意见。

（5）在飞行中，需要变更原放行许可内容时，机长应当将变更情况尽快报告签派员或其代理人。

（6）飞行放行单的有效时限，从签派员和机长签字开始，到新的飞行放行单发出为止。飞行放行单生效后，如情况发生变化，原放行决定不能保证飞行安全时，机长和签派员应及时研究，做出新的决定。

（7）在无签派员、代理人以及飞行放行电报发不到的地方，航空器起飞的放行许可，可以由机长自行决定。

放行许可可以采用飞行放行单或者飞行放行电报的形式。飞行放行单或飞行放行电报的内容如下。

（1）飞行日期、预计起飞时间。

（2）航空器型别、登记号和航班号。

（3）起飞机场、目的地机场和备降机场。

（4）飞行航线。

（5）起飞油量。

签派放行单示例如表1-1所示。

签派放行时，根据《中国民用航空飞行签派工作细则》对签派放行权有如下规定。除下述两种情况外，每次飞行应当在起飞前得到飞行签派员的明确批准方可实施。

（1）对于国内运行的飞机，在原签派放行单列出的中途机场地面停留时间不超过1 h。

（2）对于国际运行的飞机，在原签派放行单列出的中途机场地面停留时间不超过6 h。

2. 飞行监控

美国FAA.Order 8900.1要求签派员必须监控在其控制下的每一次飞行的进展，直到飞机着陆。EASA在《修订关于飞行记录器、水下定位装置和飞机追踪系统的第965/2012号条例》中要求航空公司2018年12月16日之前建立和维持一个飞机追踪系统，对最大起飞重量超过27 t或旅客座位数超过19座的飞机从起飞到着陆的飞行情况进行跟踪监控。此外，加拿大交通部要求签派对影响飞行运行的要素进行监控，允许飞行放行和运行监控职能分离，还对机组主动报告方式和时机做出了规定，目的是通过监控及时发现空中航班的不正常情况，并加强地空联系，为机组提供更好的地面支持。

表 1-1　签派放行单示例

飞行放行单（电报） CLEARANCE				
电报等级 PRIORITY			收电地址 ADDRESSE（S）	
发电地址 ORIGINATOR			申报时间 FILING TIME	
许可标志 CLR	日期 DATE		起飞时间 TIME OF DEPARTURE	
航班号 FLIGHT NO.	航空器型别 TYPE OF AIRCRAFT		航空器登记号 REGISTRATION NO.	
飞行航线 ROUTE TO BE FLOWN				
起飞机场 DEPARTURE AERODROM				
目的地机场 DESTINATION AERODROM				
备降机场 ALTN AERODROM				
起飞油量 TTLT AKEOFF FUEL				
其他 OTHER				
签派员： DISPATCHER		机长： PILOT-IN-COMMAND		

（1）相关概念。

运行监控：运行监控是运行控制的重要组成部分，是指合格证持有人使用用于飞行运行监控的系统和程序，实时自动获取航班运行情况、飞机状态等信息，发现影响安全的不正常情况进行报告和处置的过程。

告警：通过识别航班运行过程中出现的运行风险和不正常情况，将识别到的结果以必定能够被发现的方式主动通知相关运行人员。

（2）飞行签派员运行监控职责。

飞行签派员应当监控整个运行过程，掌握航班当前运行情况和影响运行的相关信息；签派员在向机组提供此类信息时，需要同时将针对该信息的处置意见提供给机组参考，以提高空地联合决策的效率。

如果航空承运人单独设置监控岗位，必须确保负责运行监控的飞行签派员具备所监控航班的放行资质，并且已经完成了满足其监控所需的运行区域、业务种类的全部培训并检查合格。航空承运人须在其运行手册中明确监控与放行的协作程序和权责划分。

（3）飞行监控的内容。

飞行监控由签派员实施，主要包括以下内容。

① 从起始点到目的地监控所有分配的航班。

② 保持完全熟悉变化的天气和飞行条件。

③ 预计需求，为机长提供要求的信息，保证航班安全、合法和高效率地完成。

④ 天气有任何变化，及时通知机长，如重要气象和其他天气警告，在航路上、机场航站区颠簸和切变，机场航站区和备降机场天气，雷暴、结冰、冻雨、风，等等。

⑤ 飞行环境有任何变化，及时通知机长，如航路上和机场航站区 ATC 延误；影响飞行的任何航行通告、机场条件和跑道可用性、预计的非正常工作和备用计划。

⑥ 紧急情况、机械或者其他操作故障时，帮助机长取得最低的限度延误，然后通知相关的维护、SOC 其他部门和代理人；根据要求发送非正常通报；根据要求递交签派员报告；随时通知其他签派员天气和飞行条件的重要变化，根据需要更改放行。

（六）飞行签派员的工作依据

飞行签派员应当对航班运行的飞行计划、延迟和签派或者放行是否遵守中国民用航空规章和合格证持有人的运行规范负责，保障航班运行过程中的安全。为了保障航班运行过程中的每个环节都应符合合格证持有人和民用航空规章，飞行签派员应按照以下规定进行航班的放行和监控。飞行签派员工作的依据主要包括以下相关规定。

1. 公共航空运输运行合格审定的有关规定

（1）《大型飞机公共航空运输承运人运行合格审定规则》（CCAR-121-R5）。

"第 121.3 条 适用范围

（a）本规则适用于在中华人民共和国境内依法设立的航空运营人实施的下列公共航空运输运行：

（1）使用最大起飞全重超过 5700 千克的多发飞机实施的定期载客运输飞行；

（2）使用旅客座位数超过 30 座或者最大商载超过 3400 千克的多发飞机实施的不定期载客运输飞行；

（3）使用最大商载超过 3400 千克的多发飞机实施的全货物运输飞行。"

大型飞机公共航空运输承运人在运行中所使用的飞行员、飞行签派员等相关人员和大型飞机公共航空运输承运人所载运的人员应当遵守本规则中的适用要求。

（2）《小型航空器商业运输运营人运行合格审定规则》（CCAR-135）。

"第 135.3 条 适用范围

（a）本规则适用于在中华人民共和国境内依法设立的航空运营人所实施的下列商业运输飞行：

（1）使用下列航空器实施的定期载客运输飞行：

（i）最大起飞全重不超过 5700 千克的多发飞机；

（ii）单发飞机；

（iii）旋翼机。

（2）使用下列航空器实施的非定期载客运输飞行：

（i）旅客座位数量（不包括机组座位）不超过 30 座，并且最大商载不超过 3400 千克的多发飞机；

（ii）单发飞机；

（iii）旋翼机。

（3）使用下列航空器实施的全货机运输飞行：

（i）最大商载不超过 3400 千克的多发飞机；

（ii）单发飞机；

（iii）旋翼机。

（4）使用本条（a）（1）和（a）（2）规定的航空器，在同一机场起降且半径超过 40 千米的空中游览飞行。"

"（c）对于按照本规则审定合格的小型航空器商业运输运营人，可以按照审定情况在其运行合格证和运行规范中批准其实施下列一项或者多项运行种类的运行：

（1）定期载客运行，指本条（a）（1）款规定的运行；

（2）非定期载客及全货运行，指本条（a）（2）和（a）（3）规定的运行；"

"（f）小型航空器商业运输运营人在运行中所使用的人员和小型航空器商业运输运营人所载运的人员应当遵守本规则中的适用要求。"

（3）《一般运行和飞行规则》（CCAR-91-R2）。

为了规范民用航空器的运行，保证飞行的正常与安全，依据《中华人民共和国民用航空法》制定本规则，适用于下列飞行。

"第 91.3 条 适用范围及术语解释

（a）在中华人民共和国境内（不含香港、澳门特别行政区）实施运行的所有民用航空器（不包括系留气球、风筝、无人火箭和无人自由气球）应当遵守本规则中相应的飞行和运行规定。对于公共航空运输运行，除应当遵守本规则适用的飞行和运行规定外，还应当遵守公共航空运输运行规章中的规定。

（b）在中华人民共和国国籍登记的民用航空器在中华人民共和国境外实施运行时，应当遵守本规则 G 章的规定。

（c）超轻型飞行器在中华人民共和国境内实施的飞行应当遵守本规则 O 章的规定，但无需遵守其他章的规定。

（d）乘坐按本规则运行的民用航空器的人员，应当遵守本规则相应条款的规定。"

2.《民用航空飞行签派员执照管理规则》（CCAR-65FS-R2）

部号 CCAR-65FS-R2 适用于民用航空飞行签派员执照和飞行签派员训练机构资格证书的申请、颁发和管理。飞行签派员应当按照本规则的要求，具备相关技能，通过考核，获得执照后，才能从事航班运行控制的相关工作，并按照要求定期完成相关的培训、复训、经历检查等，保障专业技能的更新性、资格的有效性。

3. 航空公司的运行规范和运行手册等

公共航空运输承运人，为了确保航空器的运行安全、正常和高效，必须制定一系列有关航空器运行的方针、政策、规章制度和标准，并用运行手册予以公布。民航局对航空公司的运行合格审定，主要是对运行手册的审定。

运行合格证是指批准大型飞机公共航空运输承运人从事特定公共航空运输运行的许可证书。运行规范是运行合格证的附件，是指与运行合格证相对应的、大型飞机公共航空运输承运人运行应符合的批准、条件和限制等规范。

大型飞机公共航空运输承运人的运行规范包含下列内容。

（1）主运营基地的具体地址，作为合格证持有人与民航局进行通信联系的不同于其主运营基地地址的地址，以及其文件收发机构的名称与通信地址。

（2）对每种运行的实施规定的权利、限制和主要程序。

（3）每个级别和型别的飞机在运行中需要遵守的其他程序。

（4）批准使用的每架飞机的型号、系列编号、国籍标志和登记标志，运行中需要使用的每个正常使用机场、备降机场、临时使用机场和加油机场。经批准，这些项目可以列在现行有效的清单中，作为运行规范的附件，并在运行规范的相应条款中注明该清单名称。合格证持有人不得使用未列在清单上的任何飞机或者机场。

（5）批准的运行种类。

（6）批准运行的航线和区域及其限制。

（7）机场的限制。

（8）机体、发动机、螺旋桨、设备（包括应急设备）的维修时限或者确定维修时限的标准。

（9）批准的控制飞机重量与平衡的方法。

（10）飞机互换的要求。

（11）湿租飞机的有关资料。

（12）按照规定颁发的豁免或者批准的偏离。

（13）按照本规则需要民航局批准的手册和训练大纲。

（14）按照本规则实施运行所必须的管理人员和机构。

（15）按照本规则需要民航局批准的其他项目。

飞行签派员在航班放行过程中，首先要满足航空公司的运行手册及规范，如果遇到的情况，运行规范中没有相关规定，或者是运行机场没有在运行规范中，相应的运行标准等可参考民航局标准实施。

（七）飞行签派员的职责

《中国民用航空飞行签派工作细则》规定，签派室由助理飞行签派员、飞行签派员和主任飞行签派员（以下简称助理签派员、签派员和主任签派员）组成。现分别介绍其职责如下。

1. 助理签派员职责

助理签派员协助签派员组织航空器的飞行和运行管理工作。其职责如下。

（1）根据签派员的指示，传达飞行任务，承办飞行组织保障工作。

（2）拟订每日飞行计划，提交空中交通管制部门审批，并通知飞行、运输、机务等有关保障部门。

（3）计算航空器起飞重量、油量和载量，提请机长和签派员审定。

（4）根据航空器起飞时间，计算预计到达时间，并通报有关部门。

（5）及时收集和掌握气象情报、航行情报和机场、航路设备工作情况，并向机长提供。

（6）向机长递交经签派员签字的飞行放行单。

（7）向空中交通管制部门申报飞行计划（FPL）。

2. 签派员的职责

签派员负责组织航空器的飞行和运行管理工作，其职责如下。

（1）监督、检查和指导助理签派员的各项工作。

（2）检查了解机组和各项保障部门飞行前的准备情况。

（3）审核助理签派员计算的航空器起飞重量、油量和载量。

（4）研究起飞、降落、备降机场以及航线天气和保障设备的情况，正确做出放行航空器的决定，签发飞行放行单或飞行放行电报，以及飞行任务书。

（5）了解并掌握本签派区内天气演变情况、飞行保障设备情况以及航空器飞行情况，在机长遇到特殊情况，不能执行原定飞行计划时，协助机长正确处置。

（6）航空器遇到特殊情况，不能按预定时间或预定计划飞行时，应采取一切措施，在保证安全的前提下，恢复正常飞行。

（7）听取机长飞行后的汇报。

（8）综合每日飞行情况，编写飞行简报。

3. 主任签派员的职责

主任签派员除承担助理签派员和签派员的职责外，还负有组织、领导签派室当日值班工作的责任。

必须取得合格的技术执照后，才能担任签派员和主任签派员的工作。

思 考 题

1. 民用航空空中交通管制工作分别由哪些管制单位实施？
2. 简述飞行签派机构常见的席位设置。
3. 简述飞行签派员的工作依据。

4. 简述获得飞行签派执照的过程和条件。
5. 简述飞行签派员的训练和运行所需的要求。
6. 飞行签派员无须重新放行的规定有哪些?
7. 常见的塔台管制席位有哪些?
8. 管制人员按照工作岗位不同分为哪几类?
9. 管制人员执照分为哪些类别?

本章学习目标

- 掌握航空器的分类；
- 掌握航空器使用文件；
- 掌握空勤人员的执勤时间的限制；
- 掌握空勤人员的培训分类；
- 掌握我国空域的划分；
- 掌握机场最低起飞运行标准、备降机场的运行标准等。

第一节　航空器和空勤人员

一、航空器

（一）航空器分类

航空器（aircraft）是飞行器中的一个大类，是指通过机身与空气的相对运动（不是由空气对地面发生的反作用）而获得空气动力升空飞行的任何机器，包括气球、飞艇、飞机、滑翔机、自转旋翼机、直升机、扑翼机、倾转旋翼机等。

飞机是常见的一种航空器。无动力装置的滑翔机、以旋翼作为主要升力面的直升机以及在大气层外飞行的航天飞机都不属飞机的范围。

能在大气层内进行可控飞行的各种航空器都必须产生一个大于自身重力的向上的力，才能升入空中。根据产生向上力的基本原理的不同，航空器可划分为两大类：轻于空气的航空器和重于空气的航空器。前者靠空气静浮力升空，后者靠空气动力克服自身重力升空。

航空器根据构造特点可进一步分为如图 2-1 所示的几种类型。

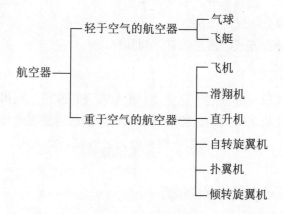

图 2-1　航空器分类

轻于空气的航空器的主体是一个气囊，其中充以密度较空气小得多的气体（氢或氦），利用大气的浮力使航空器升空。气球和飞艇都是轻于空气的航空器，二者的主要区别是前者没有动力装置，升空后只能随风飘动，或者被系留在某一固定位置上，不能进行控制；后者装有发动机、安定面和操纵面，可以控制飞行方向和路线。

重于空气的航空器的升力是由其自身与空气相对运动产生的。

固定翼航空器主要由固定的机翼产生升力。飞机是最主要的、应用范围最广的航空器。它的特点是装有提供拉力或推力的动力装置，产生升力的固定，控制飞行姿态的操纵面。

滑翔机与飞机的根本区别是，它升高以后不用动力而靠自身重力在飞行方向的分力向前滑翔。虽然有些滑翔机装有小型发动机（称为动力滑翔机），但主要是在滑翔飞行前用来获得初始高度。

旋翼航空器由旋转的旋翼产生空气动力。旋翼机的旋翼没有动力驱动，当它在动力装置提供的拉力作用下前进时，迎面气流吹动旋翼像风车似地旋转，从而产生升力。有的旋翼机还装有固定小翼面，由它提供一部分升力。

直升机的旋翼是由发动机驱动的，升力和水平运动所需的拉力都由旋翼产生。

扑翼机又名振翼机。它是人类早期试图模仿鸟类飞行而制造的一种航空器。它用像飞鸟翅膀那样扑动的翼面产生升力和拉力，但是，由于人们对鸟类飞行时翅膀的复杂运动没有完全了解清楚，加之制造像鸟翅膀那样扑动的翼面还有许多技术上的困难，因此扑翼机至今还没有获得成功。

倾转旋翼机（tiltrotor，也叫可倾斜旋翼机）是一种同时具有旋翼和固定翼，并在机翼两侧翼梢处各安装有一套可在水平和垂直位置之间转动的可倾转旋翼系统的航空器。倾转旋翼机在引擎旋转到垂直位置时相当于横列式直升机，可进行垂直起降、悬停、低速空中盘旋等直升机的飞行动作；而在引擎旋转至水平位置时相当于螺旋桨飞机，可实现比直升机更快的航速。以上特点使倾转旋翼机兼具直升机和固定翼飞机的优点，因此其应用前景被十分看好。

按国际民航组织（ICAO）的分类，民用航空器可分为气球、飞艇、滑翔机、风筝、飞机、直升机、旋翼机、扑翼机等。航空器虽然有多种，但在民用航空中主要使用的是飞机，因而在本章中主要介绍民用飞机。

民用飞机有多种分类方式，常见的有下列几种。

1. 按照用途分类

按照用途，民用飞机可分为用于商业飞行的航线飞机和用于通用航空的通用航空飞机两大类。其中，航线飞机又分为运送旅客的客机和专门运送货物的货机，我国将客机分为干线客机和支线客机。通用航空飞机一般可分为公务机、私人用飞机、农业用机、教练机、体育竞赛飞机等。

2. 按照航空器的最大起飞重量分类

（1）最大起飞重量 60 t（不含）以上的航空器为大型航空器。

（2）最大起飞重量 60～20 t（含）的航空器为中型航空器。

（3）最大起飞重量 20 t（不含）以下的航空器为小型航空器。

3. 按照载重航程分类

（1）航程在 5000 km 以上的航空器称为远程航空器，如 A380、A340、B787 等。

（2）航程在 5000～2500 km 的航空器称为中程航空器。

（3）航程在 2500 km 以下的航空器称为短程航空器。

4. 按照航空器的尾流强度分类

航空器尾流的强度随航空器重量的增大而增大，为了规定航空器的尾流间隔标准，按照航空器的最大起飞重量，将航空器分为以下三类。

（1）最大起飞重量等于或大于 136 t 的航空器为重型航空器，用大写字母 H 表示。

（2）最大起飞重量为 7～136 t 的航空器为中型航空器，用大写字母 M 表示。

（3）最大起飞重量等于或小于 7 t 的航空器为轻型航空器，用大写字母 L 表示。

5. 按巡航速度分类

（1）低声速飞机（Ma<0.4）。

（2）亚音速飞机（0.4<Ma<0.6）。

（3）高亚音速飞机（0.6<Ma<1.0）。

（4）超音速飞机（Ma>1.0）。

6. 按飞机的发动机数量分类

按飞机的发动机数量分类，有单发（动机）飞机、双发（动机）飞机、三发（动机）飞机、四发（动机）飞机等。

7. 按飞机发动机的类型分类

按飞机发动机的类型分类，有螺旋桨式飞机和喷气式飞机。螺旋桨式飞机，包括活塞螺旋桨式飞机和涡轮螺旋桨式飞机，飞机引擎为活塞螺旋桨式，这是最原始的动力形式。它利用螺旋桨的转动将空气向机后推动，借其反作用力推动飞机前进。螺旋桨转速愈高，则飞行速度愈快。喷气式飞机，包括涡论喷气式和涡论风扇喷气式飞机。这种机型的优点是结构简单、速度快，一般时速可达 804～966 km/h；燃料费用节省，装载量大，一般可载客 400～500 人或 100 t 货物。

8. 按照机身宽度分类

（1）窄体客机：宽度小于 4.1 m 或一排 6 座以下。

（2）半宽体客机：宽度为 4.2～5.5 m 或一排 6～8 座。

（3）宽体客机：宽度为 5.6～6.6 m 或一排 9～10 座。

（4）双层宽体客机：宽度 6 m 以上。

9. 按仪表进近速度分类

根据空中交通管制要求，在最大允许着陆重量下，仪表进近程序规定的进近速度是着陆形态下的失速速度的 1.3 倍（也称为跑道入口速度 V）。按仪表进近速度的不同，可将航空器分为五类,具体如表 2-1 所示。

表 2-1　航空器按仪表进近速度分类

分　类	跑道入口速度/(nm/h)
A	<90
B	91≤V<120
C	121≤V<140
D	141≤V<165
E	166≤V<211

E 类航空器只包括某些军用航空器,民用飞机(除协和外)无 E 类航空器。

(二)航空器识别标志

各国对民用航空器标志是有严格规定的,如何编排、如何在航空器上绘制等并不是哪一家航空公司或是哪一个国家可以随意制定、更改的。可见,民用航空器的标志是十分重要的。

在我国境内飞行的民用航空器必须涂绘明显的识别标志,否则禁止飞行。民航局只对航空器国籍、登记标志进行管理和控制,航空器外部的其他图案(含航徽、彩条、公司名称字样)由企业自行确定,但需将设计图以三面工程图纸的形式上报民航局备案。

民用航空器的识别标志包括航空器所属的航空公司名称、航空公司航徽、国籍标志和登记标志(机尾号),如图 2-2 所示。

图 2-2　航空器识别标志

按我国民航局颁发的《民用航空器国籍和登记的规定》,凡取得中华人民共和国国籍的民用航空器,必须在其外表标明规定的国籍、登记的标志。

1. 国籍标志

国籍标志须从国际电信联盟分配给登记国的无线电呼叫信号中的国籍代号系列中选择。我国选定拉丁字母"B"为中国航空器的国籍标志,并在我国恢复在国际民用航空组织(以下简称国际民航组织)中的合法地位不久,便通知了国际民航组织,得到了认可,已载于《国际民用航空公约》附件 7 的附录中。国际民航组织的航空器国籍标志(部分)

如表 2-2 所示。

表 2-2　国际民航组织的航空器国籍标志（部分）

标　志	国　籍	标　志	国　籍
B	中国	HL	韩国
C，CF	加拿大	I	意大利
D	德国	JA	日本
F	法国	N	美国

2. 民用航空器登记标志

民用航空器登记标志即我们常说的飞机号、机尾号或注册号，它是飞机的一个重要识别标志，在世界范围内绝无重号，没有这个编号的民用航空器是不允许飞行的，即使是刚出厂的新飞机、进行试飞或是交接给客户的转场飞行等。

中华人民共和国民用航空器登记标志为阿拉伯数字、罗马体大写字母或者二者的组合。

中华人民共和国民用航空器的国籍标志置于登记标志之前，国籍标志和登记标志之间加一短横线。取得中华人民共和国国籍的民用航空器，应当将规定的国籍标志和登记标志用漆喷涂在该航空器上或者用其他能够保持同等耐久性的方法附着在该航空器上，并保持清晰可见。

国籍标志和登记标志的表示形式如下：

□-$X_1X_2X_3X_4$

在上面的形式中，□代表国籍标记，中华人民共和国为"B"；$X_1X_2X_3X_4$ 为 4 位阿拉伯数字，表示航空器的注册号，数字与航空器发动机的类型、航空器的机型相关。常见的号段如表 2-3 所示。

表 2-3　民用航空器登记标志编号

号　段	航空器型别	示　例
0 字头号段	滑翔机、气球	B-0005，海燕
2 字头号段	大型喷气运输机	B-2456
3 字头号段	小型喷气、螺旋桨式运输机	B-3441，运七
5 字头号段	波音飞机（新增号段）	B737-800，B-5111
6 字头号段	空客飞机	A319-100，B-6014
7 字头号段	旋翼机，固定翼小型飞机	Cessna，Bell212
8 字头号段	农用飞机号段，固定翼公务机，教练机（如 TB20）	Y5：B-8001，TB200：B-8830
9 字头号段	一些小型固定翼飞机，飞艇和教练机（如 DA40）	B9000，B9003（飞艇）

任何单位或者个人不得在民用航空器上喷涂、粘贴易与国籍标志和登记标志相混淆的图案、标记或者符号。未经民航局批准，不得在民用航空器上喷涂中华人民共和国国旗、民航局局徽、"中国民航"字样或者广告。目前我国唯一挂载国旗的航空公司为中国国际航空公司，其航空器前部适当位置绘制五星红旗。

（三）航空器文件

民用航空器在执行生产飞行任务前，必须办理并取得下述文件后方可飞行。

1. 民用航空器国籍登记证书

在中华人民共和国领域内飞行的民用航空器，应当具有规定的国籍标志和登记标志或临时登记标志，并携带国籍登记证书或临时登记证书。

民用航空器依法登记后，取得中华人民共和国国籍，受中华人民共和国法律管辖和保护。

民航局主管中华人民共和国民用航空器国籍登记，设立中华人民共和国民用航空器国籍登记簿，统一记载民用航空器的国籍登记事项。

民用航空器不得具有双重国籍。未注销外国国籍的民用航空器，不得在中华人民共和国申请国籍登记；未注销中华人民共和国国籍的民用航空器，不得在外国办理国籍登记。

民用航空器的所有人或者占有人（以下简称申请人）向民航局申请中华人民共和国民用航空器国籍登记，应当按照民航局规定的格式如实填写民用航空器国籍登记申请书。民航局自收到民用航空器国籍登记申请之日起 7 个工作日内，对申请书及有关证明文件进行审查；经审查，符合相关规定的，即在中华人民共和国民用航空器国籍登记簿上登记该民用航空器，并向申请人颁发中华人民共和国民用航空器国籍登记证书。民用航空器国籍登记证书的有效期自颁发之日起至变更登记或注销登记之日止。

民航局在民用航空器国籍登记簿中载明下列事项。

（1）民用航空器国籍标志和登记标志。

（2）民用航空器制造人名称。

（3）民用航空器型号。

（4）民用航空器出厂序号。

（5）民用航空器所有人名称及其地址。

（6）民用航空器占有人名称及其地址。

（7）民用航空器登记日期。

（8）民用航空器国籍登记证书签发人姓名。

（9）变更登记日期。

（10）注销登记日期。

民用航空器国籍登记证书应当放置于民用航空器内显著位置，以备查验。

2. 民用航空器适航证

民用航空器适航证，是由民航局航空器适航审定司根据民用航空器产品和零件合格审定的规定对民用航空器颁发的证明该航空器处于安全可用状态的证件。适航证分为标准适航证和特殊适航证。只拥有临时国籍证的航空器不能申请适航证，但可以申请特许飞行证。

适航证也称适航证书，飞机制造商的新机型要在全球市场上投放，除了要得到欧洲航空安全局（EASA）和美国联邦航空管理局（FAA）的适航证外，还需要获得进口国家相关监管部门的证明，而中国民航局的型号合格证其实就相当于适航证。如果没有获得该证明，则飞机将无法投入运营。标准适航证书颁发给按照普通（normal）、公用（utility）、特技（acrobatic）、通勤（commuter）和运输（transport）类分类认证的飞机。

《中华人民共和国民用航空法》和《民用航空器适航管理条例》规定如下。

（1）设计民用航空器及其发动机、螺旋桨和民用航空器上设备，应当向国务院民用航空主管部门申请领取型号合格证书。经审查合格的，发给型号合格证书。

（2）生产、维修民用航空器及其发动机、螺旋桨和民用航空器上设备，应当向国务院民用航空主管部门申请领取生产许可证书、维修许可证书。经审查合格的，发给相应的证书。

（3）外国制造人生产的任何型号的民用航空器及其发动机、螺旋桨和民用航空器上设备，首次进口中国的，该外国制造人应当向国务院民用航空主管部门申请领取型号认可证书。经审查合格的，发给型号认可证书。

（4）已取得外国颁发的型号合格证书的民用航空器及其发动机、螺旋桨和民用航空器上设备，首次在中国境内生产的，该型号合格证书的持有人应当向国务院民用航空主管部门申请领取型号认可证书。经审查合格的，发给型号认可证书。

（5）具有中华人民共和国国籍的民用航空器，应当持有国务院民用航空主管部门颁发的适航证书，方可飞行。

（6）出口民用航空器及其发动机、螺旋桨和民用航空器上设备，制造人应当向国务院民用航空主管部门申请领取出口适航证书。经审查合格的，发给出口适航证书。

（7）租用的外国民用航空器，应当经国务院民用航空主管部门对其原国籍登记国发给的适航证书审查认可或者另发适航证书，方可飞行。

民用航空器的所有人或者承租人应当按照适航证书规定的使用范围使用民用航空器，做好民用航空器的维修保养工作，保证民用航空器处于适航状态。

3. 航空器无线电台执照

民用航空地面无线电台站的设台审批权限是国家无线电管理委员会指配给民用航空机场使用频率的甚高频、特高频移动无线电话台，由地区管理局（飞行院校）无线电管理委员会审批，报民航局无线电管理委员会备案。其他航空地面无线电台站由民航局无线电管理委员会审批。设置在机场范围以外的民用航空无线电台站的台址，在设台前应当报请当地无线电管理委员会和地方政府同意。设置在军民合用机场的台站的台址应当征得军方同意。

使用民用航空无线电台站，应当具备以下条件。

（1）无线电设备符合国家技术标准。

（2）操作人员熟悉无线电管理的有关规定，并具有相应的业务技能。

（3）工作环境安全可靠。

（4）设台单位有相应的管理措施。

民用航空器无线电台，不需要办理设台申请手续，但在启用前，应当向民航局或地区管理局无线电管理委员会填报"民用航空无线电台执照申请表"，经民航局或地区管理局无线电管理委员会检查电台性能符合规定标准后，由民航局无线电管理委员会颁发航空器无线电台执照。

地面航空无线电台执照和民用航空器无线电台执照有效期为 3 年。各类地面航空无线电台和航空器无线电台的执照应当妥善保管。如有丢失、损坏，应当书面报告原发照机关，申请办理补发执照手续。如停止使用，其电台执照应交回原发照机关。

（四）航空器的运行文件

航空器的运行文件是保证航空器在经批准的运行范围内得到正确使用的关键信息。航空器制造厂家在所申请型号航空器交付或者首次颁发标准适航证之前，运行文件应当获得民航局的批准或认可。

航空器制造厂家在所申请型号航空器交付时，应当向航空器所有人或运行人提供运行文件。

运行文件必须是专用的，同一型号航空器的不同构型可以使用通用的文件，但必须在文件中具体注明和体现其构型差异。

航空器运行文件的范围包括与航空器飞行和载运旅客或货物所用设备有关的使用和操作说明，但不包括与航空作业（如摄影、探矿等）和所涉及特殊任务设备有关的使用和操作说明。

1. 飞机飞行手册（AFM）

运输类飞机飞行手册（airplane flight manual，AFM）包含飞机安全运行所必需的资料，由飞机主制造商编制，并经适航相关部门批准，是飞机必须随机携带的手册。

AFM 提供在正常、非正常和应急条件下安全操纵飞机的信息，其具体内容随功能的改变而发生变化。早期 AFM 作为飞行机组安全操作一架运输类飞机的唯一信息源，其格式和内容均为满足飞行机组使用需求而设计，内容主要包括飞机系统描述、详细操作程序、使用限制、性能等。但随着运输类飞机机载设备日趋复杂，为控制 AFM 的厚度和复杂程度，大部分飞机主制造商将指导飞行机组日常工作和培训的相关信息编制成独立的操作手册，因此，AFM 仅限于飞机安全或适航有关的内容，功能由供飞行机组频繁使用的资料转变为指导性资料。

一般民航各相关部门都在型号合格审定的过程中以批准飞行手册的形式来具体表明航空器的运行限制和信息，并在运行审定时要求航空器运营人根据飞行手册制定本公司的具体运行文件，以实现标准化飞行操作。

2. 飞行组操作手册（FCOM）

飞行手册的主要目的是表明航空器经适航审定批准的能力和限制，除设计简单的航空器外，飞行手册一般都难以在运行中直接使用，也不便航空运营人直接参照制定其运行文件。因此，航空器制造厂家一般都会进一步编制提供基础的标准化飞行操作程序的运行文件，以供航空运营人直接参考。

另外，航空器在运行过程中还不可避免地遇到偏差放行、客舱安全和装载安全等实际问题，也需要航空器制造厂家作为研制者提供基本的使用程序和信息，并作为航空运营人制定其他方面标准化操作程序的依据和参考。

飞行机组操作手册为飞行机组提供在所有预计航线飞行过程中安全有效地操纵航空器所必需的使用限制、程序、性能和系统资料，为航空运营人提供建立标准化操作程序的基础，同时也可作为航空器飞行训练的全面参考。对于型号审定确定最小机组为二人制机组或运行中要求配备副驾驶的航空器，一般都应当为其编制飞行机组操作手册。

对于仅单驾驶的航空器，可直接使用飞行手册代替飞行机组操作手册，但须确认涵盖了飞行机组操作手册的全部内容，并对缺少的内容进行适当的补充（如系统资料，因不在适航审定批准的范围内，可能不包含在飞行手册中）。

飞行机组操作手册应当至少包括如下内容。

（1）手册使用说明：包括适用的航空器说明或列表、使用注意事项、名词和术语（包括缩略语和图例）使用规范、机组告警系统信息说明等。

（2）航空器系统说明：包括从飞行机组使用需要的角度介绍航空器的总体情况和各系统的基本构成、工作原理或逻辑、操作和显示，以及其他相关提示信息，并配以必要的示意图辅助说明。

（3）操作程序：包括使用限制、正常程序、非正常程序、应急程序和补充程序等飞行机组在各种情况下安全有效地操作航空器所必需的标准程序和相关信息，并明确机组分工。

（4）性能数据：包括方便飞行机组直接参考的签派放行和飞行中的性能数据。

3. 快速检查单（QRH）

为飞行机组提供在正常情况下驾驶航空器和处理非正常、紧急情况所需的快速参考资料，以简缩的形式给出安全有效地操纵航空器的最低程序和动作。除飞行高度过低的单驾驶航空器外，其他航空器都应编制有快速参考手册。

对于有些设计了与飞行管理系统关联的电子化操作提示（如多功能显示器或电子飞行包）的航空器，如已获得了代替纸制文件的批准，可部分或全部偏离编制快速参考手册的要求。

快速参考手册应当至少包括如下内容。

（1）手册使用说明：适用的航空器说明或列表。

（2）正常检查单：按照飞行阶段描述需确认关键检查项目。

（3）非正常检查单：飞行机组应对非正常情况的动作和确认检查项目。非正常检查单包括非正常情况和紧急情况内容。

（4）飞行中性能：需要飞行机组快速参考的速度、着陆距离、一台发动机不工作等有关的性能数据。

（5）快速索引：机组能够快速查找到需要内容的索引方式，包括快速操作索引、紧急程序索引、按字母顺序编排的索引。

4. 偏差放行指南

为航空器设备、功能和外形在偏离设计状态的情况下放行提供指导和具体的操作、维修程序。对于主最低设备清单（MMEL）或外形缺损清单（CDL）中所引用的操作程序在运行文件中没有对应内容的或不能直接引用的情况，应当制定偏差放行指南。

偏差放行指南的设备、功能偏差部分应当与 MMEL 一致，外形偏离的部分应当与飞行手册的外形缺损清单（CDL）一致，具体操作和维修程序应当清晰、明确并具备可操作性。最低设备清单（MEL）在飞行组织实施中运行很重要。

1）主最低设备清单（MMEL）

降低航班运行成本一直以来都是航空公司最为关注的问题，假如飞行过程中，飞机系统或者部件出现故障或失效就要返厂维修，就会导致运行资源的浪费，降低航空公司运行效率，也会增加维修成本和人力成本，降低飞机的日利用率。因此，飞机制造商在飞机的安全性和营利性上追求最佳平衡，制定主最低设备清单，使航空公司能更加有效地利用飞机运力资源。主最低设备清单的设计目的是保证带有不工作设备的放行飞机所符合的安全认可等级。

MMEL 为签派偏差指南（dispatch deviationguide，DDG）的一个重要部分，DDG 通常由飞机设计制造商编写，包括 MMEL、构型偏差清单（configuration deviation list，CDL），经适航相关部门批准后供运营人使用。MMEL 又为飞机上影响飞行的设备出现故障时，提供故障保留，确定维修间隔时间的标准文件。

主最低设备清单（MMEL）是由中国民用航空局确定的在某些运行条件下可以不工作，但仍可提供可接受的安全水平的项目清单。

MMEL 正文需要包括五项内容。

（1）系统和序号（system and sequence numbers）。

（2）修复期限类别（rectification interval）。

（3）安装数量（number installed）。

（4）签派放行所需数量（number required for dispatch）。

（5）备注和例外（remarks or exceptions）。

在备注和例外中，包含运行操作程序（O）项（operational procedures）和维修操作程序（M）项（maintenance procedures），两个运行限制条件。

2）最低设备清单（MEL）

由于 MMEL 缺少具体的操作程序不便使用，为此，航空公司在 MMEL 基础上制定了自己的 MEL，加入航空公司的运行实践要求，如飞机的配置、公司航线具体操作程序和自己的维修能力，比 MMEL 更加严格。

MMEL 与 MEL 的对比关系如表 2-4 所示。

表 2-4 MMEL 与 MEL 对比

名称	MMEL	MEL
编写对象	飞机设计制造厂商	航空公司等营运人（使用用户）
批准对象	制造商所在国的适航相关部门，如 FAA、EASA	使用国的民航相关部门，如中国民航局
主要适用阶段	初始适航审定取得型号合格审定（型号合格证）持续适航时不断更新	持续适航审定取得运行合格审定（运行合格证）
关系	（1）MEL 来源于 MMEL，与 MMEL 相比，MEL 为航空公司编制的客户化的手册。（2）MMEL 为基于最低安全标准制定的，MEL 应该遵守 MMEL 的规定，MEL 比 MMEL 放行要求更高	

最低设备清单（MEL）是在特定情况下实施相关操作或准备后允许航空器带故障放行的批准文件，是在特定条件下允许航空器存在不工作的特定仪表、设备项目或功能的一个清单。

航空公司制定 MEL 的标准可以不同于 MMEL，但是标准（或限制条件）不得低于 MMEL。MEL 中包含的设备和功能应确保满足特定条件后不影响飞行安全。

MEL 的制定原则应确保不能背离或低于：① 飞行手册（AFM）中的限制条件；② 应急程序要求；③ 适航指令的规定及要求。

空调循环风扇的 MEL 样例如图 2-3 所示。

0 系统号 　　项　目 次序号	1. 修复期限		
	2. 安装数量		
		3. 旅行数量	
			4. 故障放飞例外规定
21 空调			
31 循环风扇			
1）（-300）	C	1	0	可以不工作，但当外界大气温度高于 100℉（38℃）时，要求左空调组件工作。
2）不适用			
3）（-600，-700）	C	1	0	可以失效，但只要： a) 当 OAT 大于 100℉（38℃）时，要求左空调组件工作， b) 增压飞行，并且 c) 两个组件工作正常。
4）（-800）	C	2	1	左风扇可以不工作，但当外界口气温度高于 100℉（38℃）时，要求左空调组件工作。
	C	2	1	右风扇可以不工作，但要求： a) 当外界大气温度高于 100℉（38℃）时，左空调组件工作，且 b) 在增压方式下飞行。
	C	2	0	可以不工作，但要求： a) 外界大气温度低于 100℉（38℃），且 b) 在增压方式下飞行
5）不适用			

图 2-3 空调循环风扇的 MEL

（1）MEL 包括的内容。由图 2-3 可以看出 MEL 中主要包括以下几项内容。

① 允许保留的故障设备名称。根据系统项目的种类不同，将故障条件划分为按压电门（按钮）及其灯光类、电子中央监控系统（ECAM）页面的指示类、控制通道类、系统设备组件功能类和活门故障类等。

② 该设备在飞机上的正常安装数量。

③ 该设备的最低放行数量要求。在 MEL 中给出了设备的安装数量和最低放行数量，根据故障条件和限制条件的不同，可以将 MEL 放行做如下分类。

- 安装数量=放行数量，该设备必须正常工作，失效不能放行。
- 安装数量>放行数量，失效可以放行，没有限制条件（包括贴不工作标牌）。
- 安装数量>放行数量，失效可以放行，有限制条件，限制条件可以是单一限制条件或者复合限制条件。

④ 故障保留期限。按一定限制和工作程序进行有限的飞行——保留故障飞行是有限制的，故障保留期限的限制，根据故障设备的重要性，故障的保留期限分为四类。

A 类——故障保留期限不得超过 24 h。

B 类——故障保留期限不得超过 72 h。

C 类——故障保留期限不得超过 240 h。

D 类——故障保留期限不得超过 2880 h。

⑤ 保留故障放行条件。限制条件主要包括无任何限制的设备、正常工作的设备（必须设备）、气象条件限制、性能限制、飞行运行限制、航行情报限制等，应根据实际条件编写限制条件。

（2）MEL 的应用。航空器保留故障放行时，飞行签派员可以使用 MEL 确定保留故障设备的重要程度是否会影响航空器的适航及安全性，确定是否放行。具体可以通过下面的例题来进行解释。

例 2-1：根据图 2-3 所示，在外界气温 40℃时，B737-800 的空调左循环风扇故障，说明该故障保留时的放行规定。

根据图 2-3 所示，B737-800 循环风扇安装数量为 2，最低放行数量为 1，安装数量>放行数量，失效可以放行，但是有限制条件。限制条件为当左风扇不工作时，如果外界大气温度高于 100℉（38℃），要求左空调组件工作时才可以放行。

例 2-2：在外界气温 25℃时，根据图 2-3 说明 B737-800 的空调左右循环风扇同时故障的放行规定。

根据图 2-3 所示，B737-800 循环风扇安装数量为 2，最低放行数量为 0，安装数量>放行数量，失效可以放行，但是有限制条件。当左右空调不工作时，限制条件是外界大气温度低于 100℉（38℃），且要求以增压方式飞行。因为该题目中给定的外界气温 25℃<38℃，无限制条件放行。

5. 载重平衡手册

为航空器安全运行提供载重平衡方面的信息，通过有效的装载程序安全地分配最大业载。运输类航空器应当编制载重平衡手册。

对于非运输类飞机的载重平衡数据可参考飞行手册或飞行机组操作手册中的有关内容。

6. 客舱机组操作手册

为客舱机组实现标准化操作提供程序和信息，同时也可作为客舱机组训练的全面参考。对于配备客舱机组的航空器应当编制客舱机组操作手册。

二、空勤人员

根据《中华人民共和国民用航空法》第三十九条，航空人员是指从事民用航空活动的空勤人员和地面人员。空勤人员包括驾驶员、飞行机械人员、乘务员；地面人员包括民用航空器维修人员、空中交通管制员、飞行签派员、航空电台通信员。

空勤人员和空中交通管制员在取得执照前，还应当接受国务院民用航空主管部门认可的体格检查单位的检查，并取得国务院民用航空主管部门颁发的体格检查合格证书。空勤人员在执行飞行任务时，应当随身携带执照和体格检查合格证书，并接受国务院民用航空主管部门的查验。

民用航空器机组由机长和其他空勤人员组成。机长应当由具有独立驾驶该型号民用航空器的技术和经验的驾驶员担任。机组必需成员指的是为完成大型航空器运输飞行按照CCAR-121部要求运行而符合最低配置要求的机组成员。

合格证持有人不得使用已满 63 周岁的人员在实施大型航空器运输飞行的飞机上担任飞行机组必需成员。机组的组成和人员数额，应当符合国务院民用航空主管部门的规定。

（一）机组的组成和人员数额

1. 飞行机组的组成和人员数额

合格证持有人在运行飞机时，其飞行机组成员不得少于所批准的该型飞机飞行手册中规定的数量，合格证持有人在大型航空器运输飞行时，飞行机组至少配备两名驾驶员，并且应当指定一名驾驶员为机长，也不得少于 CCAR-121 部对所要求的最少飞行机组成员数量。

常见的机组组成如下。

（1）2 名驾驶员机组：机长和副驾驶员。

（2）3 名驾驶员机组：机长、第二机长和副驾驶员。

（3）4 名或 4 名以上驾驶员机组：机长、第二机长和两名副驾驶员。

其他飞行机组成员应按各机型操作手册的规定可增配飞行领航员、飞行机械员，在驾驶舱值勤的正副驾驶员中任何一人没有取得国际（地区）航线英语通话授权时，应在国际（地区）航线上配备一名飞行通信员。

担任飞行机组必需成员的飞行机械员，其配备应当符合飞机飞行手册中对机组定员的要求。

2. 客舱乘务人员的数量要求

为保证安全运行，合格证持有人在所用每架载运旅客的飞机上，应当按照下列要求配备客舱乘务员。

（1）对于旅客座位数量为 20 至 50 的飞机，至少配备 1 名客舱乘务员。

（2）对于旅客座位数量为 51 至 100 的飞机，至少配备 2 名客舱乘务员。

（3）对于旅客座位数量超过 100 的飞机，在配备 2 名客舱乘务员的基础上，按照每增加 50 个旅客座位增加 1 名客舱乘务员的方法配备，不足 50 的余数部分按照 50 计算。

从上述规定可以看出，客舱乘务人员数量应当按照旅客座位数来进行确定，与实际的旅客数量与机组座位数没有关系。相关例题如下。

例 2-3：一架飞机上有 149 名旅客座位数及 8 名机组座位，则当机上有 97 名乘客时最少乘务员配备数量为多少。

解：根据规定可以看出，该飞机的旅客座位数为 149 座，按照旅客座位数量超过 100 的飞机，在配备 2 名客舱乘务员的基础上，按照每增加 50 个旅客座位增加 1 名客舱乘务员的方法配备，不足 50 的余数部分按照 50 计算，该飞机应配备的客舱乘务人员为 $149 \div 50 \approx 3$ 名。

例 2-4：一架 A319 的最少乘务员配备数量为多少？

解：该题目应首先确定 A319 的旅客座位数。

因为 A319 是 A320 缩短型，与 A320 相比，机身短 3.73 m，机翼上应急出口减少一个，机身后部散货舱取消。

A319 客舱可按下列几种布局。

其一，按 8 个头等舱座位加 116 个经济舱座位布局，共 124 座。头等舱的座位排距为 0.914 m，经济舱为 0.813 m。

其二，按 55 个公务舱座位加 74 个经济舱座位布局，共 129 个座位。

其三，按一般经济舱布局，可安排 134 个座位。

其四，也可以按高密度经济舱布局，安排 148 个座位。

从以上 A319 的各种布局可以看出，无论哪种布局，座位数都在 100～150 座内，所以 A319 应配备的客舱乘务人员为 $149 \div 50 \approx 3$ 名。

在按照 CCAR-121 部的要求进行的应急撤离演示中，如果合格证持有人使用的客舱乘务员人数多于按照座位数对演示所用飞机的最大旅客座位数量所要求的客舱乘务员人数，则该合格证持有人应当按照下列条件配备客舱乘务员。

（1）飞机为最大旅客座位数量布局时，客舱乘务员人数至少应当等于应急撤离演示期间所用的人数。

（2）飞机为任一减少了旅客座位数量的布局时，客舱乘务员人数至少应当对该布局旅客座位数量要求的客舱乘务员人数之外，再增加应急撤离演示期间所用客舱乘务员人数与对旅客座位数量原布局所要求人数之差。

例 2-5：某架飞机为提高服务质量，进行了飞机的客舱改造，原布局旅客座位数为 320 个座位，改造后旅客座位数为 248 个座位，应急撤离演示期间所用客舱乘务人员人数为 8 人，则现有布局形式客舱乘务人员至少配备多少人？

解：该飞机改造后减少了旅客座位数，根据上述第（2）条可知，现布局按座位数需配置客舱乘务人员 $248 \div 50 \approx 5$ 人。

原布局座位数需配置客舱乘务员 $320 \div 50 \approx 7$ 人。

所以飞机改造后需客舱乘务员 5+(8-7)=6 人。

（二）机组成员值勤时间

1. 基本概念

（1）日历月：指按照世界协调时或者当地时间划分，从本月 1 日零点到下个月 1 日零点之间的时间段。

（2）飞行时间：指飞机为准备起飞而借自身动力开始移动时起，直到飞行结束停止移动为止的时间。

（3）飞行经历时间：指机组必需成员在其值勤岗位上执行任务的飞行时间，即在座飞行时间。

（4）扩编飞行机组：指飞行机组成员数量超过飞机机型所要求的操纵飞机的最小值，从而可由其他合格的飞行机组成员替换某一飞行机组成员，被替换的飞行机组成员可在飞行中休息；扩编飞行机组中应至少包含一名具备机长资格和一名具备巡航机长或以上资格的人员。

（5）机上休息设施：指安装在飞机内可以为机组成员提供休息机会的铺位或座位，其中分为以下几种。

① 1 级休息设施：指休息用的铺位或可以平躺的其他平面，独立于驾驶舱和客舱，机组成员可控制温度和光线，不受打扰和噪声的影响。

② 2 级休息设施：指飞机客舱内的座位，至少可以利用隔帘与乘客分隔，避免被乘客打扰，可以平躺或接近平躺，能够遮挡光线、降低噪声。

③ 3 级休息设施：指飞机客舱内或驾驶舱内的座位，应可倾斜 40°，并可为脚部提供支撑。

（6）值勤：指机组成员按照合格证持有人的要求执行的所有任务，包括但不限于飞行值勤、置位、备份（包括主备份和其他备份）和培训等。

（7）飞行值勤期：指机组成员接受合格证持有人安排的飞行任务后（包括飞行、调机或转场等），从为完成该次任务而到指定地点报到时刻的开始，到飞机在最后一次飞行后发动机关车且机组成员没有再次移动飞机的意向为止的时间段。

一个飞行值勤期还可能包括机组成员在某一航段前或航段之间代表合格证持有人执行的其他任务，但没有必要休息期的情况（如置位、主备份、飞机或模拟机培训发生在某一航段前或航段之间，但没有安排必要的休息期）。

在一个值勤期内，如机组成员能在适宜的住宿场所得到休息，则该休息时间可以不计入该飞行值勤期的值勤时间。

（8）休息期：指从机组成员到达适宜的住宿场所起，到为执行下一次任务离开适宜的住宿场所为止的连续时间段。在该段时间内，合格证持有人不得为机组成员安排任何工作和给予任何打扰。

值勤和为完成指派的飞行任务使用交通工具往来于适宜的住宿场所和值勤地点的时间不得计入休息期。

2. 飞行机组的值勤时间

（1）飞行时间限制。

在一个值勤期内，合格证持有人不得为飞行机组成员安排，飞行机组成员也不得接受超出以下规定限制的飞行时间。

① 非扩编飞行机组执行任务时，按表 2-5 的规定限制最大飞行时间。

表 2-5 非扩编飞行机组运行最大飞行时间限制

报 到 时 间	最大飞行时间/h
00:00—04:59	8
05:00—19:59	9
20:00—23:59	8

② 配备 3 名驾驶员的扩编飞行机组执行任务时，总飞行时间为 13 h。

③ 配备 4 名驾驶员的扩编飞行机组执行任务时，总飞行时间为 17 h。

（2）飞行值勤期的限制。

对于非扩编机组的运行，合格证持有人不得为飞行机组成员安排，飞行机组成员也不得接受超出表 2-6 规定限制的飞行值勤期；航段限制数不包括因备降所产生的航段。

表 2-6 非扩编飞行机组运行最大飞行值勤期限制

报 到 时 间	根据航段数量确定的飞行机组成员最大飞行值勤期/h			
	1～4 个航段	5 个航段	6 个航段	7 个航段或以上
00:00—04:59	12	11	10	9
05:00—19:59	14	13	12	11
20:00—23:59	13	12	11	10

对于扩编机组的运行，合格证持有人不得为飞行机组成员安排，飞行机组成员也不得接受超出表 2-7 规定限制的飞行值勤期。

表 2-7 扩编飞行机组运行最大飞行值勤期限制

报 到 时 间	根据休息设施和飞行员数量确定的最大飞行值勤期/h					
	1 级休息设施		2 级休息设施		3 级休息设施	
	3 名飞行员	4 名飞行员	3 名飞行员	4 名飞行员	3 名飞行员	4 名飞行员
00:00—23:59	18	20	17	19	16	18

（3）飞行机组的累积飞行时间、值勤时间限制。

本条所规定的限制包括飞行机组成员在一段时期内代表合格证持有人所执行的所有飞行时间，如训练、调机和作业飞行等。

合格证持有人不得为飞行机组成员安排，飞行机组成员也不得接受超出以下规定限制的飞行时间。

① 任一日历月，100 h 的飞行时间。

② 任一日历年，900 h 的飞行时间。

合格证持有人不得为飞行机组成员安排、飞行机组成员也不得接受超出以下规定限制的飞行值勤期。

① 任何连续 7 个日历日，60 h 的飞行值勤期。

② 任一日历月，210 h 的飞行值勤期。

3. 客舱乘务员的值勤时间

（1）飞行值勤期限制。

当按照规定的最低数量配备客舱乘务员时，客舱乘务员的飞行值勤期不得超过 14 h。

在按照规定的最低数量配备上增加客舱乘务员人数时，增加 1 名客舱乘务员，飞行值勤期不得超过 16 h；增加 2 名客舱乘务员，飞行值勤期不得超过 18 h；增加 3 名或者 3 名以上客舱乘务员，飞行值勤期不得超过 20 h。

发生意外运行情况，飞行值勤期可以延长。

① 合格证持有人可以将上述规定的值勤期限制延长 2 h 或延长至可以将飞机安全地降落在下一个目的地机场或备降机场。

② 将规定的值勤期限延长 30 min 以上的情况只可在获得规定的休息期之前发生一次。

（2）客舱乘务员的累积飞行时间、值勤时间限制。

合格证持有人不得为客舱乘务员安排，客舱乘务员也不得接受超出以下规定限制的累积飞行时间。

① 任一日历月，100 h 的飞行时间。

② 任一日历年，1100 h 的飞行时间。

合格证持有人不得为客舱乘务员安排，客舱乘务员也不得接受超出以下规定的累积飞行值勤时间限制。

① 任何连续 7 个日历日，70 h 的飞行值勤期。

② 任一日历月，230 h 的飞行值勤期。

客舱乘务员在飞机上履行安全保卫职责的时间应当计入客舱乘务员的飞行和值勤时间。

（三）机组成员的培训

1. 新雇员训练

新雇员训练是指合格证持有人新雇佣的人员，或者已经雇佣但没有在机组成员或者飞行签派员工作岗位上工作过的人员，在进入机组成员或者飞行签派员工作岗位之前需要进行的训练。新雇员训练包括基础理论教育和针对特定机型和岗位的训练。

2. 初始训练

初始训练是指未曾在相同组类其他飞机的相同职位上经审定合格并服务过的机组成员和飞行签派员需要进行的改飞机型训练。

初始训练的前提是未在相同组类其他飞机的相同职务上服务过。

例 2-6：已知在 MA60 飞机上审定合格，并在相同职位工作过的机组成员在转入 A321 的同一职务之前，必须完成哪种训练？

解：因为 MA60（新舟 60）是严格按照 CCAR-25 部适航标准进行设计、生产和验证的一种 50 座级双发涡桨支线客机。飞机采用两人驾驶体制，以涡桨发动机为动力，配备加拿大普惠公司生产的涡桨发动机和美国汉胜公司生产的复合材料螺旋桨，属于组类 I，而 A321 属于组类 II，所以应进行初始训练。

3. 转机型训练

曾在相同组类不同型别飞机的相同职位上经审定合格并服务过的机组成员和飞行签派员需要进行的改飞机型训练。

前提条件是已在相同组类其他型别飞机的相同职务上服务，转入该机型的同一职务之前。例如，已在 B757-200 飞机上审定合格，并在相同职位工作过的机组成员在转入 B767-200 的同一职务之前，必须完成转机型训练。因为 B757-200 与 B767-200 都属于组类 II，但是不同型别，应进行转机型训练。

4. 差异训练

对于已在某一特定型别的飞机上经审定合格并服务过的机组成员和飞行签派员，当民航局认为其使用的同型别飞机与原服务过的飞机在性能、设备或者操作程序等方面存在差异，需要进行补充性训练时应当完成的训练。

前提条件是同型别的飞机与原飞机存在差异。例如，已在 A319 飞机上审定合格并在相同职位工作过的机组成员在转入 A320 的同一职务之前，因为 A319 与 A320 同属于 A320 系列，是同一型别，但存在差异，必须进行差异训练。

5. 升级训练

已在某一特定型别的飞机上经审定合格并担任副驾驶的机组成员，在该型别飞机上担任机长之前需要进行的训练。

前提条件是某一特定型别，担任过副驾驶，要经过升级训练才能升机长。

6. 定期复训

定期复训应当以每 12 个日历月为一周期安排，保证每一机组成员或者飞行签派员获得关于该型别飞机和所涉及的机组成员工作位置的充分训练并保持近期熟练水平。

7. 重新获得资格训练

已在特定飞机型别和特定工作岗位上经审定合格，但因某种原因失去资格的机组成员和飞行签派员，为恢复这一资格所应当进行的训练。

前提条件是不符合新近经历要求、未按规定期限完成定期复训、未按规定期限完成飞行检查或飞行检查不合格等原因而失去资格，需进行重新获得资格训练。

第二节 机　　场

机场是指供航空器起飞、降落和地面活动而划定的一块地域或水域（水上机场）。用于商业性航空运输的机场也称为航空港（airport），我国把大型民用机场称为空港，小型机场称为航站。民用机场分为运输机场和通用机场。

一、机场分类

机场分类的方法较多，根据机场的业务范围、机场在民航运输系统中发挥的作用、机场所在地的状况以及大部分乘机旅客的目的，应将机场划分为不同的类别，以便于科学管理、合理建设并设置相应配套设施和机构。

（一）按服务对象划分

按照服务对象不同，机场可以分为以下几类。

1. 民用机场

民用机场是指专供民用航空器起飞、降落、滑行、停放以及进行其他活动使用的划定区域，包括附属的建筑物、装置和设施。民用机场分为通用机场和公共运输机场，不包括临时机场和专用机场。

2. 军用机场

军用机场是供军用飞机起飞、着陆、停放和组织、保障飞行活动的场所，是航空兵进行作战训练等各项任务的基地，由它构成的机场网，战略地位十分重要。

现代军用机场，按设施和保障条件分为永备机场和野战机场；按跑道所能保障的飞机类型分为特级、一级、二级和三级机场；按所处战略位置分为一线、二线和纵深机场。

永备机场的跑道和保障设施多为永久性的，供航空兵常年驻用；野战机场一般铺设装配式金属板或其他简易道面跑道。配备活动式保障设备，供航空兵临时驻用。特级机场主要供重型轰炸机和大型运输机使用，跑道长度为 3200～4500 m；一级机场主要供中型轰炸机和中型运输机使用，跑道长度为 2600～3000 m；二级机场主要供歼击机、强击机和轻型轰炸机使用，跑道长度为 2000～2400 m；三级机场主要供初级教练机和小型运输机使用，跑道长度为 1200～1600 m，或为直径 2000 m 左右的土质圆形场地。通常一、二级机场部署歼击航空兵和强击航空兵，纵深机场部署轰炸航空兵和运输航空兵。

3. 军民合用机场

机场分时段为军用飞机或民用航空器提供保障服务。

4. 通用机场

通用机场是指使用民用航空器从事除军事、警务、海关缉私飞行和公共航空运输飞行之外的飞行保障活动的机场。

(二) 按航线业务范围划分

民航运输机场按照其航线性质，通常分为以下几类。

(1) 国际机场——国际航线出入境并设有海关、边防检查（移民检查）、卫生检疫、动植物检疫和商品检验等联检机构的机场。如北京首都国际机场、芝加哥奥黑尔国际机场。

国际机场又分为国际定期航班机场、国际定期航班备降机场和国际不定期航班机场。国际定期航班机场，指可安排国际通航的定期航班飞行的机场；国际定期航班备降机场，指为国际定期航班提供备降的机场；国际不定期航班机场，指可安排国际不定期航班飞行的机场。

(2) 国内航线机场——专供国内航线使用的机场。

(3) 地区航线机场——在我国指大陆民航运输企业与香港、澳门地区之间定期或不定期航班飞行使用，并没有相应（类似国际机场的）联检机构的机场。如海拉尔东山机场、长春大房身机场、齐齐哈尔三家子机场、佳木斯东郊机场、合肥骆岗机场、济南遥墙机场。我国的地区航线机场应是国内航线机场。在国外，地区航线机场通常是指适应个别地区空管需求可提供短程国际航线的机场。

(三) 按机场在民航运输系统中所起作用划分

机场是航空运输系统网络的节点，按照其在该网络中的作用，可以分为以下几类。

(1) 枢纽机场——国际、国内航线密集的机场。旅客在此可以很方便地中转到其他机场。根据业务量的不同，可分为大、中、小型枢纽机场。美国大型枢纽机场的中转旅客百分比很大，芝加哥—奥黑尔机场和达拉斯—福特沃斯机场的中转旅客超过50%。我国大陆枢纽机场仅北京、上海、广州三大机场，但其中转百分比还不大；所以，按国际通行概念还不具备枢纽机场的资格。

(2) 干线机场——以国内航线为主，航线连接枢纽机场、直辖市和各省会或自治区首府，空运量较为集中，年旅客吞吐量不低于10万人次的机场。银川、石家庄、西宁的机场虽低于10万人次也算干线机场。另外像厦门、深圳、大连、桂林等重要城市或旅游城市的机场也算干线机场。全国现有干线机场30多个。

(3) 支线机场——省、自治区内经济比较发达的中小城市和旅游城市，或经济欠发达、但地面交通不便的城市地方机场。空运量较少，年旅客吞吐量一般低于10万人次。这些机场的航线多为本省区航线或邻近省区支线。

(四) 按机场所在城市的地位、性质划分

依照机场所在城市的性质、地位并考虑机场在全国航空运输网络中的作用，可将机场划分为 I、II、III、IV 类。

(1) I 类机场——全国政治、经济、文化中心城市的机场，是全国航空运输网络和国际航线的枢纽，运输业务量特别大，除承担直达客货运输外，还具有中转功能，北京首都

机场、上海虹桥机场、广州白云机场即属于此类机场。

（2）II 类机场——省会、自治区首府、直辖市和重要经济特区、开放城市和旅游城市或经济发达、人口密集城市的机场，可以全方位建立跨省、跨地区的国内航线，是区域或省区内航空运输的枢纽，有的可开辟少量国际航线。II 类机场也可称为国内干线机场。

（3）III 类机场——国内经济比较发达的中小城市，或一般的对外开放和旅游城市的机场，能与有关省区中心城市建立航线。III 类机场也可称为次干线机场。

（4）IV 类机场——前所述支线机场及直升机场。

除以上四种类别划分标准外，从安全飞行角度还考虑为预定着陆机场安排备降机场。备降机场是指在飞行计划中事先规定的，当预定着陆机场不宜着陆时，飞机可前往着陆的机场。起飞机场也可以是备降机场。备降机场由民航局事先确定。如太原机场、天津机场和大连机场为首都机场的备降机场。

二、民用机场等级划分

为了便于给机场配备适量的工作人员和相应的技术设备设施，为保障飞机能安全准时起降和优质服务提供必要条件，也为了能更好地经营管理机场，发挥其最大社会效益和经济效益，必须对机场进行分级。

几十年来，我国根据需要，曾以不同标准对机场进行分级。民航机场主要以飞行区等级、跑道导航设施等级和航站业务量规模大小进行分级。

（一）飞行区等级

机场飞行区是为飞机地面活动及停放提供适应飞机特性要求和保证运行安全的构筑物的统称，包括跑道及升降带、滑行道、停机坪、地面标志、灯光助航设施及排水系统，目前常直接使用机场飞行区等级指称机场等级。

飞行区各项构筑物的技术要求和飞机的特性有关，我国采用航空民航标准《民用机场飞行区技术标准》（MH 5001-2013）加以规范。国际民航组织和中国民用航空局用飞行区等级指标 I 和 II 将有关飞行区机场特性的许多规定和飞机特性联系起来，从而对在该飞机场运行的飞机提供适合的设施。

1. 飞行区指标 I

按拟使用机场跑道的各类飞机中最长的基准飞行场地长度，分为 1、2、3、4 四个等级，可以根据表 2-8 的规定确定。

表 2-8 飞行区等级代码 I 划分

飞行区指标 I	飞机基准飞行场地长度/m
1	<800
2	800～1200（不含）
3	1200～1800（不含）
4	≥1800

表 2-8 中的指标表示飞机基准飞行场地长度。它是指某型飞机以最大批准起飞质量，在海平面、标准大气条件（15℃、1 个大气压）、无风、无坡度情况下起飞所需的最小飞行场地长度。飞行场地长度也表示在飞机中止起飞时所要求的跑道长度，因而也称为平衡跑道长度，飞行场地长度是对飞机的要求来说的，与机场跑道的实际距离没有直接的关系。

2. 飞行区指标 II

按拟使用该飞行区跑道的各类飞机中的最大翼展或最大主起落架外轮外侧边的间距（见图 2-4（a）），分为 A、B、C、D、E、F 六个等级，两者中取其较高要求的等级，具体依据表 2-9 确定。

表 2-9 飞行区指标 II 划分依据表

飞行区指标 II	翼展/m	主起落架外轮外侧边间距/m
A	<15	<4.5
B	15～24（不含）	4.5～6（不含）
C	24～36（不含）	6～9（不含）
D	36～52（不含）	9～14（不含）
E	52～65（不含）	9～14（不含）
F	65～80（不含）	14～16（不含）

飞机尺寸的基本参数如图 2-4（b）所示。

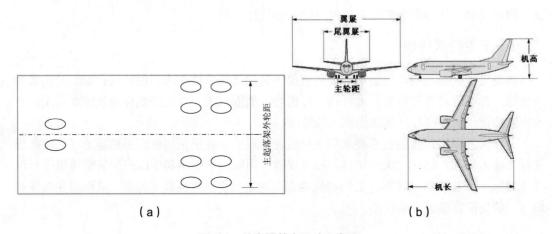

图 2-4 航空器基本尺寸示意图

注：图中机长：或称全长，指飞机机头最前端至飞机尾翼最后端之间的距离。机高：指飞机停放地面时，飞机尾翼最高点的离地距离。翼展：指固定翼飞行器的机翼左右翼尖之间的距离。

飞行区等级可以向下兼容。例如，我国机场最常见的 4E 级飞行区常常用来起降国内航班最常见的 4C 级飞机（如空中客车 A320、波音 737 等），飞机一般使用跑道长度一半以下（约 1500 m）即可离地起飞或使用联络道快速脱离跑道。在天气与跑道长度允许的情况下，偶尔可在低等级飞行区起降高等级飞机。例如，我国大部分 4E 级机场均可以减载起降 4F 级的空中客车 A380 飞机，但这会造成跑道寿命降低，并需要在起降后人工检查跑道道面。

（二）跑道导航设施等级

跑道导航设施等级按配置的导航设施能提供飞机以何种进近程序飞行而划分。它反映了飞行安全和航班正常率保障设施的完善程度。

(1) 非仪表跑道——供飞机用目视进近程序飞行的跑道，代字为 V。

(2) 仪表跑道——供飞机用仪表进近程序飞行的跑道，可分为以下几种。

① 非精密进近跑道——装备相应的目视助航设备和非目视助航设备的仪表跑道，足以对直接进近提供方向性引导，代字为 NP。

② Ⅰ类精密进近跑道——装有仪表着陆系统和（或）微波着陆系统以及目视助航设备，供决断高不低于 60 m 和能见度不小于 800 m 或跑道视程不小于 550 m 时飞行的仪表跑道，代字为 CATⅠ。

③ Ⅱ类精密进行跑道——装有仪表着陆系统和（或）微波着陆系统以及目视助航设备，供决断高低于 60 m 但不低于 30 m 和跑道视程不小于 300 m 时飞行的仪表跑道，代字为 CATⅡ。

④ Ⅲ类精密进近跑道——装有仪表着陆系统和（或）微波着陆系统引导飞机至跑道并沿其表面着陆滑行的仪表跑道，其中：

- ⅢA——用于决断高小于 30 m 或不规定决断高以及跑道视程不小于 175 m 时运行。
- ⅢB——用于决断高小于 15 m 或不规定决断高以及跑道视程小于 175 m 但不小于 50 m 时运行。
- ⅢC——用于不规定决断高和跑道视程时运行。

（三）航站业务量规模等级

按照航站的年旅客吞吐量或货邮运输吞吐量的数量可以划分机场等级。这些数量与航站规模及设施有关，反映了机场的繁忙程度和经济效益。表 2-10 提供了一种按航站业务量划分的标准，可供参考。若年旅客吞吐量与年货邮吞吐量不属于同一等级，建议按较高者确定等级。

表 2-10　航站业务量规模分级标准（供参考）

航站等级	年度旅客吞吐量/万人	年货邮吞吐量/kt
小型	<10	<2
中小型	10～50	2～12.5
中型	50～300	12.5～100
大型	300～1000	100～500
特大型	≥1000	≥500

（四）民航运输机场规划分级

以上三种划分机场等级的标准，都是从不同方面反映了机场的状态：① 它能接受机型的大小；② 保障飞行安全和航班正常率的设施的完善程度；③ 客货运量的大小。

为了综合、合理地划分机场等级，同时又照顾到习惯，以下方案可供考虑，即综合三个标准为民航运输机场规划分级标准，如表 2-11 所示。当三项等级不属于同一机场级别时，可视具体情况，根据发展，建议经过专门批准后，按较高者确定机场规划级别。

表 2-11 民航运输机场规划分级（供参考）

机 场 级 别	飞行区等级	跑道的导航设施等级	航 站 等 级
四级	3B、2C 级以下	V、NP	小型
三级	3C、3D	NP、CATI	中小型
二级	4C	CATI	中型
一级	4D、4E	CATI、CATII	大型
特级	4E 及以上	CATII 及以上	特大型

（五）机场救援和消防等级

救援和消防勤务的主要目的是救护受伤人员，为了保障救援和消防，必须要有足够的手段。这其中包括必要的器材（如灭火剂）、设备、车辆和设施（如应急通道）等。这些物质保障的配备以使用该机场的最大机型尺寸为依据，由此划分出机场的救援和消防级别，如表2-12所示。

表 2-12 救援和消防的机场级别

机 场 级 别	机场总长度/m	最大机身宽度/m
1	0～9	2
2	9～12	2
3	12～18	3
4	18～24	4
5	24～28	4
6	28～39	5
7	39～49	5
8	49～61	7
9	61～76	7
10	76～90	8

三、机场道面系统

飞行区的主体工程是飞行区的道面系统，道面系统主要包括跑道、滑行道等。

（一）跑道

机场跑道是指机场内用来供应航空器起飞或降落的超长条形区域，其材质可以是沥青或混凝土，或者是平整的草、土或碎石，也可以是水面，甚至可以是木板、页岩、珊瑚虫、粘土等。现在全球范围内跑道普遍使用陆地为基础。

1. 跑道基本参数

跑道的基本参数主要包括跑道方位，跑道号，跑道数量，跑道尺寸，跑道道面的平整度、粗糙度和强度，跑道构型。

1）跑道方位、跑道号和跑道数量

（1）跑道的方位即跑道的走向。飞机最好是逆风起降，而且过大的侧风将妨碍飞机起降。因此，跑道的方位应尽量与当地常年主导风向一致。跑道的方位和条数应根据机场净空条件、风力负荷、飞机运行的类别和架次、与城市和相邻机场之间的关系、现场的地形和地貌、工程地质和水文地质情况、噪声影响、空域条件、管制运行方式等各项因素综合分析确定。机场跑道的方位和条数应使飞机进离场航迹对机场邻近的居民区和其他噪声敏感区的影响程度降至最低。

跑道方位以跑道磁方向角度表示，由北顺时针转动为正。

跑道方位和条数应使拟使用该机场的飞机的机场利用率不少于95%。

（2）跑道号。跑道方位识别号码，由两位阿拉伯数字组成，将跑道着陆方向的磁方位值除以10，四舍五入后得到两位数字，同时将该数字置于跑道相反的一端，作为飞行人员和调度人员确定起降方向的标记，如图2-5所示。

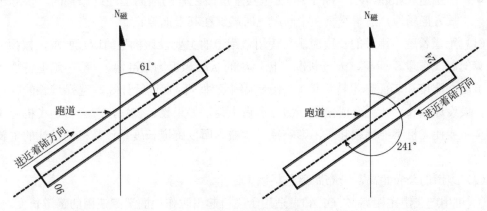

图2-5 跑道方位确定

注：跑道号码以航向角（即着陆方向）确定。左图航向角为61°，取其1/10后再四舍五入，即为"06"；右图的航向角为241°，取其1/10后再四舍五入，即为"24"。

跑道号码应由两位数字组成。平行跑道的跑道号码应在两位数字后加一个字母。在单条跑道、2条平行跑道和3条平行跑道上，此两位数应是从进近方向看最接近于跑道磁方位角度数（从磁北方向顺时针方向计算，与向该跑道端进近方向的夹角）的十分之一的整数。在4条或更多的平行跑道上，一组相邻跑道应按最接近于磁方位角度数的十分之一编号，而另一组相邻跑道则按次一个最接近的磁方位角度数的十分之一编号。当按上述规则得出的是一位数字时，则在它前面加一个零。

在有平行跑道的情况下，跑道号码中的字母排列宜采用下列顺序（从进近方向看去从左至右)。

 ① 2条平行跑道："L""R"。
 ② 3条平行跑道："L""C""R"。
 ③ 4条平行跑道："L""R""L""R"。
 ④ 5条平行跑道："L""C""R""L""R"或"L""R""L""C""R"。
 ⑤ 6条平行跑道："L""C""R""L""C""R"。

 (3)跑道的数量主要取决于航空运输量。运输不很繁忙，且常年风向相对集中的机场，只需单条跑道。运输非常繁忙的机场，则需要2条或多条跑道。每个方向设置的跑道条数应根据预测的飞机起降架次确定。

 2)跑道尺寸

 跑道尺寸涉及跑道的长度、公布距离、宽度和坡度。

 介绍跑道长度之前，应该了解几个基本的概念。

- 净空道（clearways，CWY）：跑道端之外的地面和向上延伸的空域，其作用为飞机可在其上空进行爬升，并达到安全高度（10.7 m），净空道宽不小于150 m，在此区域内除跑道灯外不能有任何障碍物，但对地面没有要求，可为地面，也可为水面。
- 停止道（stopways，SWY）：在全强度道面之外的地面上经过修整的一块划定的长方形场地，适于飞机在中断起飞时能够在其上面停止。

 (1)跑道长度。跑道的长度应满足使用该跑道的主要设计机型的运行要求，按预测航程计算的起飞重量、标高、天气状况（包括风的状况和机场基准温度等）、跑道特性（如跑道坡度、湿度和表面摩阻特性等）、地形限制条件等因素进行计算，选择最长的跑道长度。如果设计偏长，就会造成浪费，而且多占土地。如果设计偏短，就会影响飞机起飞着陆安全，或使飞机不能满载起飞，影响经济效益。所以跑道长度设计是机场设计的主要项目之一。

 (2)跑道的公布距离。公布距离包括以下四个。

 ① 可用起飞滑跑距离（TORA），适用于飞机起飞时作地面滑跑使用的跑道长度。

 ② 可用起飞距离（TODA），即可用起飞滑跑距离TORA加上所设置的净空道长度。

 ③ 可用加速-停止距离（ASDA），即可用起飞滑跑距离TORA加上所设置的停止道长度。

 ④ 可用着陆距离（LDA），即适用于飞机着陆时作地面滑跑使用的跑道长度。

 当跑道不设置停止道及净空道，而跑道入口又位于跑道末端时，以上四个公布距离应相等，如图2-6（a）所示。

 设置净空道时，可用起飞距离（TODA）应包括净空道长度，如图2-6（b）所示。

 设置停止道时，可用加速-停止距离（ASDA）应包括停止道长度，如图2-6（c）所示。由于周围净空条件受限，停止道无法用作净空道，因此可用起飞距离（TODA）与可用起飞滑跑距离（TORA）相等。

当跑道入口永久内移时，可用着陆距离（LDA）应去掉跑道入口内移长度，如图 2-6（d）所示。当停止道和净空道同时设置，且跑道入口内移时，四个可用距离如图 2-6（e）所示。

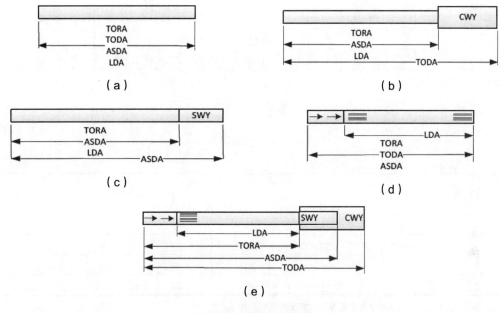

图 2-6 跑道的公布距离

注：所示的全部公布距离均为从左至右运行。

图 2-6 所示的公布距离均为从左向右起飞或着陆。如从两个方向起降，可照此组合。内移的跑道入口只影响向该跑道入口进近的可用着陆距离，不影响所用相反方向运行的公布距离。

图 2-7 和表 2-13 给出了提供跑道公布距离的一种格式。如果跑道的某个方向，由于飞行上的原因禁止起飞或降落，或既不能用于起飞也不能用于降落，则须用"不适用"（notusable）或缩写"NU"字样予以公布。

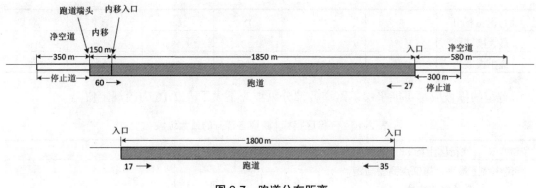

图 2-7 跑道公布距离

表 2-13 跑道公布距离

单位：m

跑　道	TORA	ASDA	TODA	LDA
09	2000	2300	2580	1850
27	2000	2350	2350	2000
17	NU	NU	NU	1800
35	1800	1800	1800	NU

注："NU"指不能使用。

（3）跑道宽度。跑道宽度应不小于表 2-14 中的规定值。

表 2-14 跑道宽度

单位：m

| 飞行区指标 I | 飞行区指标 II | | | | | |
	A	B	C	D	E	F
1	18	18	23	—	—	—
2	23	23	30	—	—	—
3	30	30	30	45	—	—
4	—	—	45	45	45	60

注：飞行区指标 I 为 1 或 2 的精密进近跑道的宽度应不小于 30 m。

设计跑道宽度时，应至少考虑跑道表面污染物（雪、雨水等）、侧风、飞机在接地带附近偏离中线的程度、橡胶积累、飞机进近方式和速度、能见度及人等因素。

（4）跑道坡度。为了保证飞机起飞、着陆和滑跑的安全，应尽量避免沿跑道的纵向坡度及坡度的变化。在有些情况下，可以有 3°以下的坡度。

跑道横坡宜采用双面坡，跑道中线两侧的横坡应对称，跑道各部分的横坡应基本一致。跑道横坡应符合表 2-15 中的规定值，条件许可时宜采用表 2-15 中规定的最大横坡，在与跑道或滑行道相交处可根据需要采用较平缓的坡度。

表 2-15 飞行区指标 II 跑道横坡范围

飞行区指标 II	F	E	D	C	B	A
最大横坡	1.5%	1.5%	1.5%	1.5%	2%	2%
最小横坡	1%	1%	1%	1%	1%	1%

跑道的纵坡应尽可能平缓。跑道各部分纵坡应不大于表 2-16 中的规定值。

表 2-16 飞行区指标 I 跑道各部分的最大纵坡

飞行区指标 I	4	3	2	1
跑道中线上最高、最低点高差与跑道长度的比值	1%	1%	2%	2%
跑道两端各四分之一长度	0.8%	0.8%a	2%	2%

续表

跑道其他部分	1.25%	1.5%	2%	2%
相邻两个纵向坡度的变化	1.5%	1.5%	2%	2%
变坡曲线的最小曲率半径（m）其曲面变率，每30 m 为	30 000 0.1%	15 000 0.2%	7500 0.4%	7500 0.4%

注：a 指适用于 II 类或 III 类精密进近跑道，否则为 1.5%。

3）跑道的平整度、粗糙度和强度

（1）跑道的道面需要具有良好的平整度，使飞机在高速滑跑时不产生颠簸，否则乘客将感觉不舒服，且妨碍驾驶员对飞机的操纵，还会造成雨后积水，引起飞机"飘滑"。用 3 m 直尺测量时，直尺底面与道面表面间的最大空隙，对新建跑道应不大于 5 mm。

（2）跑道道面还应具有良好的摩擦特性，以便保证飞机滑跑时的稳定性、着陆滑跑和中断起飞时飞机的减速以及飞机接地时机轮的正常转动。

跑道表面的摩阻特性应使用有自湿装置的连续摩阻测试仪器进行测定。不同的摩阻测量仪对跑道表面摩阻特性的评定标准如表 2-17 所示。

表 2-17 不同的摩阻测量仪对跑道表面摩阻特性的评定标准

测试仪器	测试轮胎		测试速度/ (km/h)	测试水深 /mm	新建道面 设计目标	维护规 划值	最小摩 阻值
	类 型	压力/kPa					
(1)	(2)		(3)	(4)	(5)	(6)	(7)
Mu 仪拖车	A	70	65	1.0	0.72	0.52	0.42
	A	70	95	1.0	0.66	0.38	0.26
滑溜仪拖车	B	210	65	1.0	0.82	0.60	0.50
	B	210	95	1.0	0.74	0.47	0.34
表面摩阻测试车	B	210	65	1.0	0.82	0.60	0.50
	B	210	95	1.0	0.74	0.47	0.34
跑道摩阻测试车	B	210	65	1.0	0.82	0.60	0.50
	B	210	95	1.0	0.74	0.54	0.41
TATRA 摩阻测试车	B	210	65	1.0	0.76	0.57	0.48
	B	210	95	1.0	0.67	0.52	0.42
抗滑测试仪拖车	C	140	65	1.0	0.74	0.53	0.43
	C	140	95	1.0	0.64	0.36	0.24

新道面的平均纹理深度宜不小于 1.0 mm。平均纹理深度宜采用填砂法进行测定。

（3）跑道强度。道面要有足够强度，以承受飞机运行的荷载，否则道面会因产生过大的应力和变形而受到损坏。

ICAO 要求会员国必须使用 ACN-PCN 方法决定某型号飞机是否可在指定跑道上起降。

ACN 表示一架飞机对某种道面的相对作用。

PCN 表示某个道面可供无限次使用的强度数字。

道面的承载强度应采用包括下列内容的 CAN-PCN 方法确定。

① PCN：应确定 ACN 和 PCN 的道面类型、土基强度类型、最大允许胎压类型和评

定方法，并采用下列代号。

- 道面类型。

刚性道面：代号 R。

柔性道面：代号 F。

若道面结构是复合的或非标准类型，应加以注解。

- 土基强度类型。

高强度：代号 A。

刚性道面基层顶面 k=150 MN/m³，代表大于 120 MN/m³ 的 k 值；柔性道面土基顶面 CBR=15，代表大于 13 的 CBR 值。

中强度：代号 B。

刚性道面基层顶面 k=80 MN/m³，代表 60 MN/m³～120 MN/m³ 的 k 值；柔性道面土基顶面 CBR=10，代表 8～13 的 CBR 值。

低强度：代号 C。

刚性道面基层顶面 k=40 MN/m³，代表 25 MN/m³～60 MN/m³ 的 k 值；柔性道面土基顶面 CBR=6，代表 4～8 的 CBR 值。

特低强度：代号 D。

刚性道面基层顶面 k=20 MN/m³，代表小于 25 MN/m³ 的 k 值；柔性道面土基顶面 CBR=3，代表小于 4 的 CBR 值。

- 最大允许胎压类型。

胎压无限制：代号 W。

高：胎压上限至 1.75 MPa，代号 X。

中：胎压上限至 1.25 MPa，代号 Y。

低：胎压上限至 0.50 MPa，代号 Z。

- 评定方法。

技术评定：代号 T，表示对道面特性进行检测评定或理论评定。

经验评定：代号 U，依据使用经验，表示该道面能正常承受特定航空器的作用。用 CAN-PCN 的方法报告道面强度的示例见例 2-7～例 2-8。

例 2-7：如设置在中强度土基上的刚性道面的承载强度，用技术评定法评定道面等级序号为 80，无胎压限制，则其报告资料为 PCN80/R/B/W/T。

例 2-8：如设置在高强度土基上的性质类似柔性道面的组合道面的承载强度，用航空器经验评定法评定的道面等级序号为 50，最大允许胎压为 1.25 MPa，则其报告资料为 PCN50/F/A/Y/U。

例 2-9：如设置在中强度土基上的柔性道面的承载强度，用技术评定法评定的道面等级序号为 40，最大允许胎压为 0.80 MPa，则其报告资料为 PCN40/F/B/0.80 MPa/T。

② CAN：飞机的重量不同其 ACN 值也不同，如表 2-18 所示。制造厂一般提供最大载重和基本重量时的 ACN 值，其他重量的 ACN 值可以通过公式计算得到。

$$\text{ACN}_{实} = \text{ACN}_{最大} - \frac{W_{最大} - W_{实际}}{W_{最大} - W_{空机}} \times (\text{ACN}_{最大} - \text{ACN}_{最小})$$

表 2-18 几种类型飞机在刚性和柔性道面上的 ACN 值

飞机类型	全重基本重量/kg	胎压/MPa	刚性道面 土基类型				柔性道面 土基类型			
			高	中	低	甚低	高	中	低	甚低
			ACN				ACN			
B737-200	52 616	1.10	29	30	32	34	26	27	31	35
	27 293		13	14	15	16	12	13	14	15
B747SP	318 881	1.40	38	44	53	60	41	45	54	72
	147 996		15	16	19	20	16	17	18	23
B747-200B	352 893	1.37	46	54	64	73	50	55	67	88
	172 886		19	21	24	28	21	22	24	31
B747-400	385 557	1.41	50	61	72	82	55	62	76	98
	180 985		17	21	25	30	21	23	26	34
B757-200	104 782	1.16	26	31	37	42	28	31	38	50
	58 877		12	14	17	19	13	14	16	22
B767-200	136 984	1.26	32	37	44	51	36	38	45	63
	80 890		17	19	22	25	19	20	22	28
A300-B2	140 000	1.23	37	44	52	60	40	45	55	70
	85 690		19	22	26	30	21	23	26	35
A320-200	69 370	1.33	43	46	48	50	39	40	45	51
	45 000		26	28	29	31	24	25	26	31

③ ACN-PCN 方法：当 ACN 等于或小于 PCN 时，能在规定胎压和飞机的最大起飞质量的条件下使用该道面。表 2-19 所示为各种机型飞机的 ACN。

表 2-19 各种机型飞机的 ACN

飞机类型	重量 最大（最小）/kN	胎压/MPa	柔性道面土基（CBR）				刚性道面土基/（kMN/m³）			
			高 A	中 B	低 C	特低 D	高 A	中 B	低 C	特低 D
			15	10	6	3	150	80	40	20
	300		15	15	16	19	17	18	19	20
B737-300	623	1.4	35	37	41	45	40	42	44	46
	325		16	17	18	21	19	20	21	22
B737-400	670	1.28	38	40	45	49	43	45	47	49
	350		18	18	20	23	20	21	22	23
B737-500	596	1.34	33	35	39	43	38	40	42	43
	320		16	16	18	21	18	19	20	21
B737-600	645	1.3	35	36	40	45	39	41	44	45
	357		18	18	19	22	20	21	22	23

续表

飞机类型	重量最大（最小）/kN	胎压/MPa	柔性道面土基（CBR）				刚性道面土基/（kMN/m³）			
			高 A 15	中 B 10	低 C 6	特低 D 3	高 A 150	中 B 80	低 C 40	特低 D 20
	300		15	15	16	19	17	18	19	20
B737-700	690	1.39	38	40	44	49	43	46	48	50
	370		18	19	20	23	21	22	23	24
B737-800	777	1.47	44	46	51	56	51	53	56	57
	406		21	21	23	26	24	25	26	27
B737-900	777	1.47	44	46	51	56	51	53	56	57
	420		21	22	24	28	24	26	27	28
B747-100，100B，100SF	3350	1.55	49	54	65	86	46	54	64	73
	1700		21	22	25	32	20	22	25	29
B747-100SR	2690	1.04	36	38	46	64	29	35	43	50
	1600		19	20	22	29	16	18	21	25
B747-200B，200C，200F，200M	3720	1.38	55	62	76	98	51	61	72	82
	1750		22	23	26	34	20	22	26	30
B747-300，300M，300SR	3720	1.31	55	62	76	98	50	60	71	82
	1760		22	23	26	34	19	22	25	30
B747-400，400F，400M	3905	1.38	59	66	82	105	54	65	77	88
	1800		23	24	27	35	20	23	27	31
B747-400D（Domestic）	2729	1.04	36	39	47	65	30	36	43	51
	1782		22	23	26	34	18	20	24	29
B747-SP	3127	1.26	45	50	61	81	40	48	58	67
	1500		18	19	21	28	16	18	21	25
B757-200Series	1134	1.24	34	38	47	60	32	39	45	52
	570		14	15	17	23	13	15	18	20
B757-300	1200	1.24	36	41	51	64	35	42	49	56
	640		16	17	20	27	15	17	21	24
B767-200	1410	1.31	39	42	50	68	34	41	48	56
	800		19	20	23	29	17	19	22	26
B767-200ER	1726	1.31	50	56	68	90	45	54	64	74
	830		20	21	24	31	18	20	24	27
B767-300	1566	1.38	44	49	59	79	40	48	57	65
	860		21	22	25	33	19	22	25	29
B767-300ER	1784	1.38	53	59	72	94	48	57	68	78

如果道面强度受季节性影响有明显变化，应相应确定不同的 PCN。当 ACN 大于 PCN 时，在满足下列条件下可有限制地超载运行。

- 道面没有呈现破坏迹象，土基强度未显著减弱期间。

- 对柔性道面，ACN 不超过 PCN 的 10%；对刚性道面或以刚性道面为主的复合道面，ACN 不超过 PCN 的 5%。
- 年超载运行的次数不超过年总运行次数的 5%。

4）跑道的构型（见图 2-8）

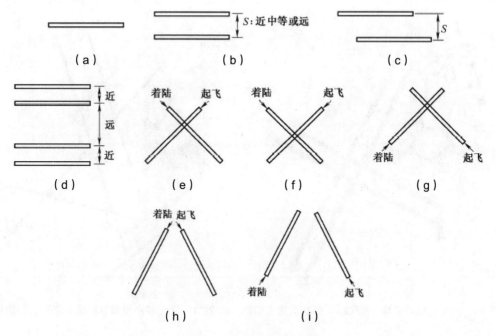

图 2-8　跑道的构型

一般来说，一个机场拥有两条以上跑道可称为多跑道机场。目前，跑道数量最多的机场有 7 条跑道，如芝加哥奥黑尔机场、达拉斯机场等。全球范围内，多跑道机场很多，按照跑道构形大致可分为四类，即平行跑道、交叉跑道、V 型跑道和混合构形跑道。

（1）平行跑道，如图 2-9 所示。平行跑道具有容量大、效率高、风险低、易于管理等优点，是目前新建或改扩建机场最常用的一种构形。目前，平行跑道数量最多的是美国亚特兰大机场，共有 5 条平行跑道，迪拜世界中心机场总体规划是 6 条完全平行的跑道，目前已建成一条投入使用。从跑道数量和构形来看，2～5 条平行跑道有多种构形。

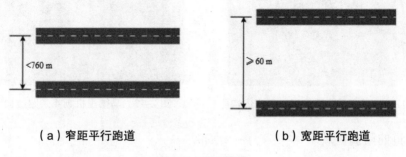

图 2-9　平行跑道

（2）交叉跑道，如图 2-10 和图 2-11 所示。由于以前的运输飞机重量轻，起飞和着陆期间对于侧风要求较高，为提高机场运行保障能力，机场一般都会根据风向统计数据建设交叉跑道，但随着民用客机机型和重量的不断加大以及科技的不断进步，民用客机对于侧风要求逐步降低，因此，目前较少机场采用交叉跑道构形，除非是场地或者其他因素限制。

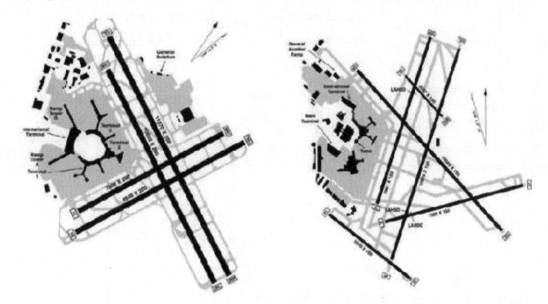

图 2-10　旧金山国际机场（SFO）4 条交叉跑道构形　　图 2-11　波士顿洛根国际机场 5 条交叉跑道构形

（3）V 型跑道，如图 2-12 和图 2-13 所示。代表机场有法兰克福国际机场、马德里机场、孟菲斯国际机场和苏黎世机场等。

图 2-12　法兰克福国际机场 3 条跑道构形　　图 2-13　马德里机场 4 条跑道构形

2. 跑道的附属区域

（1）升降带。

升降带是一块规定的包括跑道和停止道（如果设有的话）的场地。跑道和停止道通常修建道面,其余部分为土质地带。

升降带宽度应不小于表 2-20 中的规定值。

表 2-20　升降带宽度

单位:m

跑道运行类型	飞行区指标 I			
	4	3	2	1
仪表跑道	150	150	75	75
非仪表跑道	75	75	40	30

(2)跑道道肩。

跑道道肩的宽度应符合下列要求。

① 跑道道面两侧道肩的最小宽度应为 1.5 m。

② 飞行区指标 II 为 D 或 E 的跑道,其道面及道肩的总宽度应不小于 60 m。

③ 飞行区指标 II 为 F 的跑道,其道面及道肩的总宽度应不小于 75 m。

道肩的颜色最好与跑道明显不同。确有困难时,须涂漆跑道边线标志。

跑道道肩与跑道相接处的表面应齐平,道肩横坡应不大于 2.5%。

跑道道肩的强度和结构应确保飞机偶然滑出跑道时不致造成飞机的结构损坏,并能承受偶然通行的车辆荷载。跑道道肩表面应能防止被飞机气流吹蚀。

(3)跑道端安全区。

在升降带两端,应提供跑道端安全区。跑道端安全地区用来减少飞机偶尔冲出跑道及提前接地时遭受损坏的危险。其地面必须平整、压实,并且不能有危及飞行安全的障碍物。

跑道端安全区应自升降带端向外延伸至少 90 m。飞行区指标 I 为 3 或 4 的跑道端安全区宜自升降带端向外延伸至少 240 m;飞行区指标 I 为 1 或 2 的仪表跑道端安全区宜自升降带端向外延伸至少 120 m。跑道端安全区的宽度应至少等于与其相邻的跑道宽度的 2 倍,条件许可时应不小于与其相邻的升降带平整部分的宽度。

设置跑道端安全区时,应考虑提供足够长度以将由于极有可能出现的各种不利运行因素的组合所导致的冲出跑道或着陆时接地过早的飞机抑制住。在精密进近跑道上,仪表着陆系统的航向台一般是第一个直立的障碍物,跑道端安全区应延伸到这个设施。在其他情况和非精密进近跑道或非仪表跑道上,第一个直立的障碍物可能是道路、铁路或其他人为的或自然的物体,在这种情况下,跑道端安全区应尽可能地延伸到该障碍物。

对于某些需要提高跑道运行安全裕度的现有机场,可安装飞机拦阻系统。拦阻系统设计时应考虑的飞机参数包括但不限于:允许的起落架载荷、起落架架型、轮胎接触压力、飞机重心和飞机速度等。拦阻系统应针对使用跑道要求最严格的飞机机型进行设计,并确保不会给提前接地的飞机造成危险。此外,拦阻系统的设计应允许飞机消防和救援车辆安全进出并在其中行驶。

（二）滑行道

滑行道是机场的重要地面设施，是机场内供飞机滑行的规定通道。滑行道的主要功能是提供从跑道到候机楼区的通道，使已着陆的飞机迅速离开跑道，不与起飞滑跑的飞机互相干扰，并尽量避免延误随即到来的飞机着陆。滑行道可将功能不同的分区（飞行区、候机楼区、飞机停放区、维修区及供应区）联结起来，使机场最大限度地发挥其容量潜力并提高运行效率。

滑行道除飞行区的进口滑行道、旁通滑行道、出口滑行道、平行滑行道、联络滑行道等五种外，还有站坪及货机坪等机坪上的机坪滑行道和机位滑行通道两种。机坪滑行道指设在机坪边缘，供飞机穿越机坪用的通道。机位滑行通道指从机坪滑行道通往飞机停机位或其他航站地区的通道。

1. 滑行道代号

滑行道代号的设置应简单明了，合乎逻辑。

滑行道代号的设置应结合机场远期总体规划统一考虑，预留相应的滑行道代号，尽可能减少因机场扩建造成滑行道代号的调整。滑行道代号宜按英文字母顺序选用字母，宜从机场的一端开始连续命名代号到另一端。

每条滑行道应有唯一代号，且避免与跑道号码混淆（如其中一条跑道编号为 04L-22R，滑行道编号则避免使用 L4、R22）。

滑行道代号应由一个英文字母或一个英文字母与阿拉伯数字的组合构成，但不应使用"I""O""X"三个字母作为滑行道代号。当上述代号全部使用完后，可使用双字母。平行滑行道宜由单字母作为代号。

2. 滑行道宽（见表 2-21）

表 2-21 滑行道道面、道肩和滑行带等的最小宽度

单位：m

基 准 代 号	道 面 宽 度	道面及道肩总宽度	滑行带总宽度	滑行带平整宽度
A	7.5	—	32.5	22
B	10.5	—	43	25
C	15 或 18	25	52	25
D	18 或 23	38	81	38
E	23	44	95	44

3. 滑行道数量和位置

滑行道应根据航空交通量发展情况分期设置。

（1）当航空交通量很小时，可只设置一条从站坪直通跑道的联络滑行道及跑道两端的掉头坪，如图 2-14（a）所示。

（2）当航空交通量增至高峰小时为 8~9 架次时，应增设部分平行滑行道，如图 2-14（b）所示。

（3）当航空交通量增至高峰小时为 15~18 架次时，应增设与跑道同长的平行滑行道、跑道两端的进口滑行道以及跑道中部的两条出口滑行道，如图 2-14（c）所示。

（4）当航空交通量增至高峰小时为 25~30 架次时，应在跑道中部每一方向的着陆地段设置 2~3 条快速出口滑行道，在跑道端部宜增设旁通滑行道或等待坪，如图 2-14（d）所示。

（5）当航空交通量进一步增大时，宜设第二条平行滑行道，如图 2-14（e）所示。

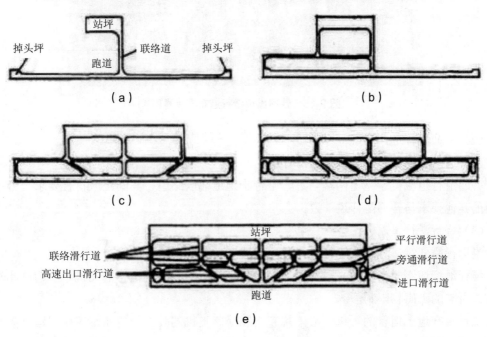

图 2-14 滑行道系统分期建设

4. 滑行道类型

（1）快速出口滑行道。

快速出口滑行道转出点的位置，应根据飞机的接地速度、开始转出速度、跑道入口至接地点的距离以及接地点至转出点的距离等因素计算确定。

快速出口滑行道转出曲线半径如下。

① 飞行区指标 I 为 3 或 4 时，满足飞机以 93 km/h 的速度在潮湿道面上转出，其转出曲线的半径不小于 550 m。

② 飞行区指标 I 为 1 或 2 时，满足飞机以 65 km/h 的速度在潮湿道面上转出，其转出曲线的半径不小于 275 m。

快速出口滑行道与跑道的交角应不大于 45°，也不应小于 25°，宜为 30°。一条跑道上有多条快速出口滑行道时，交角宜相同。

快速出口滑行道的布置如图 2-15 所示。

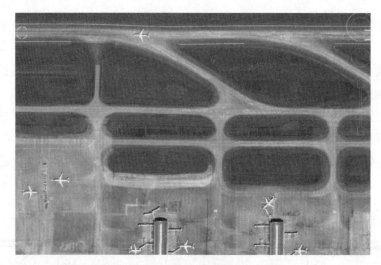

图 2-15 快速出口滑行道布置示意图

（2）旁通滑行道。

当交通密度为高时宜设置旁通滑行道。

旁通滑行道应位于跑道两端附近，平行于跑道端联络道，其间距应符合要求。旁通滑行道的其他要求与普通滑行道一致。

（3）绕行滑行道。

当运行需要时，宜设置绕行滑行道，以减少飞机穿越跑道次数。

绕行滑行道不应影响 ILS 信号及飞机运行，绕行滑行道上运行的飞机不应超过此时运行方式所需的障碍物限制面。

绕行滑行道上运行的飞机不应干扰起飞和降落飞机驾驶员的判断，应根据运行需要，设置目视遮蔽物。

四、机场灯光

（一）进近灯光系统

1. 简易进近灯光系统

拟在夜间使用的飞行区指标 I 为 3 或 4 的非仪表跑道应设 A 型简易进近灯光系统；拟在夜间使用的非精密进近跑道应设 B 型简易进近灯光系统，在实际可行的情况下，宜设置 I 类精密进近灯光系统。

简易进近灯光系统应由一行位于跑道中线延长线上并尽可能延伸到距跑道入口不小于 420 m 处的灯具，以及一排在距跑道入口 300 m 处构成一个长 30 m 或 18 m 的横排灯的灯具组成。构成横排灯的灯具应设置在一条尽可能接近水平的直线上，垂直于中线灯线且被其平分。横排灯的灯具应布置得能够产生一种直线效果，只有在采用 30 m 的横排灯时才可在中线两侧各留一个空隙。这种空隙应保持在最小值,既能满足当地要求,又不大于 6 m。简易进近灯光系统的灯具应是恒定发光灯。每一中线灯可分为以下两种。

(1) A 型为一个单灯。

(2) B 型为至少 3 m 长的短排灯。如果预计该系统发展为精密进近灯光系统,宜采用 4 m 长的短排灯。在短排灯由近似点光源构成的情况下,灯具应等距设置,间距不大于 1.5 m。

简易进近灯光系统的布置如图 2-16 所示。

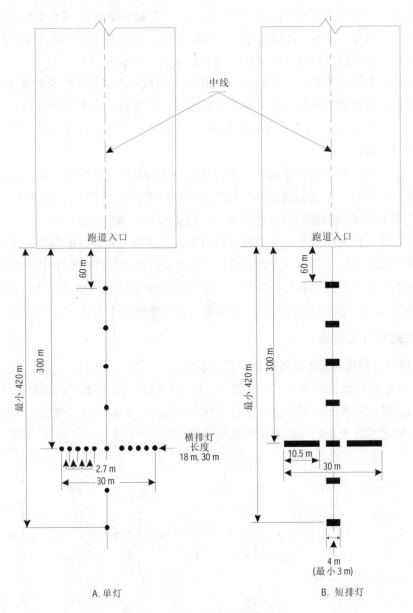

图 2-16　简易进近灯光系统构形图

构成中线的灯具的纵向间距应为 60 m,只有在需要改善引导作用时才可采用 30 m 的间距。最靠近跑道入口的灯应根据选用的中线灯的纵向间距设在距跑道入口 60 m 或 30 m 处。

A 型简易进近灯光系统应采用低光强发红色光的全向灯具，灯具在水平面以上 0°～50°范围内均应发光，其中 6°～10°范围内的光强应不小于 10 cd（红光）。B 型简易进近灯光系统的中线灯和横排灯应是发可变白光的恒定发光灯。

简易进近灯光系统的灯具光中心应尽量与跑道入口灯的光中心保持在同一个水平面上，但在距入口 150 m 范围内，灯具应安装得尽可能接近地面。由于地形变化，可在距入口 150 m 以外有一段不大于 1∶66 的升坡或不大于 1∶40 的降坡，但光中心的变坡不应多于一个。光中心的每一个水平段或升坡、降坡段应包含至少 3 个单灯或 3 个短排灯。距跑道入口 300 m 处的横排灯和各中线短排灯应分别位于一个水平面上。

在灯具光中心形成的平面距跑道入口 480 m 及距跑道中线延长线两侧各 60 m 的范围内，除仪表着陆系统或微波着陆系统的方位天线外，不应有突出于其上的物体。此外，在距入口 900 m 及距跑道中线延长线两侧各 60 m 的范围内，不应存在遮挡驾驶员观察进近灯光的视线的物体。

A 型简易进近灯光系统各灯具的对称轴线应调置为垂直于水平面。B 型简易进近灯光系统的横排灯及其与入口之间的所有短排灯的仰角应调置为 5.5°，其余短排灯的仰角为 6.0°，所有灯具光束的对称轴线在水平面上的投影应与跑道方向平行。

A 型简易进近灯光系统宜采用并联方式供电，不必调节光强。B 型简易进近灯光系统宜采用串联方式供电，光强应分五级调节。简易进近灯光系统宜由一个电路供电。

简易进近灯光系统应设有应急电源，应急电源应能尽快投入继续供电。对于 B 型简易进近灯光系统，应急电源的投入速度应满足灯光转换时间不大于 15 s 的要求。

2. I 类进近灯光系统

I 类精密进近跑道应设 I 类精密进近灯光系统。

I 类精密进近灯光系统如图 2-17 所示。灯光系统的全长应延伸到距跑道入口 900 m 处，因场地条件限制无法满足上述要求时可以适当缩短，但总长度不得低于 720 m。长度不足 900 m 的进近灯光系统可能会使跑道的使用受到运行限制。

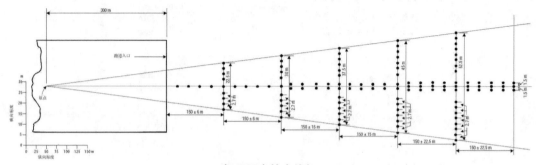

标示距离的中线灯

图 2-17 I 类精密进近灯光系统

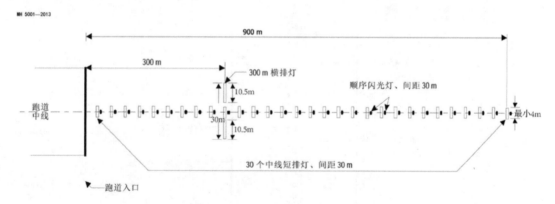

中线短排灯

图 2-17　Ⅰ类精密进近灯光系统（续）

Ⅰ类精密进近灯光系统应由一行位于跑道中线延长线上并尽可能延伸到距跑道入口 900 m 处的中线灯和一排在距跑道入口 300 m 处构成一个长 30 m 的横排灯组成。

Ⅰ类精密进近灯光系统的中线灯和横排灯应是发可变白光的恒定发光灯。每一中线灯应为以下两种类型。

（1）A 型：在中线的最里面 300 m 部分为单灯光源，在中线的中间 300 m 部分为双灯光源，在中线的外端 300 m 部分为三灯光源，用以提供距离信息。

（2）B 型：一个短排灯。

3. Ⅱ类、Ⅲ类进近灯光系统

Ⅱ类或Ⅲ类精密进近跑道应设Ⅱ类、Ⅲ类精密进近灯光系统。

Ⅱ类、Ⅲ类精密进近灯光系统全长宜为 900 m，因场地条件限制无法满足上述要求时可以适当缩短，但总长度不得低于 720 m。该灯光系统应由一行位于跑道中线延长线上并尽可能延伸到距跑道入口 900 m 处的灯具组成，此外还应有两行延伸到距跑道入口 270 m 处的边灯以及两排横排灯，一排距跑道入口 150 m，另一排距跑道入口 300 m。其中距跑道入口 300 m 以内的灯具布置如图 2-18 所示。900 m 的长度是按在Ⅰ类、Ⅱ类和Ⅲ类条件下为飞行提供引导的要求确定的。长度小于 900 m 可能支持Ⅱ类和Ⅲ类运行，但Ⅰ类运行可能受到限制。如果跑道入口内移，则道面上的灯具应为嵌入式的。

应为Ⅱ类、Ⅲ类精密进近灯光系统设置能够自动投入的应急电源，应急电源的投入速度应满足灯光转换时间的要求。系统中距跑道入口 300 m 以内部分的转换时间应不大于 1 s，其余部分的转换时间应不大于 15 s。系统中的顺序闪光灯应由一个能分三级调光的并联电路供电，其余均应由两个能分五级调光的串联电路供电，中线短排灯和侧边短排灯应隔排串联在两个不同的电路内，横排灯上的单灯则应隔灯串联在两个不同的电路内。

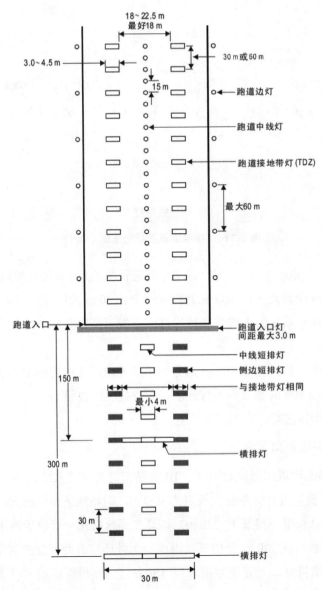

图 2-18 Ⅱ类、Ⅲ类精密进近灯光系统的内端 300 m 灯具布置图

（二）目视进近坡度指示系统

有进近引导要求的航空器使用的跑道，无论跑道是否设有其他目视助航设备或非目视助航设备，均应设置目视进近坡度指示系统。

标准的目视进近坡度指示系统应为下列几种，如图 2-19 所示。

（1）T 式目视进近坡度指示系统（T-VASIS）和简化 T 式目视进近坡度指示系统（AT-VASIS）。

（2）精密进近坡度指示器（PAPI）和简化精密进近坡度指示器（APAPI）。

当飞行区指标Ⅰ为 1 或 2 时，应设置 PAPI 或 APAPI。当飞行区指标Ⅰ为 3 或 4 时，应设置 PAPI、T-VASIS 或 AT-VASIS。

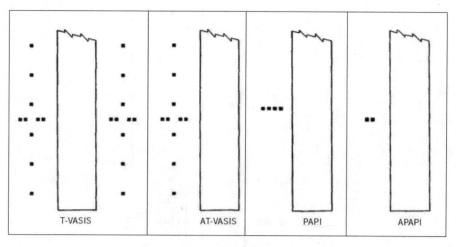

图 2-19　各种目视进近坡度指示系统

1. T-VASIS 和 AT-VASIS

T-VASIS 应由对称布置在跑道中线两侧的 20 个灯具组成，每侧包括一个由 4 个灯组成的翼排灯和在翼排灯纵向等分线上的 6 个灯具，如图 2-19 所示。

AT-VASIS 应由布置在跑道一侧的 10 个灯具组成，包括一个由 4 个灯组成的翼排灯和在翼排灯纵向等分线上的 6 个灯具。T-VASIS 灯具应按图 2-20 定位。

进近坡度应适合于使用该进近方向的航空器。

T-VASIS、AT-VASIS 灯具的构造和布置对进近中的航空器驾驶员应满足以下要求。

（1）在进近坡之上时，看到的翼排灯是白色，以及 1、2 或 3 个低飞提示灯。驾驶员高于进近坡之上越多，看到低飞提示灯数就越多。

（2）正在进近坡上时，看到的翼排灯是白色。

（3）低于进近坡时，看到的翼排灯和 1、2 和 3 个高飞提示灯均是白色。驾驶员低于进近坡越多，看到的高飞提示灯数就越多。当其低于进近坡很多时，看到的翼排灯和 3 个高飞提示灯均是红色。

（4）正在进近坡上或高于进近坡时，看不到高飞提示灯光；正在进近坡上或低于进近坡时，看不到低飞提示灯光。

注意，对于 3°坡和高出跑道入口 15 m 的标称视线高度，T-VASIS 的定位将为仅看见翼排灯的驾驶员提供高出入口 13～17 m 的视线高度。如需增大在跑道入口处的视线高度（为了提供足够的轮子净距），可用看到一个或更多的低飞提示灯来做进近飞行。这样，驾驶员高出跑道入口的视线高度如下。

（1）看到翼排灯和 1 个低飞提示灯：17～22 m。

（2）看到翼排灯和 2 个低飞提示灯：22～28 m。

（3）看到翼排灯和 3 个低飞提示灯：28～54 m。

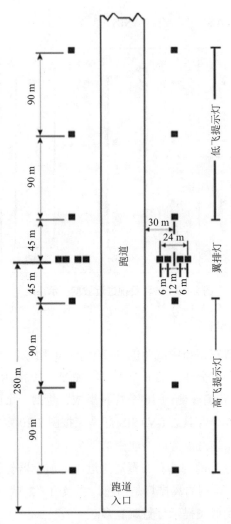

图 2-20　T-VASIS 灯具的定位

2. PAPI 和 APAPI

PAPI 或 APAPI 系统应设在跑道的左侧（对进近中的驾驶员而言），但在实际不可行时可设在跑道的右侧。在使用跑道的航空器需要未能由其他外部方式提供的目视侧滚引导时，可在跑道的另一侧设置另一组灯具。PAPI 系统应由 4 个灯具组成，APAPI 系统应由 2 个灯具组成，如图 2-21 所示。各灯具的光轴在水平面上的投影应平行于跑道中线，朝向进近中的航空器。全部灯具应易折，并应尽可能地安装在同一水平面上，系统中各个灯具的仰角调置应使如图 2-22 所确定的进近坡满足下列要求。

（1）适合向系统所在跑道端进近的航空器的使用。

（2）尽可能与 ILS（如设有）的下滑航道一致，或与 MLS（如设有）的最小下滑航道一致。

（3）在进近中的驾驶员看见 PAPI 系统的 3 个红灯和 1 个白灯信号或看见 APAPI 系统

的最低的"在坡度上"(即一红一白)信号时,能对进近区内所有物体保持一个安全净距。

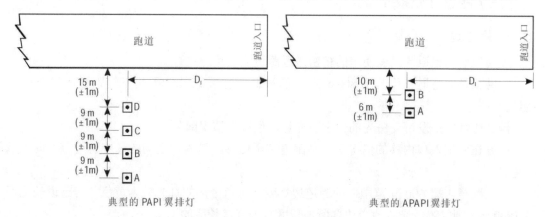

图 2-21　PAPI 灯具组成

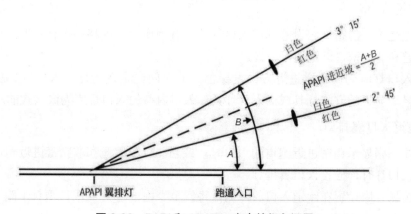

图 2-22　PAPI 和 APAPAI 光束的仰角调置

(4)在为提供侧滚引导而在跑道两侧设置 PAPI 或 APAPI 的场合,须将相应灯具的仰角设置得相同,使两组灯的信号同时对称变化。

PAPI 系统的构造和布置对进近中的驾驶员应满足以下要求。

(1)正在或接近进近坡时,看到离跑道最近的两个灯具为红色,离跑道较远的两个灯具为白色。

(2)高于进近坡时,看到离跑道最近的灯具为红色,离跑道最远的 3 个灯具为白色;在高于进近坡更多时,看到全部灯具均为白色。

(3)低于进近坡时,看到离跑道最近的 3 个灯具为红色,离跑道最远的灯具为白色;在低于进近坡更多时,看到全部灯具均为红色。

APAPI 系统的构造和布置对进近中的驾驶员应满足以下要求。

(1)正在或接近进近坡时,看到离跑道较近的灯具为红色、离跑道较远的灯具为白色。

(2)高于进近坡时,看到两个灯具均为白色。

(3)低于进近坡时,看到两个灯具均为红色。

（三）跑道灯光系统

1. 跑道边灯

夜间使用的跑道或昼夜使用的精密进近跑道应设跑道边灯。

拟供在昼间跑道视程低于 800 m 左右的最低运行标准条件下起飞的跑道应设置跑道边灯。

跑道边灯应是发可变白光的恒定发光灯，但以下情况除外。

（1）在跑道入口内移的情况下，从跑道端至内移跑道入口之间的灯应对进近方向显示红色。

（2）跑道末端 600 m 范围内的跑道边灯朝向跑道中部的灯光应为黄色。若跑道长度不足 1800 m，则发黄色光的跑道边灯所占长度应为跑道长度的 1/3。

2. 跑道入口灯

设有跑道边灯的跑道应设置跑道入口灯，只有跑道入口内移并设有跑道入口翼排灯的非仪表跑道和非精密进近跑道可不设。

跑道入口灯应为向跑道进近方向发绿色光的单向恒定发光灯。入口灯为总高不大于 0.35 m 的轻型易折的立式灯具或嵌入式灯具，入口内移的入口灯应为嵌入式的。

3. 跑道入口翼排灯

当需要加强显示精密进近跑道的入口时，或当非仪表跑道和非精密进近跑道因入口内移未设有入口灯时，应设入口翼排灯。

入口翼排灯应设置在跑道入口的两侧，每侧至少由 5 个灯组成，垂直于跑道边线并向外延伸至少 10 m，最里面的灯位于跑道边灯线上。

跑道入口翼排灯应为向跑道进近方向发绿色光的单向恒定发光灯。跑道入口翼排灯应为总高不大于 0.35 m 的轻型易折的立式灯具或嵌入式灯具。

4. 跑道末端灯

设有跑道边灯的跑道应设置跑道末端灯。

跑道末端灯至少应由 6 个灯组成，可在两行跑道边灯线之间均匀分布，也可对称于跑道中线分为两组，每一组灯应等距布置，在两组之间留一个不大于两行跑道边灯之间距离一半的缺口。

跑道末端灯应为向跑道方向发红色光的单向恒定发光灯。非精密进近跑道和精密进近跑道的跑道末端灯应为轻型易折的立式灯或是嵌入式灯。

5. 跑道中线灯

精密进近跑道及起飞跑道应设置跑道中线灯。

跑道中线灯应采用嵌入式灯具，在跑道入口至末端之间以约 15 m 的间距沿跑道中线布置，在出口滑行道较少的一侧，允许偏离跑道中线至多 0.6 m。仅在跑道中线灯的维护能够保证灯具的完好率达到 95% 以上同时没有两个相邻的灯具失效，而且跑道是计划在跑道视程等于或大于 350 m 时运行的情况下，灯具的纵向间距才可改为 30 m 左右。

为了向从入口内移的跑道端起飞的航空器提供引导，应用下列方法之一标出自跑道端至内移入口之间的跑道中线。

（1）如果自跑道端至内移入口之间的跑道上设有进近灯光系统的最末一部分灯具，则可利用这部分灯具提供起飞引导，但应调节其光强以适合起飞的需要而不眩目。

（2）在跑道端与内移入口之间设置跑道中线灯，并应能在航空器向此内移入口进近着陆时关闭这一部分跑道中线灯。应采取措施防止在跑道用于着陆时单独开亮这一部分跑道中线灯。

（3）在自跑道端至内移入口的跑道中线上设置发白色光的长度不小于 3 m、纵向间距 30 m 的短排灯组，其光强应能调节以适合起飞的需要而不眩目。

跑道中线灯灯光自入口至距离跑道末端 900 m 范围内应为白色；从距离跑道末端 900 m 处开始至距离跑道末端 300 m 范围内应为红色与白色相间；从距离跑道末端 300 m 开始至跑道末端应为红色。若跑道长度不足 1800 m，则应改为自跑道中点起至距离跑道末端 300 m 处范围内为红色与白色相间。

6. 跑道接地带灯

II 类或 III 类精密进近跑道的接地带上应设置接地带灯。

接地带灯应由嵌入式单向恒定发白色光的短排灯组成，朝向进近方向发光。短排灯应成对地从跑道入口开始以 30 m 或 60 m 设置到距跑道入口 900 m 处。成对的短排灯应对称地位于跑道中线的两侧，横向间距应与接地带标志相同。接地带灯短排灯应至少由 3 个灯组成，灯的间距应不大于 1.5 m。短排灯的长度应不小于 3 m，也不大于 4.5 m。

注意，为了使能在较低的能见度标准下运行，采用 30 m 的短排灯纵向间距为宜。

7. 跑道入口识别灯

在下列情况下应设置跑道入口识别灯。

（1）在需要使非精密进近跑道的入口更加明显或不可能设置其他进近灯光时。

（2）在跑道入口从跑道端永久位移或从正常位置临时位移并需要使入口更加明显时。

跑道入口识别灯应对称地设在跑道中线两侧、与跑道入口在同一条直线上，在跑道两侧边灯线以外约 10 m 处。

跑道入口识别灯应为朝向进近着陆的航空器单向发光、每分钟闪光 60~120 次的白色闪光灯。

8. 道路等待位置灯

当在跑道视程小于 550 m 和（或）高交通密度的情况下使用跑道时，应在服务于跑道的所有道路等待位置上设置道路等待位置灯。

道路等待位置灯应邻近道路等待位置标志，距离路边 1.5 m±0.5 m，宜设在道路右侧。道路等待位置灯的高度应满足障碍物的限制要求。

道路等待位置灯应采用下列两种形式之一。

（1）一套由机场空中交通管制部门控制的红绿交通灯。

（2）一个每分钟闪光 30～60 次的红色闪光灯。灯具的光束应是单向的，朝向趋近等待位置的车辆。灯具的光强应能满足在当时的能见度和周围灯光条件下使用该等待位置的需要，并不应使驾驶员感觉眩目。

（四）滑行道灯光系统

1. 滑行道边灯

准备在夜间使用的未设滑行道中线灯的滑行道和出口滑行道均应设滑行道边灯。在设有滑行道中线灯的滑行道直线段的边缘宜设滑行道边逆向反光标志物。只有当跑道长度不足 1200 m 时，才可用滑行道边逆向反光标志物代替全部滑行道边灯。

准备在夜间使用的机坪、等待坪、除冰防冰坪和跑道掉头坪的边缘任何部分，应设滑行道边灯，只有在考虑了运行的性质，确认地面照明或其他方法已能提供足够的引导时才不必设置。滑行道边灯应采用全向发蓝色光的轻型易折的立式灯具或嵌入式灯具。灯具应在自水平到水平以上至少 75°的范围内发光。

2. 滑行道中线灯

拟供在跑道视程小于 350 m 的情况下使用的出口滑行道、滑行道、除冰防冰设施和机坪应设置滑行道中线灯，设置方式应确保能从跑道中线开始至停机坪上航空器开始其停放操作的地点为止提供连续的引导，只有在低交通密度且滑行道边灯和中线标志已能提供足够引导的情况下才可不设。

拟供在跑道视程小于 350 m 的情况下使用的、作为标准滑行路线的一部分的跑道上应设置滑行道中线灯，只有在低交通密度且滑行道边灯和中线标志已能提供足够引导的情况下才可不设。

拟供在跑道视程等于或大于 350 m 的夜间情况下使用的滑行道上、复杂的滑行道相交处和出口滑行道上，应设置滑行道中线灯，只有在低交通密度且滑行道边灯和中线标志已能提供足够引导的情况下才可不设。在可能需要勾画出滑行道边之处（例如快速出口滑行道、窄滑行道），或在有积雪的情况下，可设滑行道边灯或标志物。

双向运行滑行道的中线灯应为双向恒定绿色灯，单向运行滑行道的中线灯应为单向恒定绿色灯，除了以下情况。

（1）双向运行滑行道，从航空器脱离跑道方向看，其靠近跑道中线的第一个滑行道中线灯应发绿色，之后应为绿色与黄色交替出现，一直到最靠近红线处的灯应发黄色，过了该位置之后的所有滑行道中线灯应为绿色；从航空器进入跑道方向看，最靠近红线处的灯光应发黄色，之后应为绿色与黄色交替出现，最远的灯应为绿色。

（2）单向运行滑行道，从航空器脱离跑道方向看，靠近跑道中线的第一个滑行道中线灯应发绿色，之后应为绿色与黄色交替出现，一直到最靠近红线处的灯应发黄色，过了该位置之后的所有滑行道中线灯应为绿色；从航空器进入跑道方向看，最靠近红线处的灯光应发黄色，之后应为绿色与黄色交替出现，最远的灯应为绿色。

滑行道中线灯应设在滑行道中线标志上，只有在不可能设在标志上时才可将灯具偏离不大于 0.6 m 的距离。滑行道、出口滑行道和弯道上的滑行道中线灯布置如图 2-23 所示。

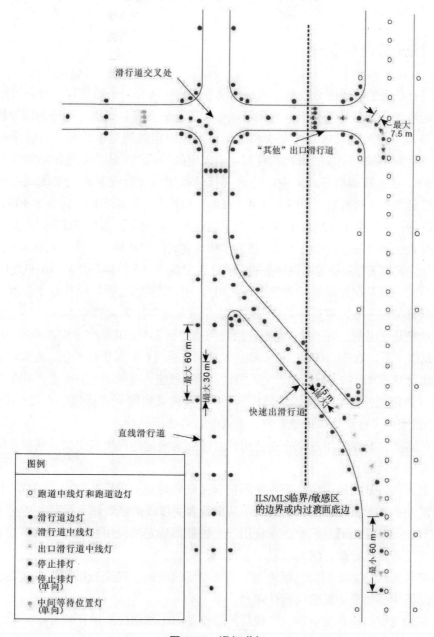

图 2-23　滑行道灯

快速出口滑行道上的滑行道中线灯应从滑行道中线曲线起始点以前至少 60 m 处的一点开始，一直延续到曲线终点以后滑行道中线上预期航空器将降速至正常滑行速度的一点为止，或继续延伸与滑行道直线段上的中线灯衔接。平行于跑道中线的那部分滑行道中线灯应始终距离跑道中线灯至少 0.6 m，灯具的纵向间距应不大于 15 m。

第三节 飞行分类

一、按任务性质划分

按照飞行任务的性质区分，有公共运输飞行、通用飞行、训练飞行、公务飞行等。

公共运输飞行从时间意义上分为正班飞行和非正班飞行。正班飞行分为国际航班和国内航班，是按班期时刻表规定的班次和时刻，并沿固定航线运输旅客、货物和邮件的飞行。非正飞行时不按班期表的班次和时刻，沿固定航线或沿非固定航线的运输飞行，包括补班、加班、包机和调机等。其中，补班飞行是指正班飞行在起点站未飞或在中途站过夜，次日或延期补飞的航班；加班飞行是指在航班航线上，因旅客拥挤、货物积压，加派航空器运送的飞行。包机飞行是指使用单位为了运送人员、物资、器材或作为其他用途，向航空公司包租航空器的飞行；专机飞行是指为了接送党和国家领导人、外国元首而专门派遣航空器的飞行。调机飞行是指因运输任务的需要，航空器由一个机场调往另一个机场的飞行。

公共运输飞行从航空运输的对象出发，可分为航空旅客运输、航空行李运输和航空货物运输。从延伸服务看，可以分为空海联运、空陆联运和空陆海联运。

通用航空是民用航空的一种，是指使用民用航空器从事公共航空运输以外的民用航空活动，包括从事工业、农业、林业、渔业和建筑业的作业飞行以及医疗卫生、抢险救灾、气象探测、海洋检测等方面的飞行活动。无人机也是通用航空，是通用航空的重要组成部分。

根据《通用航空经营许可管理规定》（中华人民共和国交通运输部令 2020 年第 18 号），通用航空的飞行活动分为载客类、载人类、其他类三种。

（1）载客类，是指通用航空企业使用符合民航局规定的民用航空器，从事旅客运输的经营性飞行服务活动。

（2）载人类，是指通用航空企业使用符合民航局规定的民用航空器，搭载除机组成员以及飞行活动必需人员以外的其他乘员，从事载客类以外的经营性飞行服务活动。

（3）其他类，是指通用航空企业使用符合民航局规定的民用航空器，从事载客类、载人类以外的经营性飞行服务活动。

载客类经营活动主要类型包括通用航空短途运输和通用航空包机飞行。载人类、其他类经营活动的主要类型由民航局另行规定。

检查试验飞行指检查航空器、机载及其他设备的工作情况而进行的飞行。

公务飞行指使用民用航空器按单一用户确定的时间、始发地、目的地，为其商业、事务、行政等活动提供的无客票飞行服务。通常使用 30 座以下的民用航空器。

二、按飞行区域划分

按照飞行区域划分，有航线飞行、航站区域内飞行、作业地区飞行。

航站区域内飞行是指机场及其附近地面上空，为航空器在机场上空飞行、加入航线、进入机场和进行降落而规定的空间，包括空中走廊和各种飞行空域，为保障运输飞行和通用航空飞行的安全，在航路和航线上的机场应划设机场区域。

航空器按照标在航空地图上的画有起点、检查点、转弯点和终点的预定路线飞行。

三、按昼夜时间划分

按照昼夜时间划分，可分为昼间飞行（从日出到日落之间），夜间飞行（从天黑到天亮之间），黄昏、拂晓飞行（从日落到天黑天亮到日出之间）。

四、按驾驶和领航条件划分

按照驾驶和领航条件划分，包括目视飞行和仪表飞行。
（1）目视飞行：在可见天地线和地标的条件下，能够目视判断飞行状态和方位的飞行。
（2）仪表飞行：完全或部分地按照驾驶仪表的指示，测定和判断飞行状态及方位的飞行。

五、按气象条件划分

按照气象条件划分，包括简单气象飞行和复杂气象飞行。
（1）简单气象条件：在全航线上，安全高度以上能够目视飞行。
（2）复杂气象条件：凡是看不见地面或天地线，以及在低云、低能见度条件下，需要按照仪表飞行。

六、按飞行高度划分

（1）超低空飞行：距离地面或水面 100 m 以下。
（2）低空飞行：距离地面或水面 100 m（含）至 1000 m。
（3）中空飞行：1000 m（含）至 7000 m。
（4）高空飞行：7000 m（含）至 12 000 m。
（5）平流层飞行：12 000 m（不含）以上。

七、按自然地理条件划分

按照自然地理条件区划分，有平原地区飞行，丘陵地区飞行，高原、山区飞行，海上飞行，沙漠地区飞行和极地飞行。

平原地区飞行：指在地势平坦且标高差没有超过 100 m 的显著上升、下降的起伏地带的飞行。

丘陵地区飞行：指标高差没有超过 500 m 的上升、下降的起伏地带的飞行。
高原飞行：指在地势超过 500 m 的显著上升、下降的起伏地带的飞行。
海上飞行：指离开海岸线在海域上空的飞行，其特点是天气变化不易掌握，备降机场和导航设备少。
沙漠地区飞行：指在沙漠地区的飞行，特点是气象资料缺乏来源，地标稀少。
极地飞行：指穿越极地区域的飞行。极地运行是指使用穿越极地区域航路的航班运行，北极区域为北纬 78°以北的区域。

第四节　空域的划分

为了保证飞行安全提高运行效率，航空器运行的空间被划分为各类空域，用以规范航空器的运行行为及相应的空中交通服务。空域是国家资源，应当得到合理、充分和有效的利用。为提高空域资源的利用率，保证飞行活动安全和顺畅地进行，按照国家规定征得有关部门同意后，民用航空飞行活动所用空域对有关航空器开放使用。

一、空域

《现代空中交通管理》一书中明确了空域的定义：空域又称可航空间，是空中交通工具在大气空间中的活动范围，它具有法律属性、自然属性和技术属性。

《国际民用航空公约》规定："缔约各国承认每一国家对其领土之上的空气空间享有完全的和排它的主权。"《中华人民共和国民用航空法》规定："中华人民共和国的领陆和领水之上的空域为中华人民共和国领空。中华人民共和国对领空享有完全的、排他的主权。"这些体现了空域的法律属性。

空域的自然属性是指：空域具有明确的上界、下界，特定的气候状况以及其他自然地理特征。

空域的技术属性是指其所需的各种技术手段所形成的信息场，主要有：通信手段，包括甚高频、高频（HF）、STACOM 等形成的通信场；导航手段，包括甚高频全向信标系统（VOR）、测距仪（DME）、全球定位系统（GPS）、全球导航卫星系统（GNSS）等形成的导航场；监视手段，包括一次监视雷达（PSR）、二次监视雷达（SSR）、自动相关监视（ADS）等形成的监视场。

二、空域的分类

空域分类是一系列标准和系统运行软硬件框架的集合，包括对空域内运行的人员、设备、服务和管理的综合要求。

对空域进行分类的目的如下。

（1）可以增加空域的安全水平，通过对飞行规则、飞行人员资格、地空通信、导航、监视设备能力的分类要求，将空域的安全水平控制在可以接受的范围内。

（2）能够实现空域资源的优化配置，在确保公共运输航空、军事航空使用空域的同时，尽可能多地将空域资源释放给通用航空使用。

（3）能够实现空管资源的最优配置，为不同的空域用户提供适当的空中交通服务，在运输飞行繁忙的空域内提供管制间隔服务，确保飞行的安全和有序，在通用飞行需求旺盛的空域内提供飞行情报服务和告警服务，创造宽松和灵活的运行空间。

为了规范仪表飞行规则（IFR）和目视飞行规则（VFR）对人、机、环的不同要求，明确各类空域 IFR 和 VFR 的服务种类，结束高空、中低空、终端（进近）以及机场等各类型管制空域的管理混乱的现象，ICAO 制定了空域分类的标准，将 ATS 空域分为 A、B、C、D、E、F、G 七类基本类型。ICAO 的空域分类标准是一个较为原则的模板，其基本思想是随着空域代号顺序的增加，逐步放松对 VFR 的限制。各国应根据 ICAO 的空域分类精神并结合本国的实际情况对之进行选择和完善，以确定各国自己的空域分类方案。ICAO 空域分类标准的提出使世界各国空域类型得到简化、统一，体现了空域是国家资源，每个公民都享有使用空域的权利的原则。

空域应当根据航路、航线结构，通信、导航、气象和监视设施以及空中交通服务的综合保障能力划分，以便对所划空域内的航空器飞行提供有效的空中交通服务。《民用航空空中交通管理规则》规定：用于民用航空的空中交通管制空域，应当分类划设，符合航路的结构、机场的布局、飞行活动的性质和提供空中交通服务的需要；分为飞行情报区、管制区、限制区、危险区、禁区、航路和航线；各类空域的划分，应当符合航路的结构、机场的布局、飞行活动的性质和提供空中交通管制的需要。

（一）飞行情报区

飞行情报区是指为提供飞行情报服务和告警服务而划定范围的空域。确定需要提供飞行情报服务和告警服务的空域，应当设立飞行情报区和搜寻援救区。

1. 飞行情报区服务范围

飞行情报区的范围除了该国的领空外，通常还包括临近的公海。与防空识别区不同的是，飞行情报区主要是以航管及飞行情报服务为主，有时因为特别的原因会切入邻国领空。飞行情报区内的飞行情报和告警服务由有关的空中交通管制单位负责提供，其所提供信息内容主要是该区域内的航空交通的现时状况、特别状况、天气尤其是恶劣极端天气状况。

为了及时有效地对在我国飞行情报区内遇险失事的航空器进行搜寻援救，在我国境内以及由国际民航组织亚太地区航行会议协议，并经国际民航组织批准由我国提供空中交通服务的海域上空划设搜寻援救区。搜寻援救区的范围与飞行情报区的范围相同。

2. 飞行情报区命名原则

飞行情报区应当根据向该飞行情报区提供服务的飞行情报单位或者指定的其他单位的名称进行命名。飞行情报区的名称由民航局通报国际民航组织亚太地区办事处并协调确定其代码。飞行情报区的命名,并不以国家名称命名,而以该区的飞行情报区管制中心(区管中心)所在地命名。例如,中国的"武汉飞行情报区"、日本的"东京飞行情报区"等。

3. 我国的飞行情报区

根据实施空中交通业务的需要,大多数国家将其所辖空域划成若干飞行情报区。公海上空的飞行情报区,则是根据国际民用航空组织地区航行协议划分的,并委托《国际民用航空公约》的缔约国提供空中交通业务。

为了便于对在中国境内和经国际民航组织(ICAO)批准由中国管理的境外空域内飞行的航空器提供空中交通管制,全国共划分出 11 个飞行情报区。

东北地区:沈阳飞行情报区(ZYSH)。

华北地区:北京飞行情报区(ZBPE)。

华东地区:上海飞行情报区(ZSHA)、台北飞行情报区(RCTP)。

中南地区:武汉飞行情报区(ZHWH)、广州飞行情报区(ZGZU)、香港飞行情报区(VHHK)、三亚飞行情报区(ZJSY)。

西南地区:昆明飞行情报区(ZPKM)。

西北地区:兰州飞行情报区(ZLHW)、乌鲁木齐飞行情报区(ZWUQ)。

(二)管制空域

确定需要提供空中交通管制服务的区域,应当根据所需提供空中交通管制服务的类型,设立相应的管制区。管制空域是指在地球表面上空从某一规定界限向上延伸的空域,在该空域内,一些或全部航空器接受 ATC 服务。空域类型决定了所需的 ATS 服务类型。空域类型的确定取决于无线电的覆盖范围、地理边界、飞行的流量、活动的构成等。我国将空域分为 A、B、C、D 类,分别称为高空管制区、中低空管制区、终端(进近)管制区和机场塔台管制区。

1. A 类空域

A 类空域为高空管制空域,在我国境内标准大气压高度 6000 m 以上的空间,可以划设高空管制空域。在此空域内飞行的航空器必须按照仪表飞行规则飞行,并接受空中交通管制服务。高空管制区的下限通常高于标准大气压高度 6000 m(不含),或者根据空中交通管制服务情况确定,并取某个飞行高度层为其值。高空管制区的上限应当根据空中交通管制服务情况确定,并取某个飞行高度层为其值。

2. B 类空域

B 类空域为中低空管制空域,在我国境内标准大气压高度 6000 m(含)至其下某指定高度的空间,可以划设中低空管制空域。在此类空域内飞行的航空器,可以按照仪表飞行规则飞行,并接受空中交通管制服务;对符合目视气象条件的,经航空器驾驶员申请,并经过相应的管制单位批准,也可以按照目视飞行规则飞行,并接受空中交通管制服务。

中低空管制区的下限通常在距离地面或者水面 200 m 以上,或者为终端(进近)管制区或者机场塔台管制区的上限；中低空管制区的下限确定在平均海平面高度 900 m 以上的，应当取某个飞行高度层为其值。

中低空管制区的上限通常衔接高空管制区的下限；其上方未设高空管制区的，应当根据空中交通管制服务情况确定其上限，并取某个飞行高度层为其值。

3. C 类空域

C 类空域为进近管制空域。机场附近进场和离场航线飞行比较复杂，或者一个或几个邻近机场全年总起降架次超过 36 000 架次，应当考虑设立终端或者进近管制区，以便为进场、离场飞行的航空器提供安全、高效的空中交通管制服务。

通常情况下，在终端管制区内同时为 2 个或者 2 个以上机场的进场和离场飞行提供进近管制服务，在进近管制区内仅为一个机场的进场和离场飞行提供进近管制服务。

进近管制空域通常是指在一个或者几个机场附近的航路、航线汇合处划设的，便于进场和离场航空器飞行的管制空域。它是高空管制空域或者中低空管制空域与机场管制地带之间的连接部分。在此类空域内飞行的航空器，可以按照仪表飞行规则飞行，并接受空中交通管制服务；对符合目视气象条件的，经航空器驾驶员申请，并经相应的管制单位批准，也可以按照目视飞行规则飞行，并接受空中交通管制服务。

终端（进近）管制区的下限通常应当在距离地面或者水面 200 m 以上，或者为机场塔台管制区的上限。如果终端（进近）管制区内存在弧半径为 13 km 的机场管制地带，则终端（进近）管制区的下限应当在地面或者水面 450 m 以上。如果终端（进近）管制区的下限确定在平均海平面高度 900 m 以上，则应当取某个飞行高度层为其值。

终端（进近）管制区的上限通常不超过标准大气压高度 6000 m，并应当取某个飞行高度层为其值。

终端（进近）管制区的外围边界呈阶梯状的，确定其外围边界时应当考虑终端（进近）管制区内的最小爬升梯度、机场标高、机场管制地带的半径、管制区阶梯状外围边界是否与机场周围空域和地理环境相适应并符合有关的安全标准。

终端（进近）管制区阶梯状外围边界应当按照下列规定确定。

（1）机场管制地带外围边界至外侧 20 km，若管制地带半径为 10 km，则阶梯最低高为 300 m；若管制地带半径为 13 km，则阶梯最低高为 450 m。

（2）机场管制地带外围边界向外 20~30 km，阶梯最低高为 750 m。

（3）机场管制地带外围边界向外 30~40 km，阶梯最低高为 1050 m。

（4）机场管制地带外围边界向外 40~60 km，阶梯最低高为 1350 m。

（5）机场管制地带外围边界向外 60~120 km，阶梯最低高为 2250 m。

（6）机场管制地带外围边界向外 120~180 km，阶梯最低高为 3900 m。

（7）机场管制地带外围边界向外 180~240 km，阶梯最低高为 5100 m。

上述阶梯最低高的参照面为机场跑道。在阶梯最低高加上机场标高超过机场过渡高度时，应将其转换为相应的标准大气压高度。对外公布时，还应根据机场过渡高或者过渡高度和过渡高度层的设置，将有关高度数据转换为相应的气压面高度。

4. D 类空域

D 类空域为机场管制地带。民用机场应当根据机场及其附近空中飞行活动的情况建立机场管制地带,以便在机场附近空域内建立安全、顺畅的空中交通秩序。

一个机场管制地带可以包括一个机场,也可以包括 2 个或者 2 个以上位置紧靠的机场。

机场管制地带通常包括起落航线和最后进近定位点之后的航段以及第一个等待高度层(含)以下至地球表面的空间和机场机动区。在此类空域内飞行的航空器,可以按照仪表飞行规则飞行,并接受空中交通管制服务;对符合目视气象条件的,经航空器驾驶员申请,并经塔台管制室批准,也可以按照目视飞行规则飞行,并接受空中交通管制服务。

机场管制地带通常是圆形或者椭圆形的;但是如果只有一条跑道或者是为了方便目视推测领航而利用显著地标来描述机场管制地带的,也可以采用多边形。

划设机场管制地带,通常应当选择机场基准点作为管制地带的基准点。在导航设施距离机场基准点小于 1 km 时,也可以以该导航设施的位置点作为管制地带的基准点。

机场管制地带的水平边界通常按照下列办法确定。

(1)对于可供 D 类和 D 类以上航空器使用的机场,如果为单跑道机场,则机场管制地带为以跑道两端入口为圆心、以 13 km 为半径的弧和与两条弧线相切的跑道的平行线围成的区域;如果为多跑道机场,则机场管制地带为以所有跑道的两端入口为圆心、以 13 km 为半径的弧及相邻弧线之间的切线围成的区域。该区域应当包含以机场管制地带基准点为圆心,半径为 13 km 的圆。如果这使得以跑道入口为圆心的弧的半径大于 13 km,则应当向上取值为 0.5 km 的最小整数倍。

(2)对于仅供 C 类和 C 类以下航空器使用的机场,其机场管制地带水平边界的确定办法与(1)项相同。但是该项中以跑道两端入口为圆心的弧的半径以及应当包含的以机场管制地带基准点为圆心的圆的半径应当为 10 km。

(3)对于仅供 B 类和 B 类以下航空器使用的机场,其机场管制地带的水平边界为以机场管制地带基准点为圆心、以 10 km 为半径的圆。

(4)对于需要建立特殊进近运行程序的机场,其机场管制地带的水平边界可以根据需要适当放宽。

机场管制地带的下限应当为地面或者水面,上限通常为终端(进近)管制区或者区域管制区的下限。如果机场管制地带的上限需要高于终端(进近)管制区或者区域管制区的下限,或者机场管制地带位于终端(进近)管制区或者区域管制区的水平范围以外,则机场管制地带的上限应当取某个飞行高度层为其值。

设立管制塔台的机场应当划设机场塔台管制区。机场塔台管制区应当包含机场管制地带,如果机场在终端(进近)管制区的水平范围内,则机场塔台管制区的范围通常与机场管制地带的范围一致。机场塔台管制区的范围与机场管制地带的范围不一致的,应当明确机场管制地带以外空域的类型。

不同类型的空域垂直相邻时,在共同飞行高度层的飞行应当遵守限制较少的空域类型的要求,并提供适合该类空域要求的服务。A、B、C、D 类空域对飞行的限制程度按照字母顺序递减。

A、B、C 类空域的下限，应当为该空域的最低可用飞行高度层；D 类空域的下限应当为地面或者水面。A、B、C、D 类空域的上限，应当根据提供空中交通管制服务的情况确定，其上限通常应当取某个飞行高度层为其值，如图 2-24 所示。

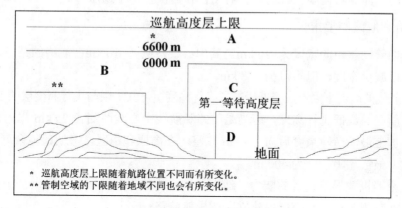

图 2-24　空域划分示意图

高空管制区和中低空管制区统称为区域管制区。区域管制区的范围应当包含按照仪表飞行规则运行的所有航路和航线，以及仪表等待航线区域和空中放油区等特殊飞行区域，但是终端（进近）管制区和机场塔台管制区除外。

区域管制区的水平和垂直范围在符合有关标准的情况下，应当尽量减少对空中交通服务和航路、航线运行的限制。区域管制区的划设，必须与通信、导航、监视和气象等设施的建设和覆盖情况相适应，并考虑管制单位之间的协调需要，以便能够有效地向区域内所有飞行的航空器提供空中交通服务，如表 2-22 所示。

表 2-22　我国（CAAC）空域分类

空域类型	飞行种类	间隔配备	提供服务	速度限制	无线电通信要求	ATC 许可
A	IFR	所有航空器	ATC 服务	不适用	持续双向	需要
B	IFR	所有航空器	ATC 服务	不适用	持续双向	需要
B	VFR	所有航空器	ATC 服务	不适用	持续双向	需要
C	IFR	IFR 与 IFR	ATC 服务	不适用	持续双向	需要
C	VFR	VFR 与 IFR	（1）配备与 IFR 间隔的 ATC 服务。（2）VFR 与 VFR 之间的交通情报和根据要求提供交通避让建议	3050 mAMSL 以下；IAS 不得大于 250 km	持续双向	需要
D	IFR	IFR 与 IFR	包括 VFR 飞行交通情报的 ATC 服务和根据要求提供交通避让建议	3050 mAMSL 以下；IAS 不得大于 250 km	持续双向	需要
D	VFR	不配备	VFR 和 IFR 之间的交通情报和根据要求提供避让建议	3050 mAMSL 以下；IAS 不得大于 250 km	持续双向	需要

（三）航路和航线

航路和航线的建设，应当充分考虑所经地区的地形、气象特征以及附近的机场和空域，充分利用地面导航设施，方便航空器飞行和提供空中交通服务。

1. 航路和航线的要求

空中交通管制航路的宽度为 20 km，其中心线两侧各 10 km；航路的某一段受到条件限制的，可以减少宽度，但不得小于 8 km。

航路和航线的高度下限不应当低于最低飞行高度层，其上限与飞行高度层的上限一致。

航路和航线的最低飞行高度，应当是航路和航线中心线两侧各 25 km 以内的障碍物的最高标高，加上最低超障余度后向上以 m 取整。在高原和山区，最低超障余度为 600 m，在其他地区，最低超障余度为 400 m。

根据航空器机载导航设备的能力、地面导航设施的有效范围以及提供空中交通服务的情况，可以按照规定在某些空域内建立区域导航航路。

为了增加空域容量和提高空中飞行的灵活性，可以按照规定建立临时航线，明确临时航线的使用限制和协调规定。

在距离航路边界 30 km 内的地带，禁止修建影响飞行安全的射击靶场和其他设施。

2. 航路和航线代号

（1）航路和航线代号组成。

除进离场航线外的航路和航线的代号包括两个部分：① 基本代号，② 基本代号后 1~999 的某个数字。

基本代号应当包含一个字母，必要时可以补充一个前置字母或者一个后置字母，代号的字符数通常不多于 5 个，任何情况下不得超过 6 个。

应从下列字母中选用基本代号。

① A、B、G、R：用于地区航路网组成中的空中交通服务航路和航线，其中区域导航航路除外。

② L、M、N、P：用于地区航路网组成中的区域导航航路。

③ H、J、V、W：用于非地区航路网组成中的空中交通服务航路和航线，其中区域导航航路除外。

④ Q、T、Y、Z：用于非地区航路网组成中的区域导航航路。

如果需要，可以在基本代号前加一前置字母，如下列情况。

① K：表示主要为直升机建立的低空航路。

② U：表示在高空空域建立的航路或航段。

③ S：表示专为超音速航空器加速、加速和超音速飞行而建立的航路。

在基本代号之后可以加上一个后置字母，表示航路或者航线提供服务的种类或者所需的转向性能，如下列情况。

① Y：在飞行高度层 6000 m（含）以上的所需导航性能类型 1（RNP1）的航路，字

母 Y 表示航路上在 30°～90°的所有转弯，必须在直线航段间正切圆弧允许的所需导航性能精度容差内进行，并限定转弯半径为 42 km。

② Z：在飞行高度层 5700 m（含）以上的所需导航性能类型 1（RNP1）的航路，字母 Z 表示航路上在 30°～90°的所有转弯，必须在直线航段间正切圆弧允许的所需导航性能精度容差内进行，并限定转弯半径为 28 km。

③ D：表示航路、航线或者部分航线只提供咨询服务。

④ F：表示航路、航线或者部分航段只提供飞行情报服务。

（2）进离场航线代号。

进离场航线代号由明语代号和编码代号组成，如图 2-25 和图 2-26 所示。

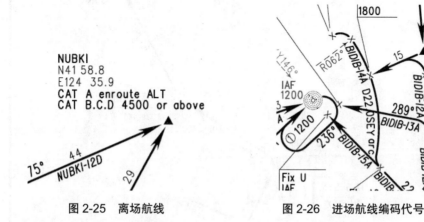

图 2-25　离场航线　　　　图 2-26　进场航线编码代号

① 明语代号。标准进离场航线的明语代号应包括如下部分。

- 基本指示码。基本指示码应当是一条标准离场航线的终点或者一条标准进场航线的起点的名称或者名称代码。
- 航路指示码。航路指示码应当是 01～09 的某个数字。
- "进场（approach）"或者"离场（departure）"字样。
- 如果该进离场航线是供航空器按照目视飞行规则飞行使用而划设，则增加"目视（visual）"字样。

② 编码代号。仪表或者目视标准进离场航线的编码代号应包括如下部分。

- 标准离场航线的终点或者标准进场航线的起点的编码代号或者名称代码。
- 明语代号中的航路指示码。
- 字母 A 表示进场航线，字母 D 表示离场航线。

如果基本指示码是五字代码，由于航空器显示装置的限制，可能要求缩短基本指示码，缩短该指示码的方法由航空器所有人或者经营人自行处理。

（3）区域导航进近程序代号。

区域导航进近程序代号包括明语代号和编码代号，如图 2-27 和图 2-28 所示。

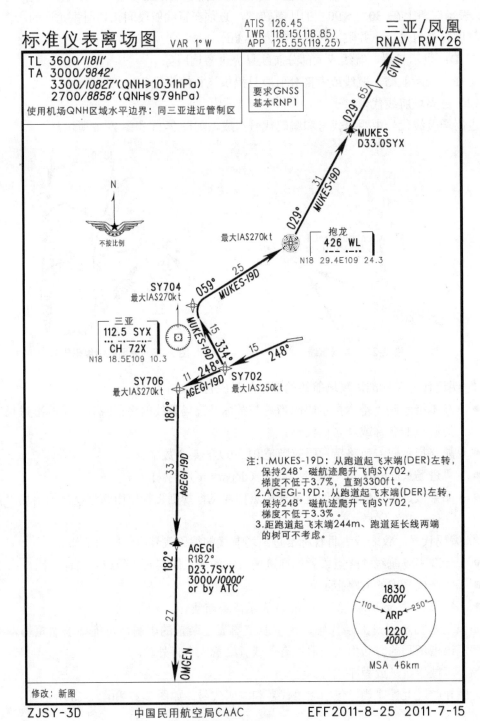

图 2-27 区域导航进近程序明语代号

图 2-28 区域导航离场图编码代号

① 明语代号。区域导航进近程序的明语代号应当包括如下部分。
- "RNAV"。
- 一个基本指示码。基本指示码应当是进近程序开始实施的重要点的名称或者名称代码。
- 一个航路指示码。航路指示码应当是 01~09 的某个数字。
- "进近（approach）"字样。
- 设计进近程序的跑道代码。

② 编码代号。区域导航进近程序的编码代号应当包括如下部分。
- "RNAV"。
- 一个基本指示码。
- 一个航路指示码。
- 字母 A 表示进场航线，字母 D 表示离场航线。
- 设计进近程序的跑道代码。

（四）特殊空域

特殊空域是指空中放油区、试飞区域、训练区域、空中禁区、空中限制区、空中危险区和临时飞行空域。

空中放油区应当根据机场能够起降的最大类型的航空器所需的范围确定，并考虑气象条件和环境保护等方面的要求。

试飞区域应当根据试飞航空器的性能和试飞项目的要求确定。

训练区域应当根据训练航空器的性能和训练科目的要求确定。

空中禁区、空中限制区和空中危险区根据国家有关规定划设。

根据空域使用的要求，按照国家规定可以划设临时飞行空域。临时飞行空域应当尽量减少对其他空域或者飞行的限制，使用完毕后及时撤销。

1. 禁区

禁区是在一个国家的陆地或领海上空禁止航空器飞行的一个划定范围的空域。

禁区的设置通常是为了保护重要的国家设施、重要的工业集团（避免由于航空器事故引起灾难性的后果，如核电站、敏感的化工集团），或者是关系国家安全保卫的特别敏感的设施。

禁区分为永久性禁区和临时禁区。

永久性禁区禁止航空器在任何时间、任何飞行条件下进入，如北京、上海、沈阳、武汉、长辛店、葫芦岛等禁航区。

临时禁航区只在规定的时间内禁止航空器飞入，如杭州、北戴河等禁航区。

2. 限制区

限制区是在一个国家的陆地或领海上空根据某些规定条件限制航空器飞行的一个划定范围的空域。

限制区内的活动对航空器构成的影响是凭驾驶员自身所不能判定的,所以需要用时间和高度等条件限制航空器的进入和飞越,如飞行空域、炮射区、靶场等。

3. 危险区

危险区是一个划定范围的空域,在规定的时间内,此空域中可能存在对飞行有危险的活动。

危险区不仅可以在主权空域内设置,也可以在公海上空等非主权空域内设置,但应公布时间和高度范围,以及设置危险区的原因。

驾驶员可以自行决定能否进入或飞越此类空域并能保证飞行安全。

空中禁区、空中限制区和空中危险区的代号由飞行情报区代码、区域性质代码以及001～999的某个三维数字编码组成,其中区域性质代码应当加括号。

(1) 飞行情报区代码为飞行情报区四字代码中的前两位字母。

(2) 空中禁区的区域性质代码为 P,空中限制区的区域性质代码为 R,空中危险区的区域性质代码为 D。

(3) 每个飞行情报区所用的空中禁区、空中限制区和空中危险区代号中的数字编码的范围应当统一分配,不得重叠。

(4) 每个飞行情报区所用的空中禁区、空中限制区和空中危险区代号中的数字编码应当按照数字顺序统一编号,而不是按照区域性质单独编号。

第五节 飞 行 高 度

飞行高度是指飞行器在空中至某一基准水平面的垂直距离。2007 年 10 月,国务院、中央军事委员会修订的《中华人民共和国飞行基本规则》规定:"飞行的安全高度是避免航空器与地面障碍物相撞的最低飞行高度。""在高原机场起飞前,航空器上气压高度表的气压刻度不能调整到机场场面气压数值的,应当将气压高度表的标准海平面气压值调整到固定指标(此时所指示的高度为假定零点高度),然后起飞和上升到规定的飞行高度。"

下面分别介绍航空器常用的绝对高度、标准气压高度、相对高度和真实高度等。

(1) 绝对高度:飞行器到海平面的垂直距离。在海上飞行用雷达可直接测出绝对高度。

(2) 标准气压高度:飞行器从空中到标准气压平面(即大气压力等于 1013.2 hPa 的水平面)的垂直距离,叫作标准气压高度。大气压力经常发生变化,因此,标准气压平面与海平面的垂直距离也经常改变。如果标准气压平面恰好与海平面相重合,则标准气压高度等于绝对高度。民航飞机在航线上飞行和军用飞机转场飞行时,都需要利用标准气压高度,以免飞机相撞。它可由气压式高度表显示出来。把气压式高度表的气压刻度调到标准大气状态（1013.2 hPa），所指示的高度就是标准气压高度。

（3）相对高度：飞行器到某指定的水平面（机场、靶场、战场等）的垂直距离。飞机在起飞和着陆时需要知道飞机对机场的相对高度。这时把高度表的气压刻度调到该机场的气压值即场压，飞机距机场的相对高度即可由高度表显示出来。

（4）真实高度：飞行器从空中到正下方地面目标的垂直距离。进行轰炸和照相侦察时，必须知道飞机的真实高度。在执行轰炸、对地攻击、照相侦察、搜索和救援，以及农林作业等任务时需要知道真实高度。真实高度可用电影经纬仪或雷达高度表测出。一定的飞行器只能在预先设计的某高度范围内飞行。

一、基本概念

1. 高

高，指自某一个特定基准面（即机场标高所在的面）量至一个平面、一个点或者可以视为一个点的物体的垂直距离。

2. 高度

高度，指自平均海平面量至一个平面、一个点或者可以视为一个点的物体的垂直距离。（经过国家权威部门确认，我国高程起点零点为1954年确定的黄海平均海平面。）

3. 飞行高度层

飞行高度层，指以 1013.25 hPa 气压面为基准的一系列等压面，各个等压面之间具有规定的气压值。

从飞机上气压式高度表测量时所选择的基准气压面不同，其测量的高度可以定义为：标准气压高度、修正海压高度和场压高度。

4. 标准气压高度（QNE）

标准气压高度，高度表使用标准气压（1013.2 hPa）值作为基准面指示的高度，表示飞机到标准气压平面的垂直距离，航线上使用。

5. 修正海压高度（QNH）

修正海压高度，高度表使用某地修正海平面气压值作为基准面指示的高度，表示飞机到某个修正海平面气压面的垂直距离，飞机起降时使用。

6. 场压高度（QFE）

场压高度，高度表使用某机场的场面气压值作为基准面指示的高度，表示飞机到该机场的场面气压面的垂直距离。

7. 过渡高度（Transition Altitude，TA）

过渡高度，一个特定的修正海平面气压高度。在机场周围的过渡高度以下飞行时，高度的参考基准为平均海平面（MSL），高度表拨正值为 QNH。

8. 过渡高度层（Transition Level，TL）

过渡高度层，它是过渡高度以上最低的飞行高度层，高度的参考基准是标准海平面，高度表拨正值为 QNE。过渡高度和过渡高度层示意图如图 2-29 所示。

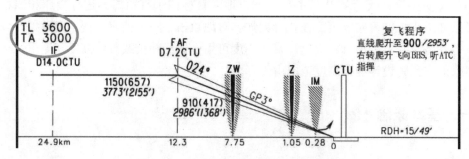

图 2-29　过渡高度和过渡高度层示意图

9. 过渡空间（Transition Layer）

过渡空间，是过渡高度与过渡高度层之间的区域。如果飞机进场时下降穿过过渡空间，高度表拨正值将由 QNE 设置为 QNH；如果飞机离场时上升穿过过渡空间，高度表拨正值将由 QNH 设置为 QNE。

10. 机场建立过渡高度和过渡高度层的方法

（1）机场建立过渡高度和过渡高度层的原则。

① 过渡高度层高于过渡高度，且两者垂直距离至少为 300 m，但不应大于 600 m。

② 公布的过渡高度层一般不随气压的变化而调整，当气压变化到一定程度时，为了确保在气压变化很大的情况下，过渡夹层有安全合理的垂直空间，可以相应地调整过渡高度。具体调整方法如下：当机场修正海压小于 979 hPa（含）时，过渡高度应降低 300 m；当机场修正海压大于 1031 hPa（含）时，过渡高度应提高 300 m。

例 2-1：如图 2-30 所示，该机场的过渡高度层随着气压值的变化而变化。当 QNH≥980 hPa 时，过渡高度层为 3300 m；当 QNH<980 hPa 时，过渡高度层为 3600 m。

```
TL 3300/10827'(QNH≥980 hPa)
   3600/11811' (QNH<980 hPa)
TA 2700/8858'
使用机场QNH区域水平边界：
珠海终端管制区范围。
```

图 2-30　过渡高度和过渡高度层的设置

③ 过渡高度不得低于仪表进近程序的起始进近高度。

④ 终端管制区的上限高度应尽可能与过渡高度一致，以便于管制调配。

⑤ 两个或两个以上机场之间距离较近，需要建立协调程序时，应建立共同的过渡高

度和过渡高度层，这个共用的过渡高度和过渡高度层必须是这些机场规划的过渡高度和过渡高度层中最高的。

（2）建立机场过渡高度和过渡高度层的办法。

机场过渡高度和过渡高度层建立方法示意图如图 2-31 所示。

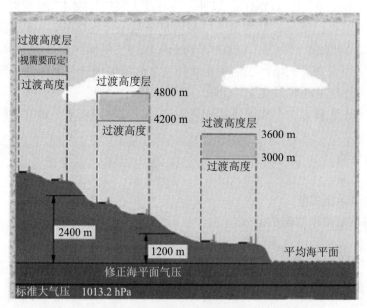

图 2-31　机场过渡高度和过渡高度层建立方法示意图

机场过渡高度和过渡高度层设立时与机场标高的密切关系如下。

① 机场标高在 1200 m（含）以下，过渡高度定为 3000 m，过渡高度层定为 3600 m。

② 机场标高在 1200 m 至 2400 m（含），过渡高度定为 4200 m，过渡高度层定为 4800 m。

③ 机场标高在 2400 m 以上，过渡高度和过渡高度层根据飞行程序设计和空中交通管制的需要建立。

二、高度表拨正程序

（一）划定修正海平面气压适用区域水平边界的方法

（1）以机场的 VOR/DME 为圆心，半径 55 km（30 n mile）以内使用该机场修正海平面气压（QNH），以外使用标准大气压（QNE）。

（2）有若干个 VOR/DME 台的机场，则有明确定位的台，半径 55 km（30 n mile）以内使用该机场修正海平面气压（QNH），以外使用标准大气压（QNE）。

（3）没有 VOR/DME 台的机场，以航线（NDB）台为圆心，半径 55 km（30 n mile）以内使用该机场修正海平面气压（QNH），以外使用标准大气压（QNE）。

（4）没有 VOR/DME 台和航线 NDB 台的机场，以主降方向的一个 NDB 台为圆心，半径 55 km（30 n mile）以内使用该机场修正海平面气压（QNH），以外使用标准大气压（QNE）。

（5）如果有 DME 与 ILS 下滑台合建，以 DME 为圆心，半径 55 km（30 n mile）以内使用该机场修正海平面气压（QNH），以外使用标准大气压（QNE）。

（6）机场导航设施不全，航空器难以利用机场导航台定位的，在距机场中心 10 min 以内使用该机场修正海平面气压（QNH），10 min 以外使用标准大气压（QNE）。

（7）设置空中走廊的机场，在空中走廊外口之内用机场修整海平面气压（QNH），在空中走廊外口之外使用标准大气压（QNE）。

（8）如果上述选择方法不能满足实际需要，还可以使用以下一种方法确定使用 QNH 的水平边界。

① 强制报告点。
② 管制交接点。
③ 机场区域范围界限。
④ 管制协调规定中明确的范围。

（二）高度表拨正程序

CCAR-91 部 121 条规定了高度表拨正程序，具体规定如下。

1. 规定过渡高度和过渡高度层的机场

航空器起飞前，应当将机场修正海平面气压（QNH）的数值对正航空器上气压高度表的固定指标；航空器起飞后，上升到过渡高度时，应当将航空器上气压高度表的气压刻度 1013.2 hPa 对正固定指标。航空器着陆前，下降到过渡高度层时，应当将机场修正海平面气压（QNH）的数值对正航空器上气压高度表的固定指标。

2. 规定过渡高和过渡高度层的机场

航空器起飞前，应当将机场场面气压的数值对正航空器上气压高度表的固定指标；航空器起飞后，上升到过渡高时，应当将航空器上气压高度表的气压刻度 1013.2 hPa 对正固定指标；航空器降落前，下降到过渡高度层时，应当将机场场面气压的数值对正航空器上气压高度表的固定指标。

3. 没有规定过渡高度或过渡高和过渡高度层的机场

航空器起飞前，应当将机场场面气压的数值对正航空器上气压高度表的固定指标；航空器起飞后，上升到 600 m 高时，应当将航空器上气压高度表的气压刻度 1013.2 hPa 对正固定指标；航空器降落前，进入机场区域边界或者根据机场空中交通管制员的指示，将机场场面气压的数值对正航空器上气压高度表的固定指标。

4. 高原机场

航空器起飞前，当航空器上气压高度表的气压刻度不能调整到机场场面气压的数值时，应当将气压高度表的气压刻度 1013.2 hPa 对正固定指标（此时高度表所指的高度为假定零点高度）；航空器降落前，如果航空器上气压高度表的气压刻度不能调整到机场场面气压的数值，应当按照着陆机场空中交通管制通知的假定零点高度（航空器接地时高度表所指示的高度）进行着陆。

高度表拨正程序如图 2-32 所示。

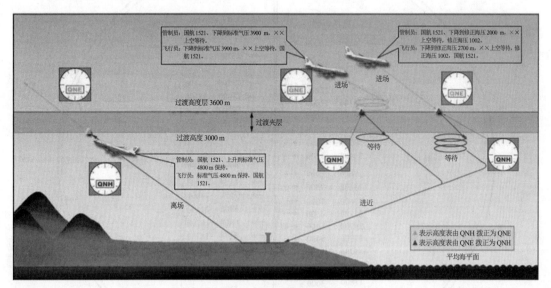

图 2-32　高度表拨正程序

三、飞行高度层

飞行高度层（flight level）是指以 1013.2 hPa 气压为基准的等压面，各等压面之间具有规定的气压差。以标准大气水平面为基准面，按一定高度差划分的高度层。把航空器配备在不同的高度层上，使航空器之间有规定的安全高度差，是防止航空器互撞或航空器与地面障碍物相撞的重要措施。

航空器进行航路和航线飞行时，应当按照所配备的巡航高度层飞行。目前，我国有效的飞行高度层配备方案如图 2-33 所示。

真航线角在 0°～179°范围内，高度由 900 m 至 8100 m，每隔 600 m 为一个高度层；高度由 8900 m 至 12 500 m，每隔 600 m 为一个高度层；高度在 12 500 m 以上，每隔 1200 m 为一个高度层。

真航线角在 180°～359°范围内，高度由 600 m 至 8400 m，每隔 600 m 为一个高度层；高度由 9200 m 至 12 200 m，每隔 600 m 为一个高度层；高度在 13 100 m 以上，每隔 1200 m 为一个高度层。

飞行高度层根据标准大气压条件下假定海平面计算，真航线角从航线起点和转弯点量取，如表 2-23 所示。

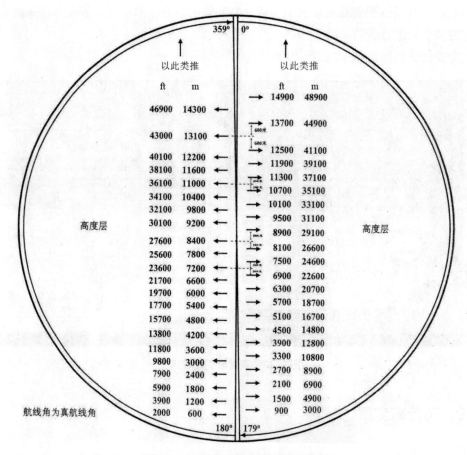

图 2-33　飞行高度层配备标准示意图

注：ft，英尺，1 ft ≈ 0.3 m。

表 2-23　真航线角的飞行高度层配备标准表

真航线角			
000°～179°		180°～359°	
飞行高度层		飞行高度层	
m	ft	m	ft
以此类推 ↑	以此类推 ↑	以此类推 ↑	以此类推 ↑
14 900	48 900	15 500	50 900
13 700	44 900	14 300	46 900
		13 100	43 000
12 500	41 100		
11 900	39 100	12 200	40 100
11 300	37 100	11 600	38 100

续表

真航线角			
000°～179°		180°～359°	
飞行高度层		飞行高度层	
m	ft	m	ft
以此类推 ↑	以此类推 ↑	以此类推 ↑	以此类推 ↑
10 700	35 100	11 000	36 100
10 100	33 100	10 400	34 100
9500	31 100	9800	32 100
8900	29 100	9200	30 100
8100	26 600	8400	27 600
7500	24 600	7800	25 600
6900	22 600	7200	23 600
6300	20 700	6600	21 700
5700	18 700	6000	19 700
5100	16 700	5400	17 700
4500	14 800	4800	15 700
3900	12 800	4200	13 800
3300	10 800	3600	11 800
2700	8900	3000	9800
2100	6900	2400	7900
1500	4900	1800	5900
900	3000	1200	3900
—	—	600	2000
m	ft	m	ft
000°～179°		180°～359°	
飞行高度层		飞行高度层	

为了确保在米制飞行高度层转换为英制并按照 100 ft 取整之后，相邻两个高度层之间有等于或大于 1000 ft 的垂直间隔，本方案采取了以下办法。

为了避免两对飞行高度层之间的垂直间隔由于将米制飞行高度层转换为英制并按照 100 ft 取整之后变为 900 ft 的现象，将 8900 m（29 199 ft）至 9800 m（32 152 ft）向下取整，将 11 900 m（39 042 ft）至 12 500 m（41 010 ft）向上取整。这样，在 8400 m 至 8900 m 有 500 m（1640 ft）垂直间隔，在 8900 m 至 12 500 m 有 300 m（1000 ft）垂直间隔。所有飞行高度层取整后至少有 1000 ft 的垂直间隔。

四、RVSM

缩小垂直间隔标准（RVSM）空域：一般是指在飞行高度 8900 m（2900 ft）（含）和

飞行高度 12 500 m（41 000 ft）（含）之间使用 300 m（1000 ft）最小垂直间隔的任何空域。我国国内实施 RVSM 运行的空域是飞行高度 8900 m（29 100 ft）（含）至 12 500 m（41 100 ft）（含）。

实施 RVSM 后，可以做到如下几点。

（1）减小地面延误。

（2）对于接近最佳巡航高度的飞行，节省燃油约 1%。

（3）增加飞行高度层和空域容量，提高航空公司的运行效益。

（4）有利于管制员调配飞行冲突，减轻空中交通管制指挥的工作负荷。

（一）运行背景

20 世纪 80 年代初，国际民用航空组织（ICAO）成立专门小组，开始探讨有关航空器垂直飞行间隔标准问题。经过各种风险评估后认为：在 FL290 以上空域飞行的最小垂直间隔从 600 m（2000 ft）缩减到 300 m（1000 ft）在技术上是可行的，可以满足预定的安全标准，使空域容量大大增加，并且能够带来显著的经济效益。

1990 年，首先在大西洋实施了缩小垂直间隔（RVSM）的运行，并根据运行的经验制定了相应的运行规范和有关规章；专门小组研究了缩小垂直间隔（RVSM）运行的发生飞机冲突的可能原因和有关防止危险接近的可靠性措施。

从 2000 年 2 月 24 日 0700UTC 时间起，在北太平洋航路或空域从 FL290 至 FL410（含这两个高度层）之间实施 300 m（1000 ft）的垂直间隔运行。

从 2002 年 2 月 21 日起，在西太平洋/南中国海地区的 6 条主要航路上，在 FL290 至 FL410 之间，实施垂直间隔为 1000 ft 的 RVSM 运行。

随着各国逐步推进 RVSM 运行的空域，我国已确定在 2007 年 11 月 21 日零时（北京时）在中国各空域内实施 RVSM 运行。

（二）实施 RVSM 后飞行高度层配备方案

自协调世界时 2007 年 11 月 21 日 1600UTC 时起，中国在沈阳、北京、上海、广州、昆明、武汉、兰州、乌鲁木齐情报区和三亚飞行情报区岛内空域（1 号扇区），高度层为 8900 m（含）至 12 500 m（含）的空域内实施米制的缩小垂直间隔。飞行情报区内 8900 m 以上至 12 500 m 定义为缩小垂直间隔空域。

我国空管部门，反复研究了多个方案并广泛征求意见和演示论证，最终确定：实施米制飞行高度层。实施 RVSM 后的飞行高度层分配标准如下。

600 m 至 8400 m 之间垂直间隔为 300 m；8400 m 至 8900 m 之间垂直间隔为 500 m；8900 m 至 12 500 m 之间垂直间隔为 300 m；12 500 m 以上垂直间隔为 600 m。

管制通话中将使用米制，收到管制员发布的米制飞行高度层指令后，应根据"飞行高度层配备标准表"（见表 2-24）确定对应的英制飞行高度层。

表 2-24 飞行高度层配备标准表

飞行高度层走向	米制 RVSM 高度层/m	米制 RVSM 高度层转换为英制/ft	米制 RVSM 高度层转换为英制并按照 100 ft 取整/ft	管制员看到的实际雷达标牌显示
向东	14 900	48 885	48 900	1490
向西	14 300	46 916	46 900	1430
向东	13 700	44 948	44 900	1369
向西	13 100	42 979	43 000	1311
向东	12 500	41 010	41 100	1253
向西	12 200	40 026	40 100	1222
向东	11 900	39 042	39 100	1192
向西	11 600	38 058	38 100	1161
向东	11 300	37 073	37 100	1131
向西	11 000	36 089	36 100	1100
向东	10 700	35 105	35 100	1070
向西	10 400	34 121	34 100	1039
向东	10 100	33 136	33 100	1009
向西	9800	32 152	32 100	0978
向东	9500	31 168	31 100	0948
向西	9200	30 184	30 100	0917
向东	8900	29 199	29 100	0887
向西	8400	27 559	27 600	0841
向东	8100	26 575	26 600	0811
向西	7800	25 591	25 600	0780
向东	7500	24 606	24 600	0750
向西	7200	23 622	23 600	0719
向东	6900	22 638	22 600	0689
向西	6600	21 654	21 700	0661
向东	6300	20 669	20 700	0631
向西	6000	19 685	19 700	0600
向东	5700	18 701	18 700	0570
向西	5400	17 717	17 700	0539
向东	5100	16 732	16 700	0509
向西	4800	15 748	15 700	0479
向东	4500	14 764	14 800	0451
向西	4200	13 780	13 800	0421
向东	3900	12 795	12 800	0390
向西	3600	11 811	11 800	0360

为了确保在米制飞行高度层转换为英制并按照 100 ft 取整之后，相邻两个高度层之间有等于或大于 1000 ft 的垂直间隔，本标准采取了以下办法。

为了避免两对飞行高度层之间的垂直间隔由于将米制飞行高度层转换为英制并按照 100 ft 取整后变为 900 ft 的现象，将 8900 m（29 199 ft）至 9800 m（32 152 ft）向下取整，将 11 900 m（39 042 ft）至 12 500 m（41 010 ft）向上取整。这样，在 8400 m 至 8900 m 有 500 m（1640 ft）垂直间隔，在 8900 m 至 12 500 m 有 300 m（1000 ft）垂直间隔。所有飞行高度层取整后至少有 1000 ft 的垂直间隔。

8400 m 至 12 500 m 范围内，共有 13 个高度层，其中雷达标牌显示与管制指令高度差异有 3 个高度层差异为 30 m，4 个高度层差异为 20 m，4 个高度层差异为 10 m，2 个高度层完全一致。

该飞行高度层配备标准采用公制计量单位，较好地沿袭了我国目前的飞行高度层配备标准，空管设施设备及相应法规标准无须做计量单位变更；与现行高度层划分方法相一致，8400 m 以下无须变动，8400 m 至 12 500 m 总体上由 600 m 分层改成 300 m，符合我国现行高度层配备标准，便于操作使用；12 500 m 以下严格按照"东单、西双"进行高度层配备，便于管制员和飞行员通话和记忆；8900 m 至 12 500 m 将定义为民航的缩小垂直间隔空域（RVSM Airspace），其内对应的英制高度层统一比国外高 100 ft，规律性强，便于民航飞行员操作和使用；该方案使得 8400 m 以上与国外飞行高度层的差值不超过 30 m，进出国境的航空器可实现安全顺畅的高度层转换；不符合 RVSM 适航要求的航空器应当在 8400 m（含）以下飞行，8400 m 与 8900 m 按 500 m 分层，自然形成了与缩小垂直间隔空域的缓冲空间。

需要克服的缺点是：雷达显示屏上，由于飞机按英制实际飞行高度与米制 RVSM 高度层有差异，管制员看到的雷达标牌显示与管制指令高度会有超过 30 m 的差异（例如，管制员指挥飞机在 12 500 m 上飞行，飞行员实际按照 41100 ft 飞行，而管制员看到的雷达标牌可能显示为"1253"，代表 12 530 m。ICAO 规定雷达标牌显示飞机在指定的高度±60 m 范围，则可以认为该飞机保持在指定的高度飞行）。当然，这种现象在目前的飞行高度层也同样存在并且管制员已经适应，管制员需要额外的培训和适应。通过在广州区管中心进行的缩小垂直间隔雷达模拟验证，管制员普遍认为只要通过必要的培训这种差异可以克服。

（三）航空承运人实施 RVSM 的批准

1. 航空器适航批准

正在运行的航空器。应当首先获得航空器制造国民航相关部门的 RVSM 适航批准，然后获得民航局适航审定部门对该批准的认可。

新造航空器。航空器制造商取得民航局适航管理部门对在 RVSM 区域中使用的该型号的认可批准。

其他航空器。对于飞入和飞出中国境内的外国航空器拟在 RVSM 区域运行的，应当首先取得民航局适航管理部门的认可。

2. 运行批准

运行批准是针对航空器运营人，即根据运营人提供的申请资料进行批转，一般还要进行飞行验证，以检查运行和维护程序的有效性。

我国已于 2007 年 11 月 22 日零时（北京时）在中国各空域内实施 RVSM 运行。实施 CCAR-91 部、CCAR-121 部、CCAR-135 部运行的航空运营人应获得民航局批准后方可实施 RVSM 运行。对于未获得 RVSM 运行批准的航空器可在 RVSM 空域以外运行。对于 RVSM 运行批准分为以下三种类型。

（1）初始批准。申请的航空运营人从未获得任何 RVSM 运行批准或使用从未运行过的机型实施 RVSM 运行。

（2）增加航空器批准。申请的航空运营人已获得此型别航空器的 RVSM 运行批准，在增加个别具体航空器时，只需提供该航空器针对 RVSM 运行的适航符合性说明内容。

（3）临时批准。航空运营人在实施境外交付飞机等特定的运行时，可以向民航局申请 RVSM 运行临时批准。对于 CCAR-121 部、CCAR-135 部运营人，民航局将在通过审查、评估后对运行规范 B0035 和 D0003 共同批准的方式批准其 RVSM 运行。对于 CCAR-121 部、CCAR-135 部运营人的临时批准和 CCAR-91 部运营人的运行批准，民航局将在通过审查、评估后以"缩小垂直间隔（RVSM）空域运行批准函"的方式予以批准。

（四）RVSM 运行要求

2007 年民航局发布了咨询通告《缩小垂直间隔（RVSM）空域的运行要求》（AC-91-FS-2018-007R1），对航空运营人在 RVSM 空域运行提供了适航维修、运行实施和运行批准等方面的操作指南，为我国推行和实施 RVSM 运行发挥了重要作用。近年来，中国民航的快速发展，RVSM 运行管理不断深化，航行新技术得到了大力推广应用，全球各地区 RVSM 监控组织和航空运营人对于 RVSM 运行提出了更多要求。

1. 运行设备要求

（1）两个独立的高度测量系统。每套装备有：相互匹配的静压源系统，一般需有防冰装置；经换算的气压高度，且能显示给机组；数字显示高度；设定的高度自动控制和告警；静压源误差修正。

（2）一套高度警告系统。

（3）一套自动高度控制系统。

（4）一部具有高度报告能力的二次监视雷达应答机，如果只安装一部，必须具有转换到任意一个高度测量系统的能力（根据不同空域的要求）。

（5）符合要求的机载防撞系统。

2. 人员要求

航空承运人飞行人员、机务人员、飞行签派人员等运行人员均应经过培训并合格于 RVSM 运行。

飞行机组训练大纲中应当至少包含以下内容。

（1）运行区域特殊规定和程序，包括标准 ATC 术语。

（2）机组成员相互交叉检查对确保迅速和正确执行 ATC 指令是重要的。

（3）在应急情况下备用高度表的使用和精度限制。如适用，航空器驾驶员应通过使用修正表检查静压源误差修正（SSEC）/位置误差（PEC）。

（4）夜间飞行情况下，当遇到如北极光、同航向、相对和转弯时，目视识别计划 300 m（1000 ft）间隔上的其他航空器时存在的问题。

（5）可能导致飞过预定高度层的航空器高度捕获系统的特性。

（6）在 RVSM 运行中与使用 TCAS 有关的运行程序和运行特点。

（7）在正常和不正常情况下，高度测量、自动高度控制和应答机系统之间的关系。

（8）涉及 RVSM 适航批准的航空器运行限制（如果对于特定的航空器组有要求）。

对于按照 CCAR-121 部实施定期载客运行的航空承运人，应当在飞行签派员训练大纲中明确开展 RVSM 运行训练，训练内容至少包括飞行机组训练大纲中除②、④款外的部分。

3. RVSM 飞行计划

在进行飞行准备时，飞行机组和飞行签派员（如适用）应当特别注意可能影响航空器在 RVSM 空域运行的各种条件。考虑的条件不局限于以下几类。

（1）确认航空器已经得到了 RVSM 运行批准。

（2）在发给空中交通服务单位的飞行计划中注明了航空器和运营人都已经得到了 RVSM 运行批准。在飞行计划中的编组 10 中标注字母"W"以表明经过 RVSM 批准。

例如：(FPL-CXA859-IS

-B737/M-SDGHIPWR/S

-ZSAM1000

-K0850S0840 WF A470 DOTMI/N0450F280 MONTA EPDOS/N0450F360 L642 VEPLI DCT VINIL DCT PIBAP

-WSSS0350 WMKK WMKP

-REG/B5028 SEL/DJGQ EET/ZGZU0010 …）

（3）飞行航路上的气象报告和预报。

（4）与高度保持系统有关的最低设备要求。

（5）如果对特定航空器组有运行限制的要求，应对所有与此 RVSM 适航批准相关的航空器运行限制进行说明。

（五）RVSM 的运行程序

1. 飞行前程序

在每次飞行前，应当完成以下程序。

（1）查阅维修记录本和表格，确认在 RVSM 空域飞行的所需设备工作状况，确认已采取维修措施修复了所需设备的缺陷。

（2）在航空器外部检查时，应当特别注意静压源和每一个静压源附近机身蒙皮的情况，以及任何影响高度测量系统精确度的其他部件。（这种检查也可以由有资格的，并得到授权的人员来完成，如飞行机械师或维修人员。）

（3）航空器起飞前，高度表应当设定为当地气压高度（QNH）值和航空器使用手册规定的误差限制范围内显示的已知的气压高度（如机场标高）。已知的标高和在高度表上显示的气压高度之间的差值不应超过 23 m（75 ft）。两部主高度表同时应当符合航空器使用手册规定的限制范围（也可使用 QFE 的备用程序）。

（4）飞行机组应当确认在 RVSM 空域飞行所需的设备可用，如有故障指示，应予以解决。同时，飞行机组还应确定当飞机出现紧急情况或出现可能影响保持高度层飞行能力的天气条件时在 RVSM 空域运行的紧急程序。

（5）航空器放行前，飞行签派员必须根据空中交通管制要求，与机长共同确定当飞机出现紧急情况或出现可能影响保持高度层飞行能力的天气条件时在 RVSM 空域运行的紧急程序。

2. 飞行中程序

以下内容应当包含在运行手册和飞行程序中。

（1）飞行机组应当遵守与 RVSM 适航批准相关的航空器的运行限制（如果对特定航空器组有要求）。

（2）应当强调当飞机通过转换高度时，迅速在所有主用和备用高度表的小刻度窗设置 1013.2 hPa，并在到达初始许可飞行高度层（CFL）时再次检查高度表设置是否正确。

（3）在平飞过程中，航空器保持在初始许可飞行高度层很重要。飞行机组应特别注意、确认和充分理解，并遵守 ATC 指令。除非在紧急情况下，航空器不得在没有 ATC 许可的情况下擅自离开初始许可飞行高度层。

（4）在飞行机组收到管制员发布米制飞行高度层指令后，应当根据"中国民航飞行高度层配备标准示意图（表）"确定对应的英制飞行高度层，以确保与其他航空器之间的垂直间隔至少为 300 m/1000 ft。

（5）在高度层转换时，航空器偏离指定的飞行高度层的最大误差不得超过 45 m（150 ft）。

（6）在平飞巡航过程中，自动高度控制系统应当可用并接通，除非需要重新调整飞机或遇到颠簸需断开自动高度控制系统。在任何情况下，应参考两个主高度表中的一个来保持巡航高度。

（7）高度警戒系统应当是可用的。

（8）机组应当每小时做一次主高度表的交叉检查，二者之间的差值最大不得超过 60 m（200 ft）或航空器使用手册规定的一个更小的值（如果超出了这一限制，驾驶员应当向管制员报告高度测量系统失效，并记录下主高度表和备用高度表之间的差值，以备在紧急情况下使用）。

（9）对于大多数飞行，驾驶员对驾驶舱仪表的正常扫视就足以完成高度表交叉检查。

（10）在雷达和 ADS-B 监视的运行区域，应在改平时就进行初始高度交叉检查。

（11）应至少把在 II 级导航区域进入点附近的初次高度表交叉检查记录下来（如离开

海岸线时）。即使可以使用自动高度表对比检查，飞机机组也应记录下主高度表和备用高度表的读数，以备在意外情况下使用。

（12）通常情况下，使用测高系统控制航空器高度，选择其往应答机中输入信号向 ATC 传送高度报告信息。

（13）如果航空器驾驶员得到空中交通管制员关于指定高度的偏差（AAD）超过 90 m（300 ft）的通知，航空器驾驶员应立即采取措施尽快返回初始许可飞行高度层。

（14）对于按照 CCAR-121 部实施运行的航空承运人，应当利用地空数据通信系统或其他有效方式持续监控在 RVSM 空域运行的航空器状态，包括飞机位置、飞行高度、燃油、航路时间和其他影响运行的因素。

第六节　飞行的运行标准

飞行的运行标准按照飞行类型不同分为目视飞行规则的最低天气标准和仪表飞行规则的最低天气标准。

按照目视飞行规则签派或者放行飞机前，应当确认可获得的天气实况报告、预报或者两者的组合，表明从签派或者放行飞机飞行时刻起至飞机抵达签派单中所列各机场的时间内，整个航路的云底高度和能见度处于或者高于适用的目视飞行规则最低标准，否则，不得签派或者放行飞机按照目视飞行规则飞行。

《一般运行和飞行规则》（CCAR-91）规定了基本目视飞行规则的最低天气标准。只有气象条件不低于下列标准时，航空器驾驶员方可按目视飞行规则飞行。

（1）在修正海平面气压高度 3 km（含）以上，能见度不小于 8 km；修正海平面气压高度 3 km 以下，能见度不小于 5 km；距云的水平距离不小于 1.5 km，垂直距离不小于 300 m。

（2）除运输机场空域外，在修正海平面气压高度 900 m（含）以下或离地高度 300 m（含）以下（以高者为准），如果在云体之外，能目视地面，允许航空器驾驶员在飞行能见度不小于 1600 m 的条件下按目视飞行规则飞行。但必须符合下列条件之一。

① 航空器速度较小，在该能见度条件下，有足够的时间观察和避开其他航空器和障碍物，以避免相撞。

② 在空中活动稀少、发生相撞可能性很小的区域。

（3）在符合（2）项的条件下，允许旋翼机在飞行能见度小于 1600 m 的条件下按目视飞行规则飞行。

《一般运行和飞行规则》（CCAR-91）规定了特殊目视飞行规则的最低天气标准。

在运输机场空域修正海平面气压高度 3 km 以下，允许按实施特殊目视飞行规则飞行。

特殊目视飞行规则天气标准和条件如下。

① 得到空中交通管制的许可。

② 云下能见。

③ 能见度至少 1600 m（旋翼机可用更低标准）。

④ 除旋翼机外，驾驶员满足 CCAR-61 部仪表飞行资格要求，航空器安装了在夜间和云上运行的仪表和设备，否则只能昼间飞行。

除旋翼机外，只有地面能见度（如无地面能见度报告，可使用飞行能见度）至少为 1600 m，航空器方可按特殊目视飞行规则起飞或着陆。

按照仪表飞行规则签派或者放行飞机飞行前，应当确认相应的天气实况报告、预报或者两者的组合，表明在签派或者放行单中所列的每个机场的天气条件，在飞机预计到达时处于或者高于经批准的最低标准，否则，不得签派或者放行飞机按照仪表飞行规则飞行。

一、机场运行标准

所谓机场运行最低标准，是指一个机场可用于飞机起飞和着陆的运行限制，这些限制通常用有关气象条件表示，因此也称之为机场运行最低天气标准。机场运行最低天气标准，主要包括机场起飞最低运行标准、机场着陆最低运行标准、备降机场运行标准。

确定机场运行最低标准必须充分考虑以下因素。
（1）飞机的机型、性能和操纵特性。
（2）飞行组的组成及其技术水平和飞行经验。
（3）所用跑道的尺度和特性。
（4）可用的目视助航和无线电导航设施的性能和满足要求的程度。
（5）在进近着陆和复飞过程中可用于领航和飞行操纵的机载设备。
（6）在进近区和复飞区内的障碍物和仪表进近的超障高。
（7）用于气象测报的设备。
（8）爬升区内的障碍物和必要的超障余度。

（一）机场起飞最低运行标准

1. 表示方法

起飞最低标准一般只用能见度表示，但在起飞离场过程中必须看清和避开障碍物时，起飞最低标准应包括能见度和云高，并在公布的程序中标出该障碍物的确切位置。另外，如果在仪表离场程序中规定了一个安全飞越障碍物所要求的最小爬升梯度，并且飞机能满足规定的爬升梯度时，起飞最低标准才可以仅用能见度表示。

能见度（VIS）指的是当在明亮的背景下观测时，能够看到和辨认出位于近地面的一定范围内的黑色目标物的最大距离；在无光的背景下观测时，能够看到和辨认出光强为 1000 cd（坎德拉）灯光的最大距离。（注：在可同时获得 RVR 和 VIS 值时，以 RVR 为准。VIS 允许使用的最小数值为 800 m。当 VIS 小于 800 m 时，用 RVR 表示。）

跑道视程（RVR）表示在跑道中心线上，航空器上的驾驶员能看到跑道上的标志或跑道边灯或中线灯的距离。

注意，RVR 不是直接测量的气象元素，它是经大气透射仪测量后考虑大气消光系数、视觉阈值和跑道灯强度而计算的数值，也可经前向散射仪测量后计算得到。RVR 数值的大小与跑道灯光的强度有关。当 RVR 小于飞机起飞、着陆要求的数值时，应考虑将跑道灯光调大直至最强（5 级灯光），以提高飞机运行的正常性。

在可同时获得 RVR 和 VIS 值时，以 RVR 为准。VIS 允许使用的最小值为 800 m。我国气象服务机构一般提供的是主导能见度报告，即观测到的达到或超过四周一半或机场地面一半的范围所具有的能见度值。

云底高度又称云幕高，在运行中一般是指云量为多云（BKN）或满天云（0VC）的最低云层的云底距机场标高的垂直距离。

2. 机场起飞最低运行标准

（1）基本起飞最低运行标准。

不论空中交通管制是否许可，当由民航局批准的气象系统报告的天气条件低于合格证持有人运行规范的规定时，飞机不得按照仪表飞行规则起飞。如果合格证持有人的运行规范没有规定该机场的起飞最低标准，则使用的起飞最低标准不得低于民航局为该机场制定的起飞最低标准，可以在机场图中对外公布。

如果该机场没有制定起飞最低标准，可以使用基本起飞最低标准。如果机场起飞最低标准表格是空白的，没有制定起飞最低标准，就可以使用下列基本起飞最低标准。

① 对于双发飞机，能见度为 1600 m。

② 对于三发或者三发以上的飞机，能见度为 800 m。

（2）起飞最低标准包括云高的规定。

当在仪表离场程序中规定一个安全飞越障碍物所要求的最小爬升梯度（或使用默认值 3.3%），并且飞机能满足规定的上升梯度时，起飞最低标准才可以只用 VIS。

当在起飞离场过程中必须看清和避开障碍物时，起飞最低标准应当包括 VIS 和云底高度，并在公布的离场程序图中标出该障碍物的确切位置。要求所需要的能见度，按起飞跑道的离地端（DER）至障碍物的最短距离加 500 m 计算，或 5000 m，取较小数值。但是，A/B 类飞机的最小能见度不得小于 1600 m，C/D 类飞机不得小于 2000 m。起飞最低标准中的云高至少应高出控制障碍物 60 m，云高数值以 10 m 取整。

单发飞机的起飞最低标准，云高不低于 100 m，能见度不小于 1600 m。多发飞机标准的起飞最低标准以及按照可用的目视助航设施、驾驶员的外界视野、发动机数量等因素确定不同的起飞最低能见度。

例 2-10：A320 型飞机在某跑道起飞时，需要看清并避开距离起飞离场末端 1200 m、高 90 m 的一个电视塔，那么此时的起飞最低标准应为（　　）。

A. 能见度 1700 m，云高 150 m

B. 能见度 5000 m，云高 120 m

C. 能见度 2000 m，云高 150 m

因为题目中给出起飞过程中需要看清并避开障碍物，所以起飞最低标准中应该增加云底高度。要求所需要的能见度，按起飞跑道的离地端（DER）至障碍物的最短距离加 500 m

计算，为 1700 m，但 A320 为 C 类飞机，能见度不能小于 2000 m，与 5000 m 对比，能见度最终取 2000 m。起飞最低标准中的云高至少应高出控制障碍物 60 m，为 90 m+60 m=150 m，所以该题选 C。

（3）未列入运行规范的机场起飞最低标准。

未列入运行规范的机场起飞最低标准应符合下列条件。

① 该机场和有关设施适合于该飞机的运行。

② 驾驶员能遵守飞机运行适用的限制。

③ 飞机已根据适用于从经批准的机场实施运行的签派规则予以签派。

④ 该机场的天气条件等于或高于该机场所在国政府批准的或规定的起飞最低天气标准；如果该机场没有批准的或规定的标准，则云高/能见度应等于或高于 240 m/3200 m，或 270 m/2400 m，或 300 m/1600 m。

（4）不利情况下的起飞最低标准。

机场用于起飞的最低标准不应小于该机场可用着陆方向的着陆最低标准，除非选择了适用的起飞备降场。

确定起飞标准时，应能够确保在不利的情况下中断起飞，或者关键发动机失效而继续起飞时，具有足够的目视参考以控制飞机。

对于两发（含）以上飞机，如果飞机在起飞中任何一点关键发动机失效后能够停住，或者能够以要求的越障余度继续起飞至高于机场 450 m，则起飞最低标准可以使用的最低值如表 2-25 所示。如无 RVR 测报，对于表 2-25，可使用的 VUS 最低值为 800 m。

表 2-25　起飞的最小 RVR

设　　施	RVR/m
无灯（仅昼间）	500[①]
跑道边灯和中心线	400[①②]
跑道边灯和中线灯	200/250[②③⑤]
跑道边灯和中线灯以及多个 RVR 信息	150/200[②③④⑤]

注：① 接地区的 RVR 为控制 RVR，该值也可由驾驶员目测估算。

② 对于夜间运行还要求有跑道末端灯。

③ D 类飞机采用较高值。

④ 要求 A 类飞机必须有接地区的 RVR 报告，BC 类飞机必须有接地区和中间点两个位置的 RVR 报告，D 类飞机必须有接地区、中间点和停止端 3 个位置的 RVR 报告，并且所需的 RVR 报告都小于规定值。

⑤ 使用 LVTO 应当满足以下条件。

机场 LVP 正在实施中。

跑道中线灯间距不大于 15 m。

LVTO 指的是低能见度起飞。RVR 低于 400 m 时的起飞为低能见度起飞。

LVP 指的是低能见度程序。在 II 类和 III 类进近及低能见度起飞时，为确保运行安全而使用的机场程序。

（二）机场着陆最低运行标准

国内机场着陆最低标准可在 NAIP 机场部分"仪表进近图"（见图 2-34）中查询，国际机场在其所在国家 AIP 机场部分的"仪表进近图"中查询。

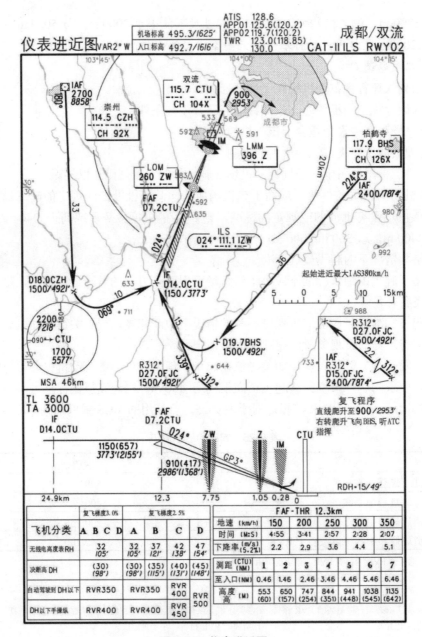

图 2-34　仪表进近图

对机场每个跑道方向使用某种导航设备的仪表进近程序，按飞机分类规定着陆最低天气标准。

着陆最低天气标准分为以下几类。

（1）非精密直线进近的最低标准。

（2）目视盘旋进近的最低标准。

（3）Ⅰ类精密进近的最低标准、Ⅱ类精密进近最低标准和Ⅲ类精密进近最低标准。

对于非精密进近和目视盘旋进近着陆，机场运行最低标准用能见度（VIS）和最低下降高度/高（MDA/MDH）表示。

最低下降高度（MDA）或最低下降高（MDH）在非精密进近或盘旋进近中规定的高度或高，如果不能建立为继续进近所需的目视参考，则不得下降至这个高度或高以下。MDA 以平均海平面为基准；MDH 以机场标高为基准，如果入口标高在机场标高之下 2 m 以上，则以入口标高为基准。盘旋进近的 MDH 是以机场标高为基准的。

对于精密进近着陆，机场运行最低标准根据运行分类用能见度或跑道视程和决断高度/高（DA/DH）。

决断高度（DA）或决断高（DH）在精密进近和类精密进近中规定的一个高度或高，在这个高度或高上，如果不能建立继续进近所需的目视参考，必须开始复飞。DA 以平均海平面为基准，DH 以入口标高为基准。

1. 非精密直线进近的最低标准

非精密直线进近的最低标准包括最低下降高度/高和能见度两个要素。

确定 MDA/MDH 应当以仪表进近程序确定的超障高度/高（OCA/H）为基础，MDA/MDH 可以高于但不能低于超障高度/高（OCA/H）。非精密进近可使用如表 2-26 所示导航设施和设备。除非特殊批准，其 MDH 值不低于 75 m（250 ft），RVR/VIS 不低于 800 m。

表 2-26　非精密进近的导航设施及其对应的 MDH

设　　施	MDH/m
仅有航向台（ILS 下滑台 GP 不工作）	75
RNP（LNAV）	90
VOR	90
VOR/DME	75
NDB	105
NDB/DME	90

2. I 类紧密进近的最低运行标准

I 类精密进近，包括仪表着陆系统（ILS）、微波着陆系统（MLS）和精密进近雷达（PAR）进近，其决断高不低于 60 m（200 ft），能见度不小于 800 m 或跑道视程不小于 550 m 的精密进近着陆。

如果跑道装有 RVR，精密进近最低标准用 DA/H 和 RVR 表示。

I 类精密进近使用仪表着陆系统（ILS）或全球导航卫星着陆系统（GLS）。除非特殊批准，其 DH 不低于 60 m（200 ft），RVR 不低于 550 m。

I 类精密进近是使用气压垂直导航的 RNP APCH 或 RNP AR，或者使用星基增强系统（SBAS）。除非特殊批准，其 DH 不低于 75 m（250 ft），RVR/VIS 不低于 800 m。

（1）决断高的确定。

决断高以确定的超障高为计算依据，但由此确定的决断高不得低于以下数值之一。

① 航空器飞行手册所载明的该航空器仪表飞行允许的最低高度/高。

② 使用精密进近导航设施参照仪表能达到的最低高度/高。

③ 超障高。

④ 允许机组使用的决断高。

对于因机场周围地形的影响，在进近区内经常出现下沉气流的跑道，根据超障高确定的决断高至少应当增加以下余度。

① 对于螺旋桨飞机，增加的余度为 15 m。

② 对于涡轮喷气飞机，增加的余度为 30 m。

在精密进近中规定的决断高为飞机主轮至跑道入口平面的高。

某些大型飞机的下滑接收天线至着陆主轮的水平距离超过 5.8 m（19 ft），在仪表着陆系统基准高（仪表着陆系统 ILS 下滑道在跑道入口的高）小于 15 m 的跑道做进近时，有增加场外接地的危险，因此将该类飞机的决断高提高为 90 m。

使用 ILS 偏置航道的仪表进近，飞机将偏离跑道中线延长线，因此确定的决断高应当使飞机能在到达着陆口以前完成对正跑道的机动飞行。

使用 ILS 偏置航道进近的决断高不低于 75 m。

（2）RVR/VIS 的确定。

最小 RVR/VIS 可由下列公式计算得到。

$$\text{所需 RVR/VIS(m)} = [DH \text{ 或 } MDH(m)/\tan\theta] - \text{进近灯光长度(m)}$$

其中，θ 是最后进近下滑剖面的角度。

计算得到的数值小于 800 m 时，以 50 m 向上取整；大于 800 m 小于 5000 m 时，以 100 m 向上取整；大于 5000 m 时，以 1000 m 向上取整。

如果计算出的数值小于如表 2-27 所示的值，则取表中的数值作为最低标准。

表 2-27　各种进近在不同进近灯光系统下的最小 RVR（VIS）

进近灯光系统	飞机类别	最小 RVR（VIS）/m			
		ILS/GLS	ILS（GP 不工作）APV（LNAV/VNAV）	VOR RNP（LNAV）	NDB
FALS	A、B、C	550	800	800	1200
	D		1200	1600	1600
IALS	A、B、C	800	1200	1200	1200
	D		1600	1600	1600
BALS 和 NALS	A、B、C、D	1200	1600	1600	1600

对于标高小于 3000 m 的机场，如果 DH 或 MDH 大于 300 m，或计算得到的 VIS 大于 5000 m，使用 VIS 为 5000 m，并在航图中标注"目视飞向机场"。对于标高大于 3000 m 的机场，如果 DH 或 MDH 大于 450 m，或计算得到的 VIS 大于 8000 m，使用 VIS 为 8000 m，并在航图中标注"目视飞向机场"。

对于 I 类精密进近，只有 DH 不大于 75 m，且在满足以下情况之一时，才可以使用 RVR 小于 800 m 的标准。

① 跑道具有 FALS、RTZL、RCLL。

② 跑道具有 FALS，使用经批准的 HUD 或自动驾驶仪或飞行指引仪进近。

精密进近跑道装有透射仪测算 RVR 时，I 类精密进近最低标准的 RVR 以接地区（TDZ）RVR 为准，不考虑气象能见度。

对于没有 RVR 报告时，以跑道方向的能见度为准。

I 类精密进近使用的 RVR 标准小于 800 m 时，必须满足以下条件。

① 机载设备相当于 II 类运行的设备和得到 I 类运行的适航证。

② 机长在所飞机型上已获得超过 100 h 的机长飞行经验，机长和副驾驶已经受到了 II 类运行的理论教育。

③ 机长按该着陆标准实施进近着陆，并经检查合格。

（3）目视参考。

除非在拟用跑道上，驾驶员可以至少清楚看见并识别下述目视参考之一，可充分判断相对于预定飞行航径的飞机位置和位置变化率，否则不得继续进近到 DA/H 或 MDA/H 之下。

① 进近灯光系统。

② 跑道入口。

③ 跑道入口标志。

④ 跑道入口标识灯。

⑤ 跑道入口灯。

⑥ 目视进近坡度指示系统。

⑦ 接地区或接地区标志。

⑧ 跑道接地带灯。

⑨ 跑道边灯。

⑩ 民航局认可的其他目视参考。

进近灯光系统为进近的飞机提供目视指示，并使跑道环境清晰可见，降低了对 RVR/VIS 的要求。表 2-28 列出了进近灯光构型。对于夜间运行或对进近灯光有要求的其他运行，灯光必须打开并可用。

表 2-28 进近灯光系统

设备分类	长度、构成和进近灯光强度
完全进近灯光系统（FALS）	ICAO：I 类精密进近灯光系统（HIALS 不小于 720 m）
中等进近灯光系统（IALS）	ICAO：简易进近灯光系统（HIALS，420～719 m）
基本进近灯光系统（BALS）	ICAO：其他进近灯光系统（HIALS、MIALS 或 ALS，210～419 m）
无进近灯光系统（NALS）	ICAO：其他进近灯光系统（HIALS、MIALS 或 ALS<210 m）或无进近灯光

3. II 类精密进近最低标准

II 类精密进近的最低标准包括决断高和 RVR 两个要素，不得用能见度表示。II 类精密进近为下降至决断高 60 m 以下但不低于 30 m，跑道视程不小于 350 m。标准的 II 类运行最低标准为 DH 30 m，RVR 350 m。

(1) DH 的确定。

DH 必须使用无线电高度表或内指点标确定。II 类运行使用标准的 II 类运行最低标准时不得用气压高度表确定 DH。

II 类精密进近的决断高以确定的超障高为计算依据，但由此确定的决断高不得低于以下数值之一。

① 飞机适航证规定的最低决断高和精密进近导航设施不要求目视参考能使用的最低高。

② 允许机组使用的决断高。

③ II 类运行最低决断高 30 m。

II 类精密进近决断高确定以后，还应当根据跑道的《精密进近地形图》提供的地形剖面，计算飞机下降至决断高时无线电高度表的指示（RA）。

① 若地形比入口标高低（3 m 以上），RA>DH。

② 若地形入口标高高，RA<DH。。

(2) II 类运行最低标准的最低值。

II 类运行最低标准的最低值的确定如表 2-29 所示。

表 2-29　II 类运行的最低标准

DH[①]	RVR/m	
	A、B、C	D
30～35 m（100～120 ft）	300	300/350[②]
36～42 m（121～140 ft）	400	400
43 m（141 ft）以上	450	450

注：① II/III 类运行时，通常不使用 DA 的概念。
② D 类飞机实施自动着陆可采用 RVR 300 m。

(3) 目视参考。

除非获得并能够保持包括进近灯、接地带灯、跑道中线灯、跑道边灯或者这些灯的组合中至少 3 个连续灯的目视参考，驾驶员不得继续进近至决断高（DH）之下。目视参考中必须包括地面构型的横向水平要素，例如，进近横排灯、入口灯或接地带灯，除非使用经批准的 HUD 至接地。

4. III 类精密进近最低标准

(1) 决断高（DH）。

对于使用 DH 的运行，该 DH 不低于在没有获得所需的目视参考情况下可使用精密进近导航设施的最低高。只有在进近助航设施和机场设施都能支持无 DH 运行时，方可实施无 DH 运行。

(2) 目视参考。

对于 IIIA 类运行和使用失效-性能下降飞行控制系统或经批准的 IIIB 类运行，驾驶员不得继续进近至 DH 之下，除非获得并能够保持进近灯、接地带灯、跑道中线灯或者这些灯的组合中至少 3 个连续灯的目视参考。

对于使用失效-工作飞行控制系统或使用失效-工作混合着陆系统（包括例如一套 HUD）的 IIIB 类运行，驾驶员不得继续进近至 DH 之下，除非获得并能够保持包括一个中线灯在内的目视参考。

（3）III 类运行标准的最低值。

III 类运行标准的最低值如表 2-30 所示。

表 2-30 III 类运行的最低标准

进近类型	DH	滑跑控制/指引系统	RVR/m
IIIA	低于 30 m（100 ft）	不需要	175
IIIB	低于 30 m（100 ft）	失效-性能下降	150
IIIB	低于 15 m（50 ft）	失效-性能下降	125
IIIB	低于 15 m（50 ft）或无 DH	失效-工作或失效-工作混合着陆系统	50

III 类精密进近最低标准，接地区、中间点和停止端的 RVR 为控制 RVR。

5. 目视盘旋进近最低运行标准

目视盘旋进近是指飞机在完成仪表进近以后的目视飞行阶段，驾驶员必须能够持续看到跑道入口或进近灯或其他能识别跑道的标志，保持飞机在目视盘旋区内飞行，使飞机位于反向或另一条跑道着陆的位置上。

目视盘旋进近适用于最后进近航迹与跑道中线延长线交角大于 15°（A/B 类飞机大于 30°）或者直线进近的下降梯度大于 6.5%的情况。

目视盘旋进近最低标准不得低于该机场直线进近的最低标准及表 2-31 规定的数值。如果出现目视盘旋进近的超障高度/高低于直线进近的超障高度/高，则目视盘旋进近的超障高度/高应采用直线进近的超障高度/高的数值。

表 2-31 盘旋进近运行的最低标准

飞机类别	A	B	C	D
MDH	120 m（400 ft）	150 m（500 ft）	180 m（600 ft）	210 m（700 ft）
VIS	1600 m	1600 m	2400 m	3600 m

按表 2-32 确定机场盘旋进近的最低运行标准。

表 2-32 MDH 对应的盘旋进近的最小 VIS

MDH/m	VIS/m			
	A	B	C	D
120～140	1600	/	/	/
141～160	1600	1600	/	/
161～180	1600	1600	/	/

续表

MDH/m	VIS/m			
	A	B	C	D
181~205	1600	1600	2400	/
206~225	1600	1600	2800	3600
226~250	1600	2000	3200	3600
251~270	1600	2000	3600	4000
271~300	2000	2400	4000	4400
3001 以上	2000	3000	4000	5000

6. 机场设备故障或降级对运行标准的影响

（1）对着陆标准的影响。

如表 2-33 所示是导航设施或气象观测设备故障或降级对着陆最低标准的影响。

表 2-33 导航设施或气象观测设备故障或降级对着陆最低标准的影响

设备故障或降级	对着陆最低标准的影响					
	III 类 A	III 类 B	II 类	I 类	APV	NPA
ILS 备用发射机	不允许			无影响		
外指点标	无影响（如果由公布的等效位置代替）			不适用		
中指点标				无影响，除非该点用作复飞点		
接地区 RVR	不允许			可临时由中间点 RVR 代替，或使用 VIS 标准		
中间点 RVR	不允许			无影响		
停止端 RVR	不允许			无影响		

如表 2-34 所示是灯光系统故障或降级对着陆最低标准的影响。

表 2-34 灯光系统故障或降级对着陆最低标准的影响

灯光系统故障或降级	对着陆最低标准的影响					
	III 类 A	III 类 B	II 类	I 类	APV	NPA
进近灯	不允许 DH 大于 15 m（50 ft）的运行		不允许	执行无灯光的最低标准		
最靠近跑道的 210 m 之外的进近灯	无影响		不允许	执行无灯光的最低标准		
最靠近跑道的 420 m 之外的进近灯	无影响			执行中等灯光设施的最低标准		
进近灯备用电源	不允许			无影响		
全部跑道灯光系统	不允许			执行昼间无灯光的最低标准；不允许夜间运行		
跑道边灯	仅昼间运行，不允许夜间运行					

续表

灯光系统故障或降级	对着陆最低标准的影响					
	III类A	III类B	II类	I类	APV	NPA
跑道中线灯	不允许	不允许	不允许	使用 HUD、自动驾驶仪或飞行指引仪，无影响；其他情况下，RVR/VIS 不得小于 800 m	无影响	
接地带灯						
跑道灯光备用电源	不允许			无影响		
滑行灯系统	不允许			无影响，除非因滑行速度降低而导致延误		

（2）对起飞标准的影响。

如表 2-35 所示是设备故障或降级对起飞最低标准的影响。

表 2-35　设备故障或降级对起飞最低标准的影响

设备故障或降级	对起飞最低标准的影响
跑道边灯或跑道末端灯	不允许夜间运行
中线灯	RVR 不小于 400 m
接地区 RVR	可临时由跑道中间点 RVR 代替，或由 VIS 代替
中间点 RVR	RVR 不小于 400 m
停止端 RVR	RVR 不小于 200 m

（三）备降机场运行标准

1. 起飞备降场运行标准

如果起飞机场的气象条件低于合格证持有人运行规范中为该机场规定的着陆最低标准，应该选择起飞备降场。备降机场的天气条件和设施适于发动机失效的飞机着陆，飞机还必须至少能爬升至航线最低安全高度，并能保持至起飞备降机场。

在签派或者放行飞机前应当按照下述规定选择起飞备降机场。

（1）对于双发动机的飞机，备降机场与起飞机场的距离不大于飞机使用一发失效的巡航速度在静风条件下飞行 1 h 的距离。

（2）对于装有 3 台或者 3 台以上发动机的飞机，备降机场与起飞机场的距离不大于飞机使用一发失效时的巡航速度在静风条件下飞行 2 h 的距离。

在签派或者放行飞机前，签派或者飞行放行单中应当列出每个必需的起飞备降机场。

备降机场的备降标准是在签派放行飞机时使用的。当飞机遇到备降情况而飞往备降机场进近着陆时，可执行该机场本身的着陆最低标准，无须考虑该机场用作备降机场时的备降最低标准。

2. 目的备降场运行标准

按照仪表飞行规则签派飞机飞行前，应当在签派单上至少为每个目的地机场列出一个备降机场。当目的地机场和第一备降机场的天气条件预报都处于边缘状态时，应当再指定至少一个备降机场。

（1）国内定期载客运行目的备降场运行标准。

在合格证持有人运行规范中，签派或者放行的标准应当在经批准的该机场的最低运行标准上至少增加下列数值，作为该机场用作备降机场时的最低天气标准。

① 对于只有一套进近设施与程序的机场，最低下降高（MDH）或者决断高（DH）增加 120 m（400 ft），能见度增加 1600 m（1 mile ①）。

② 对于具有两套（含）以上非精密进近设施与程序并且能提供不同跑道进近的机场，最低下降高（MDH）增加 60 m（200 ft），能见度增加 800 m（1/2 mile），在两条较低标准的跑道中取较高值。

③ 对于具有两套（含）以上精密进近设施与程序并且能提供不同跑道进近的机场，决断高（DH）增加 60 m（200 ft），能见度增加 800 m（0.5 mile），在两条较低标准的跑道中取较高值。

确定备降场运行标准的步骤如下。

① 当预计机场的某条跑道方向的侧风分量超过某机型的侧风限制时，该跑道方向的进近设施、程序视为不可用，即视为不存在。

② 在考虑风的影响的情况下，根据预计可以使用的仪表进近程序，判断该机场是属于只有一套进近设施与程序的机场，还是具有两套（含）以上非精密进近设施与程序并且能提供不同跑道进近的机场，或是具有两套（含）以上精密进近设施与程序并且能提供不同跑道进近的机场。如果没有预计可用的仪表进近程序，则该机场不是合适的目的地备降机场。

③ 根据确定的目的地备降机场的不同类型，确定该机场的备降最低天气标准。

具体如何应用，可以通过图 2-35～图 2-40 加以说明。

如图 2-35 所示，该跑道只有一套进近设施与程序，该程序可以是 VOR 或 NDB，或目视盘旋或 CATI。所以选择该机场作为备降机场的适用标准是：对于只有一套进近设施与程序的机场，在经批准的该机场的最低运行标准上（MDH/DH）增加 120 m，VIS 增加 1600 m。

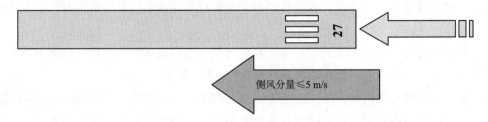

图 2-35　单条跑道（1）（假设 5 m/s 是某机型的侧风上限）

---

① mile，英里，1 mi ≈ 1.6 km。

如图 2-36 所示，该跑道只有一套进近设施与程序，该程序可以是 VOR 或 NDB，或目视盘旋或 CATI。但是侧风分量大于该机型的侧风限制，视为不存在，就不能选择该机场为备降机场。

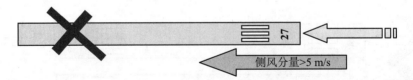

图 2-36　单条跑道（2）（假设 5 m/s 是某机型的侧风上限）

如图 2-37 所示，虽然具有两套（含）以上非精密进近设施与程序，但因为 09 号跑道端侧风超过机型侧风限制，不能提供不同跑道进近的机场。应该按照只有一套进近设施与程序的机场来确定备降标准，MDH/DH 增加 120 m，VIS 增加 1600 m。

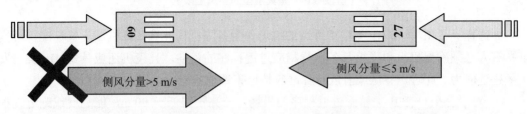

图 2-37　单条跑道两套（含）以上非精密或精密进近设施与程序（1）
（假设 5 m/s 是某机型的侧风上限）

如图 2-38 所示，跑道两端均能提供进近程序，对于具有两套（含）以上非精密或精密进近设施与程序并且能提供不同跑道进近的机场，MDH/DH 增加 60 m，VIS 增加 800 m；在两条较低标准的跑道中取较高值。

图 2-38　单条跑道两套（含）以上非精密或精密进近设施与程序（2）
（假设 5 m/s 是某机型的侧风上限）

图 2-39 中跑道两端均能提供进近程序，两条跑道具有 4 套非精密或精密进近设施与程序，运行标准的 MDH/DH 增加 60 m，VIS 增加 800 m；在两条较低标准的跑道中取较高值。

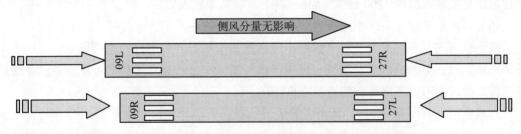

图 2-39　两条跑道两套（含）以上非精密或精密进近设施与程序（1）

图2-40中09R、09L两端因为侧风分量超过限制标准，不能进行起降，两条跑道只有两套非精密或精密进近设施与程序，运行标准的MDH/DH增加60 m，VIS增加800 m；在两条较低标准的跑道中取较高值。

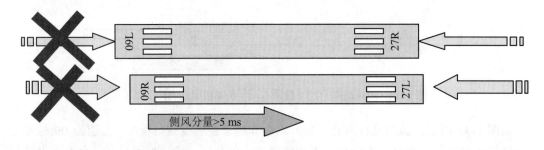

图2-40 两条跑道两套（含）以上非精密或精密进近设施与程序（2）
（假设5 m/s是某机型的侧风上限）

如选择具备Ⅱ类或Ⅲ类精密进近的机场作为备降机场计算备降机场天气标准，合格证持有人必须确保机组和飞机具备执行相应进近程序的资格，且飞机还应具备Ⅲ类一发失效进近能力。此时，签派或者放行标准应按以下数值确定。

① 对于至少一套Ⅱ类精密进近程序的机场，云高不得低于90 m，能见度或跑道视程不得低于1200 m。

② 对于至少一套Ⅲ类精密进近程序的机场，云高不得低于60 m，能见度不得低于800 m，或云高不得低于60 m，跑道视程不得低于550 m。

（2）仪表飞行规则国内定期载客运行不选择目的备降机场的条件。

按照仪表飞行规则签派飞机飞行前，应当在签派单上至少为每个目的地机场列出一个备降机场。当目的地机场和第一备降机场的天气条件预报都处于边缘状态时，应当再指定至少一个备降机场。但是，如果天气实况报告、预报或者两者的组合表明，在飞机预计到达目的地机场时刻前后至少1 h的时间段内，该机场云底高度和能见度符合下列规定并且在每架飞机与签派室之间建立了独立可靠的通信系统进行全程监控，则可以不选择目的地备降机场。

① 机场云底高度至少在公布的最低的仪表进近最低标准中的最低下降高（或者决断高）之上450 m（1500 ft），或者在机场标高之上600 m（2000 ft），取其中较高值。

② 机场能见度至少为4800 m（3 mile），或者高于目的地机场所用仪表进近程序最低的适用能见度最低标准3200 m（2 mile）以上，取其中较大者。

（3）国际定期载客运行不选择目的地备降机场的条件。

按照仪表飞行规则签派飞机飞行前，应当在签派单上为每个目的地机场至少列出一个备降机场。但在下列情形下，如果在每架飞机与签派室之间建立了独立可靠的通信系统进行全程监控，则可以不选择目的地备降机场。

当预定的飞行不超过6 h，且相应的天气实况报告、预报或者两者的组合表明，在预计到达目的地机场时刻前后至少1 h的时间内，目的地机场的天气条件符合下列规定，即机场云底高度符合下列两者之一。

① 如果该机场需要并准许盘旋进近，至少在最低的盘旋进近最低下降高度（MDA）之上 450 m（1500 ft）。

② 至少在公布的最低的仪表进近最低标准中的最低下降高度（MDA）或者决断高度（DA）之上 450 m（1500 ft），或者机场标高之上 600 m（2000 ft），取其中较高者。

机场能见度至少为 4800 m（3 mile），或者高于目的地机场所用仪表进近程序最低的适用能见度最低标准 3200 m（2 mile）以上，取其中较大者。

3. 航路备降场运行标准

对于航路时间超过 120 min 的航线，起飞前应选择航路备降机场，确保在航路上任何一点至可用机场的飞行时间不超过 1 h（以一台发动机停车在静止大气中正常巡航速度飞行），并在签派放行单中列出每个必需的航路备降机场。

在延伸航程运行做飞行计划和签派时，双发延伸航程（ETOPS）航路备降场除了确定作为 ETOPS 备降场的使用条件外，每个备降机场由天气报告、预报或者两者相结合所报告的天气条件在有效期内必须符合以下规定。

（1）单个精密进近：云高 180 m（600 ft）、能见度 3200 m（2 mile），或者云高与能见度分别高于经批准的着陆最低标准 120 m（400 ft）、1600 m（1 mile），以高者为准。

（2）两条或者多条独立的精密进近跑道：云高 120 m（400 ft）、能见度 1600 m（1 mile），或者云高与能见度分别高于经批准的着陆最低标准 60 m（200 ft）、800 m（1/2 mile），以高者为准。

（3）非精密进近（一个或者多个）：云高 240 m（800 ft）、能见度 3200 m（2 mile），或者云高与能见度分别高于经批准的着陆最低标准 120 m（400 ft）、1600 m（1 mile），以高者为准。

二、机组运行标准

如果机长在其驾驶的某型别飞机上按照 CCAR-121 部要求运行未满 100 h，则合格证持有人运行规范中对于正常使用机场、临时使用机场或者加油机场规定的最低下降高（MDH）或者决断高（DH）和着陆能见度最低标准，分别增加 30 m（100 ft）和 800 m（0.5 mile）或者等效的跑道视程（RVR）。对于用作备降机场的机场，最低下降高（MDH）或者决断高（DH）和能见度最低标准无须在适用于这些机场的数值上增加，但是任何时候，着陆最低天气标准不得小于 90 m（300 ft）和 1600 m（1 mile）。

如果该驾驶员在另一型别飞机作为机长在按照本规则实施的运行中至少已飞行 100 h，该机长可以用在本型飞机上按照本规则实施运行中的一次着陆，去取代必需的机长经历 1 h，以减少所要求的 100 h 的机长经历，但取代部分不得超过 50 h。

例 2-11：A320 机长的飞行经历为 120 h，担任 B757 机长的飞行经历时间为 60 h，着陆次数为 12 次，该机长驾驶 B757 执行北京—成都的航班，实施 ILSI 类运行，成都机场的

I 类 ILS 着陆标准为 60 m（DH），VIS800 m，则该机长可执行的最低天气标准是多少？

例 2-12：某机长飞行时间 94 h，其驾驶的飞机的最大 V_{s0} 是 105 节，则在 phoenix sky harbor intl 机场进近的最低天气标准是多少？

（已知该机场的最低天气标准 C 类最低天气标准是 1800 m 或 1.75 mile，B 类最低天气标准是 2000 m 或 2 mile）

三、航空器运行标准

航空器最低天气标准是因航空器不适宜在某些气象条件下飞行而规定的天气限制条件。航空器的最低天气标准是根据机身结构、发动机特性、航行仪表和其他设备的完善程度，由中国民航局统一规定的。

航空器最低天气标准，主要是执行航空器飞行手册的有关规定。但还必须在飞行实践中不断地充实和修改，使之更加符合该型航空器的实际情况。有的时候，一种新的航空器在开始使用时，由于对其性能特点尚不能完全了解和掌握，往往规定一些要求较高的天气标准。随着对该机型性能特点的了解和掌握，可以不断地调整其最低运行天气标准。不同机型，最低运行标准要求不同。下面列举了常见机型 B737、A320 的最低运行标准（部分）。

（一）B737 的部分最低运行标准

（1）跑道上积冰或雪浆超过 13 mm（含）时，禁止飞机起飞。
（2）起飞和着陆的最大顺风分量为 5 m/s。
（3）起飞和着陆的最大正侧风分量（稳定风）按表 2-36 的标准。

表 2-36　B737 起飞和着陆的最大正侧风分量（稳定风）

单位：m/s

道面状况	起飞最大正侧风分量	着陆最大正侧风分量
干	15	15
湿	11	11
积水/雪浆	8	8
干雪	10	10

注：湿跑道：指跑道表面因积水有反光，道面上覆盖水的深度小于或等于 3 mm，并且道面积水不可能产生滑水。
干雪跑道：指道面上覆盖的雪质地疏松，约 0.2 kg/L。

（二）A320 的部分最低运行标准

（1）跑道上积水超过 13 mm（含）或湿雪超过 25 mm（含）或干雪超过 100 mm（含）时，禁止飞机起飞。
（2）起飞和着陆的最大顺风分量为 5 m/s。
（3）起飞和着陆的最大正侧风分量（阵风）为 19 m/s。
（4）起飞和着陆的最大正侧风分量（稳定风）按表 2-37 的标准。

表 2-37 A320 起飞和着陆的最大正侧风分量（稳定风）

跑道刹车效应	跑道摩擦系数	最大正侧风分量/（m/s）		对应道面状况
		起 飞	着 陆	
好	≥0.4	14	16	干、潮或湿（水深少于 3 mm）
好/中	0.39～0.36	14		干、潮或湿（水深少于 3 mm）
中	0.35～0.3	12		雪浆/干雪
中/差	0.29～0.26	10		雪浆/干雪
差	≤0.25	7		干雪/滑水或湿雪
不可靠	NIL	2		滑水或湿雪/打滑风险很高的积冰

注：以上标准同样适用于单发。

思 考 题

1. 简述什么情况下需要选择起飞备降场。
2. 简述机场起飞最低运行标准的表示方法。
3. 简述什么情况下可以不选择目的备降场。
4. 简述新机长最低运行标准的相关规定。

第三章

飞行运行组织

第三章 飞行运行组织

 本章学习目标

- ❖ 掌握飞行组织与实施四个阶段的主要工作内容;
- ❖ 掌握飞行组织与实施的流程;
- ❖ 掌握放行过程中评估的内容;
- ❖ 了解 FOC 软件的功能。

第一节 飞行组织与实施的一般程序

飞行的组织与实施,包括飞行预先准备、飞行直接准备、飞行实施和飞行讲评四个阶段。

航空公司、航务管理机构、机场管理机构、航空油料公司领导应当轮流值班,认真抓好飞行四个阶段的组织领导工作,及时发现、正确解决飞行和飞行保障工作中的问题,遇有复杂情况和重大问题时,必须亲自进行处理。当上述单位之间,遇有影响飞行安全和航班正常的情况时,由航务管理机构的值班领导根据中国民航局和民航地区管理局领导的意图,积极组织协调,保证飞行安全、正常、有秩序地进行。

航空公司的飞行,由航空公司的值班领导通过飞行签派机构具体组织与实施。飞行签派机构的职责如下:

(1) 布置飞行任务,组织飞行的各项保障工作。

(2) 拟订公司航空器的运行计划,向空中交通管制部门提交飞行申请。

(3) 督促检查并帮助机长做好飞行前准备,签发放行航空器的文件。

(4) 及时与空中交通管制、通信、气象、航行情报、机场等单位联系,取得飞行和保障飞行方面的情报。

(5) 向机长提供安全飞行所必需的航行情报资料。

(6) 掌握本公司航空器的飞行动态,采取一切措施保证飞行安全和正常。

(7) 航空器遇到特殊情况时,协助机长正确处置。

(8) 航空器不能按照原定计划飞行时,及时通知有关部门,妥善安排旅客和机组。

中国民航局和民航地区管理局通过各级空中交通管制部门实施空中交通管制,其职责如下:

(1) 防止航空器与航空器相撞。

(2) 防止航空器在机动区域内与障碍物相撞。

(3) 维持空中交通秩序,实施正确管制。

(4) 提供飞行情报服务。

(5) 提供告警服务,向有关单位提出关于航空器需要搜寻援救的通知。

中国民航局总调度室和地区管理局调度室,是中国民航局和地区管理局管理所辖区域内日常飞行的机构。负责对民用航空各部门、各航空公司组织与实施飞行及飞行保障工作进行监督,掌握国际飞行、专机飞行、边境地区飞行、科学实验飞行及其他特殊飞行情况，承办非固定的国际航班飞行的申请和批复。接受并处理民用航空各部门关于航空器发生事故、事故征候及飞行不正常情况和特殊情况的报告。

航务管理机构，负责受理安排申请的飞行计划，提供空中交通管制、航空通信、航空导航、航空气象、航行情报、告警和搜寻援救服务。

机场管理机构根据中国民航局和地区管理局的规定和同航空部门签订的协议，负责提供飞行场道、机坪、灯光以及地面飞行保障设施服务。

航空公司组织本场训（熟）练飞行、试飞等，由公司派出飞行指挥员实施指挥；在同时有航班和训（熟）练飞行时，由空中交通管制员统一实施管制。

航空公司的飞行与组织工作是通过飞行签派机构按照飞行的四个阶段顺序进行的。

一、飞行预先准备

飞行预先准备是组织飞行的重要阶段，每次飞行都应当预先进行充分准备。飞行预先准备的主要内容是：制订次日飞行计划，召开飞行预先准备会议，进行飞行和飞行保障的准备工作并检查落实。

航空公司每日的飞行计划，由飞行签派部门根据班期时刻表和飞行任务的性质、航空器情况和空勤人员的思想、身体、技术等情况制订。制订飞行计划时，应当考虑备份的机组和航空器。飞行计划通常应当于飞行前一日十五时前向空中交通服务报告室提出申请（单独在外执行任务的空勤组由机长提出申请），并且通知有关单位。

各机场的飞行计划，由所在机场的空中交通服务报告室拟订，经航务管理机构领导同意后，向上级和空军航行管制部门申请，并且通知机场管理机构和本航务管理机构的有关部门，由本场始发的飞行计划还应当按规定时间通知沿途空中交通管制部门。紧急任务来不及预先申请时，应当立即向上级报告，并且按照其指示执行。机场管理机构根据空中交通服务报告室通知的飞行计划，应当于飞行前一日，召开飞行预先准备会议，由机场管理机构的值班领导主持，有关部门的领导参加，研究飞行保障工作，解决存在的问题。

航空公司的飞行预先准备会议通常应当于飞行前一日进行，由航空公司值班领导主持，有关部门领导参加。其主要内容是：研究飞行计划，解决飞行工作中存在的问题。

飞行预先准备阶段的飞行签派工作，应当充分准备，预计到可能发生的各种复杂情况，拟定飞行签派方案，保障飞行任务的顺利完成。飞行签派员飞行预先准备阶段主要完成以下工作。

（一）次日航班计划的编制

签派人员应于飞行前一日根据下列情况拟订次日飞行计划。
（1）班期时刻表。
（2）运输部门提出的加班和包机任务。
（3）有关部门布置的专机以及其他飞行任务。
（4）航空器准备情况。

（5）飞行队空勤人员的安排情况。
（6）气象情况、航行通告、航线和机场各种设备保障情况。
（7）有关机场的燃油供应情况。
（8）机长提出的飞行申请。

签派人员拟订的次日飞行计划，应当报请航空公司值班经理审定，经批准后，于飞行前一日 15 时前以飞行申请单形式向空中交通服务报告室提出申请，并通知本公司各有关单位。飞行申请单如表 3-1 所示。

表 3-1　飞行申请单

年　月　日

任务性质	航　线	机　号	起飞时间	机　长	天气标准	空勤组	备降场

编制次日飞行计划，应得到以下信息。
（1）航班正班计划。
（2）加班包机不定期航班计划。
（3）专机飞行计划和其他非营利航班飞行计划。
（4）飞行机组计划、乘务组计划、飞机排班计划。
（5）航班所飞航路、国家的飞越申请批复。
（6）航班所飞机场的使用权的批复。

各种飞行都必须经过批准。航空公司的飞行计划拟订，应当同有关航务管理机构、机场管理机构协调后再申请批准，其批准权限如下。

（1）定期或不定期的国际飞行，超出民航地区管理局所辖范围的定期航班飞行、通用航空飞行，科学试验飞行及其他特殊飞行计划报中国民航局审批。

（2）国内定期航班飞行（包括补班）计划、通用航空飞行，在民航地区管理局所辖范围内的报所在民航地区管理局审批，并报中国民航局备案。

（3）国内不定期飞行（包括加班、包机、公务、调机、航线训练飞行等），由航空公司决定，在民航地区管理局所辖范围内的飞行报民航地区管理局备案；超出民航地区管理局所辖范围的飞行还应报中国民航局备案。

（4）急救、本场的训（熟）练、试飞等飞行由航空公司决定，报民航地区管理局备案。

（5）专机飞行任务由中国民航局直接或者通过民航地区管理局下达给航空公司，专机飞行的组织与实施按专机规定进行。

（6）国境地带飞行、海上飞行、特定地区飞行的批准权限按照上级指示和有关规定执行。

（二）机组排班的确认

航空公司对机组飞行的预先准备应当进行检查，对检查不合格的飞行人员，应当帮助其再次进行准备，只有经过检查证明准备质量良好，方准参加飞行。飞行准备测验是检查飞行人员飞行准备质量的主要方法之一。对新放单飞或者间断飞行、执行重要任务或者通用航空飞行的新项目，以及没有飞过该航线的飞行人员，必须进行测验。测验通常由航空公司的飞行领导干部或其指定的人员进行，也可按照业务性质分工进行。测验方法主要是口试。主持测验的人员，事先应做好充分准备，熟悉问题的正确答案。

（三）飞机的确认

飞行签派员根据飞机排班计划，确认执行航班任务的航空器的航班号和注册号，并与机务人员确认航空器的适航状态。

（四）公司飞行动态的准备

飞行签派室应根据本部门的飞行计划和代理其他航空公司的飞行计划一并填入飞行动态记录表。飞行动态记录表如表3-2所示。

表3-2　飞行动态记录表

年　月　日

序号	任务性质	航班号	飞机号	所属公司	天气标准	航线	备注

二、飞行直接准备阶段

飞行直接准备是在飞行预先准备的基础上，在起飞前所进行的飞行准备工作。飞行直接准备的内容是：研究天气情况、检查飞行前的飞行准备和地面各项保障工作、决定放行航空器。在任何情况下，机组和各飞行保障部门都必须进行飞行直接准备。

（一）航空公司的飞行签派员或其代理人的飞行直接准备

（1）督促检查机长做好飞行直接准备，并且向机长提供安全飞行所必需的航行情报资料。

（2）向空中交通服务报告室申报飞行计划，并了解有关规定，向机场管理机构了解飞行保障情况。

（3）根据起飞机场、航线、着陆机场和备降机场的天气实况、天气预报，与机长共同商定放行航空器，并在飞行放行单上签字。在复杂气象条件下放行航空器时，飞行签派员和机长应当认真分析天气形势，拟定出几种飞行方案。既要严守最低天气标准，又要不放过可飞时机。如果着陆机场天气实况低于机长最低天气标准，而天气预报在航空器预计到达时高于机长最低天气标准；或者，着陆机场天气预报在航空器到达时低于机长最低天气标准，但在起飞前天气实况高于机长最低天气标准，只要有天气稳定可靠的备降机场和携带有足够的备用燃油，可以放行航空器起飞。当飞行签派员与机长对放行航空器意见不一致时，应采用安全程度较高的意见。

（4）着陆机场、备降机场的飞行签派员或其代理人，掌握本场天气演变情况、机场开放或关闭情况，如发现天气有变坏趋势并有可能低于机长的最低天气标准，应及时向机长、起飞机场飞行签派人员提供情况。

（5）如遇飞行延误、取消等不正常情况，通知飞行保障部门、沿途机场及空中交通管制部门。

签派人员应当检查飞行人员是否按规定时间到达现场进行飞行直接准备，并了解准备情况是否合格。签派人员发现机组人员思想和健康状况不适合飞行，应当立即采取必要的措施，决定推迟或者取消飞行，并报告公司值班经理。

签派人员应当根据飞行计划认真研究起飞机场、航路、目的地机场和备降机场的天气实况和天气预报以及各项保障情况，在确认飞行能够安全进行后由签派员和机长共同在飞行放行单上签字放行。

签派人员应当认真计算携带油量和允许的起飞重量，并通知有关部门配载、加油。

在未派设签派员的机场，航空器的放行由航空公司委托的签派代理人负责；或者由公司指定的签派室将经签派员签字的飞行放行电报发给该机场的空中交通管制部门转交机长，并由机长签字放行；也可由公司授权机长负责决定放行。

起飞机场的签派员，应当根据需要与降落机场签派员或其代理人对放行事宜进行协商；降落机场签派员或其代理人如遇机场天气和设备不适航，应及时通知起飞机场签派员或其代理人。

为提高航班正常性，航空公司可以安排签派人员为机组填写飞行计划、领取飞行气象情报、航行情报资料并办理离场手续。

签派人员确认航空器可以放行后，应通知有关部门。

（二）航空公司值班领导的飞行直接准备

（1）了解机组和飞行保障部门的准备情况，当发现有不适于执行该次飞行任务的空勤人员或航空器时，及时更换空勤人员或者航空器，并且督促进行充分准备。

（2）研究起飞、着陆、备降机场以及航线（飞行区域）的天气，听取飞行签派员或其代理人关于放行航空器的情况汇报。因天气原因暂缓放行航空器时，及时与飞行签派员或其代理人、机长共同研究天气，不失时机地放行航空器。

（3）督促做好航班不正常情况下的服务工作。

(三)空中交通服务报告室值班员的飞行直接准备

空中交通服务报告室值班员应当做好以下直接准备。

(1) 研究天气,了解机场道面、设施等情况,向航务管理机构值班领导报告,做出开放或关闭机场的决定,并通知有关部门。

(2) 根据飞行计划,拟定飞行调配方案,并且通知有关单位。

(3) 办理航空器的离场手续。

(四)机组的飞行直接准备

机组进行直接准备的时间,由航空公司根据航空器的型别规定,但到达工作岗位的时间,不得晚于预计起飞前一小时。值班准备的内容包括以下几种。

(1) 研究天气,进行领航准备,按照飞行手册的规定,确定起飞重量。

(2) 研究飞行中气象条件变坏或者发生特殊情况的处置方案。

(3) 取得最新的航行通告摘要,校正航行、通信、导航资料,提交申报飞行计划,再次检查有关飞行证件。

(4) 听取工程机务人员关于航空器准备情况的报告,接收与检查航空器、燃油量。

(5) 检查与了解货物装载情况,办理载运手续。

(6) 检查航空器上服务用品是否配备齐全。

(7) 不迟于航空器预计起飞前 30 min 办理商务、边防、海关手续。

(8) 与飞行签派员或其代理人共同研究并做出能否放行航空器的决定,并且在飞行放行单上签字。

三、飞行实施阶段

飞行实施阶段是飞行四个阶段中保证安全和完成飞行任务的关键阶段。在飞行实施阶段中,应当严格按照飞行计划实施飞行,积极主动地做好空中交通管制和飞行保障工作,完成飞行任务。

在飞行实施阶段,空中和地面必须协同配合。空中交通管制员必须严格执行管制规定,认真考虑空中情况,给机长留有机动处置的余地;机长应当准确地执行空中交通管制员的指令,当执行指令影响飞行安全时,必须立即报告,如果时间来不及,可根据情况采取措施,并将自己的决定报告空中交通管制员。

(一)航空公司值班领导的飞行实施阶段的工作

航空公司值班领导在飞行实施过程中,必须严守值班岗位,认真履行职责,集中精力抓好飞行的组织领导和飞行指挥工作。其主要工作如下。

(1) 了解本公司航空器的飞行情况。

(2) 了解有关机场、航线及备降机场的天气情况,掌握天气演变趋势。

(3) 了解飞行保障工作情况,及时解决存在的问题。

(4) 在复杂气象条件和特殊情况下飞行时，协助机组采取保证安全的措施。

(5) 全面掌握专机和重要任务的飞行情况。

(二) 飞行签派员或其代理人飞行实施阶段的过程

航空公司的飞行签派员或其代理人在飞行实施过程中必须履行如下职责。

(1) 掌握本签派责任区内起飞机场、航线、着陆机场和备降机场的天气演变情况，并及时通知机组。

(2) 掌握本签派责任区域内本公司航空器的飞行动态，并且在本公司使用的陆空通信频率上与航空器保持联络。

(3) 在复杂气象条件和特殊情况下飞行，当飞机不能执行原定飞行计划时，协助机长正确处理。

(4) 与空中交通管制部门和飞行保障部门保持联系，及时通报飞行动态及有关情况。

(5) 及时将航空器起飞时间和预计到达时间以及不正常飞行情况通知有关单位。

(三) 空中交通管制员飞行实施过程中的工作

空中交通管制员在飞行实施过程中必须履行如下职责。

(1) 根据飞行计划、空中和地面情况，调整航空器的飞行顺序和指定的高度层。

(2) 随时掌握空中飞行动态，调配航空器保持规定的安全间隔。

(3) 随时掌握管制区域、航线、起飞机场、着陆机场和备降机场的天气情况。

(4) 适时通知开放和关闭通信、导航及其他飞行保障设施。

(5) 与邻近机场、空中交通管制部门保持密切联系，及时通报飞行动态。

(6) 协助机长正确处置飞行中遇到的特殊情况和复杂天气。

(7) 及时将航空器起飞时间、预计到达时间，以及飞行不正常情况，通知有关单位。

(四) 机组的飞行实施过程的工作

机组在飞行实施过程中，必须严守岗位，履行职责，并且应当遵守如下要求。

(1) 严格执行检查单制度。

(2) 严格按照飞行计划飞行。

(3) 正确使用发动机和机上设备，合理节约燃料。

(4) 由于天气、机械和身体等原因，没有信心继续完成飞行任务时，主动向飞行签派机构和空中交通管制部门报告。

(5) 每次降落后向飞行签派机构报告飞行情况；向工程机务人员反映航空器的工作情况；向航行情报部门反映有关通信导航、机场设施的不正常和变更情况，以便及时查询核实。

机场管理机构的值班领导在飞行实施过程中，应当掌握机场各部门提供飞行保障的工作情况，保持机场良好秩序，及时处理存在的问题。

机组和飞行签派人员在实施飞行中，必须严守最低天气标准。当着陆机场、航线天气低于最低天气标准时，机长应当果断决定航空器返航或者飞往备降机场，并且将决定通知空中交通管制部门和飞行签派机构。如起飞机场、备降机场的天气都低于机长的最低天气标准，或者因燃油不足、机械故障等情况，不能返航或者飞往备降机场时，机长有权选择条件、设施较好的机场着陆。

飞行实施过程中，机组如果有严重违反飞行纪律现象或者发生事故征候时，航空公司值班领导必须立即查明原因，采取措施，情节严重时，可暂停飞行，进行处理。

在飞行实施期间，各飞行保障部门要保证各种设施处于良好状态，按照协议和空中交通管制部门的统一安排，准确及时地完成各项保障工作。

四、飞行讲评阶段

飞行讲评，是飞行的总结提高阶段。通过讲评，对完成任务的情况、飞行安全和质量、飞行组织和实施、各项保障工作，做出正确评价。对于发现的问题，尤其是安全、质量和技术方面的问题，要认真分析原因，总结经验，接受教训，提出措施，以利改进和纠正。对于违反规章制度的人员，应当进行教育或者处理。

飞行讲评，应当做好准备，抓住重点。贯彻领导与群众相结合的方法，实行民主讲评。

机组每次飞行任务结束后，空中交通管制部门和各飞行保障部门每次值班结束后，都应当进行讲评。

航空公司的飞行讲评可与飞行预先准备会议合并进行，由公司值班领导主持，有关部门的领导干部参加。

发生飞行事故、事故征候，必须及时进行讲评，并将情况报告中国民航局和民航地区管理局。

第二节　航班放行一般程序

一、飞行签派放行的种类

（一）集中签派放行

由航空公司总部的运行控制部门对航空器的动态集中管理，统一放行。

（二）区域签派中心放行

为了提高航空公司外站运行的安全水平，航空公司根据航班运行的密集程度，在运行密集的国内的某个地区或某个国家建立若干个区域签派中心，装有必要的通信设备，可以与航空公司总部的运行控制中心和所辖地区各办事处签派员建立便捷的通信联络。

(三)航空器随机签派放行

对于不定期运行的航班或加班、包机飞行如果前往机场没有驻派签派员,并且机场没有合格的签派代理人,则不具备签派放行能力,运行控制中心负责临时派遣签派员随机签派航空器。

(四)航空器异地签派放行

在没有驻派签派员的外站,由指定的运行控制中心负责签派放行航班。飞行签派员按异地签派放行程序执行。

(1)在放行飞机前,负责该航班签派放行的飞行签派员,必须分析航线的天气条件、机场、航路导航设施资料,以及可以获得的其他信息进行签派评估和放行。至少在航班预计起飞前 1 h 30 min 向起飞航站的航务代理或公司驻航站代表拍发放行电报。

(2)航务代理人或公司驻站航站代表收到签派放行电报后负责向当地空管部门申请 FPL,准备签派放行单,连同收集的其他签派放行文件一起递交航班机长。

(3)如果机长对签派放行单有不同意见,可使用公司通信手段与负责签派放行的签派员联系,共同商定放行事宜,按照签派放行单更改程序修改放行单。机长可以调整航班起飞油量,并对油量变化的正确性负责,但必须在飞行任务书上注明调整油量的原因。

二、航班签派放行的顺序

航班签派放行是对执行航班飞机的推出、起飞、落地、到达机位时间的掌握。由运行控制中心运行计划控制席位,负责监控运行管理系统,处理以下事项。

(1)不正常航班的调配。

(2)大量航班延误。

由运控中心运行计划控制席位,在保障飞行安全的前提下,采取合理、经济、快捷的调配方案,以尽快恢复航班秩序为原则进行处置,在同等条件下,航班放行顺序按以下原则执行。

(1)专机、特殊任务。

(2)重要旅客航班。

(3)有宵禁等时间限制的航班。

(4)国际航班。

(5)大型、宽体客机。

(6)基地进出港衔接航班。

(7)航班出港时间顺序。

(8)机位的远近等。

三、航空器签派放行流程

航空器的放行是飞行签派工作中的重要一环，是保证航班正常率的根本，航空器的签派放行评估是对飞行运行各项内容的确认。航空器签派放行按照放行准备、放行评估、放行决策、递交计划、放行讲解和放行监控的流程进行。

（一）放行准备

签派人员应于飞机起行前 1 h 30 min 收集以下情报。
（1）起飞机场、航路、目的地机场和备降机场的天气实况和天气预报。
（2）航空器准备情况。
（3）有关客货情况。
（4）航路、机场设施和空中交通服务情况。
（5）最新航行通告。
（6）影响飞行的其他情况。

（二）放行评估

值班的飞行签派员按照所分配的航班，至少在航班预计起飞时间前两个小时完成下列相关的签派放行评估。

1. 机组适航评估

核查执行机组的人数、执勤时间、健康证明及机组的天气标准，确定机组是否适航，同时还要关注以下几类机长。

（1）新机长。新机长指的是在其驾驶的某型别飞机上作为机长按照 CCAR-121 部运行未满 100 h，放行时，若机长为新机长，要关注运行标准的提高。

（2）外籍机长。近年来，我国航空公司引入了大量的外籍机长。放行的机组如果是外籍机长，则要关注外籍机长在我国境内运行时在航路和机场使用等方面的限制，需在 FPL 增加外籍机长标注。外籍机长运行的限制如下。

① 航路和机场使用的限制。外籍驾驶员可以在国际航路和国际机场实施运行；对于某些经特殊批准的非对外开放航线和机场，飞行机组必须有中国籍机组成员，并负责保管航行资料。

② 汉语通话能力。国内机构安排外籍驾驶员飞行时，如果外籍驾驶员没有汉语通话资格，驾驶员执照上有相关运行限制，则应当保证其机组具有与空中交通管制员、飞行签派员和地面勤务人员进行通信联系的能力。

当缺乏此种能力时，国内机构应当采取下列措施之一。
- 在飞行机组中配一名执照上具有飞行人员 ICAO 英语等级 4 级或以上签注且无汉语通信限制的机组成员。该飞行机组的每个成员应当接受过同一经批准的训练大纲的训练，熟悉驾驶舱资源管理要求和程序，熟悉正常、不正常和应急情况下机组成员职责分工和程序。

- 在航空器上增派通过飞行人员 ICAO 英语等级考试取得 5 级或以上的翻译人员。

③ 运行经历。航空公司应当按照运行规章的要求对外籍驾驶员进行新雇员训练，该训练包括初始、转机型或者复训中的一种，以及应急生存训练等，在建立运行经历后，方可安排其执行与其执照和训练相适合的飞行任务。

④ 航图使用。外籍机长因 JeppFD 还未得到民航局批准，当前阶段必须要用"纸质版"航图，中方飞行员使用 EFB 航图，当两者出现不同时，要以 NAIP 中国航图为准，这时要将 NAIP 中国航图展示给外籍机长看，并翻译给他听。

例如，××月××日郑州全天小雨，空气湿度很大，易于成雾，上午能见度在 1000 m 左右，11:00 之后能见度在 600~800 m 波动。经电话联系郑州气象并经运控中心气象值班员分析，预计郑州全天低能见度，但 RVR 值维持在 550 m 以上没有问题。

ZH××××航班计划起飞时间为 13:40，计划飞行时间 1 h 52 min，加上预计延误，到郑州时间预计为 16:00。考虑到郑州机场 RVR 值比较稳定，周边备降场也在标准以上，决定放行该航班。

当班副驾驶提出机长为外籍飞行员，按杰普逊手册，Ⅰ类 ILS 落地标准为 VIS800M/RVR720M，而中方机长标准为 VIS800M/RVR550M。考虑到郑州 RVR 值的波动，为减少备降的可能性，决定更换为中方机长。最终航班由中方机长执飞，16:45 抵达郑州，安全落地。

（3）二类运行机长。在飞机、机场批准的前提下，运行标准可以降低。

（4）特殊机长资质。根据航空承运人《运行规范》列出的特殊机场，放行时，特殊机场对机长资格也有特殊的要求。

根据 2020 年 4 月 7 日修订下发的《航空承运人特殊机场的分类标准及运行要求》（AC-121-FS-17R2），特殊机场是指由于周围净空（地形、障碍物）、气象条件或飞行程序复杂等因素，要求机长具有特殊资格的机场。

特殊机场的分类标准具有下列一种或多种特征，飞行运行风险较高的机场应作为特殊机场管理。

① 机场净空条件差（地形、障碍物对飞行运行产生较明显的影响）或空域环境复杂，致使飞行程序具有特殊性，导致出现如下情形之一。

- 仪表引导系统（IGS）进近程序或目视盘旋进近程序使用频率较高，在该机场年使用以上程序着陆的航班总数超过在该机场年着陆航班总数的 5%。
- 容易出现下降超限（进近程序的下降梯度/下降率达到飞行程序设计规范规定的该阶段下降的最大值）或容易触发近地告警。
- 飞行程序设计或运行标准偏离规章标准，且影响较大。
- 飞行程序操作难度大。

② 机场当地气象条件复杂（频发的风切变、大侧风或紊乱气流，严重的季节性冻雨和冻雾等）。

③ 机场目视助航设施匮乏。

合格证持有人应当保证，在飞往或者飞离特殊机场的运行中担任机长的驾驶员，应当在前 12 个日历月之内作为飞行机组成员飞过该机场（包括起飞和着陆），或者曾经使用经民航局认可的该机场图形演示设备或者飞行模拟机训练并获得资格。但是，如果机场的云底高度，至少高于最低航路高度（MEA）、最低超障高度（MOCA）或者该机场仪表进近程序规定的其实进近高度最低者之上 300 m（10 001 ft），而且该机场的能见度至少为 4800 m，则进入该机场（包括起飞或者着陆）时，可以不对机长做特殊机场资格要求。

航空承运人应建立一套控制程序，从飞行机组排班到签派放行，确保机长具有该次飞行所涉及机场（包括备降机场）中特殊机场的机长资格。

2. 飞机适航性评估

在每次飞机准备前，飞行签派员和机长应当确认该飞机处于适航状态，并安装有民航局规定的适合于该航线运行的仪表和设备，否则不得签派放行该次飞行。

在每次放行前，飞行签派员检查机务工程部发布的故障保留单（DD 单），了解飞机保留故障的具体情况，以及标注的相关说明。签派员可以查阅该机型的公司的最低设备清单（MEL）和构型偏离清单（CDL）相关条款，确认故障保留时飞机性能限制或重量限制的具体情况，在制订飞行计划和签派放行单时考虑故障保留情况。放行时应使起飞油量、飞行高度、飞机重量等符合限制条件。

若航班放行时，进行的是一些特殊飞行，如航班飞行使用缩小垂直间隔（RVSM）、双发延程飞行（ETOPS）、计划的二次放行、极地飞行和高原/特殊机场，可按照公司特殊运行手册规定的程序进行签派放行，并确定所需记载设备符合特殊运行的适航要求。

3. 天气资料评估

飞行签派员放行前，应当熟悉所飞航路、机场的气象实况报告和预报。查阅相关的资料，确定起飞机场、目的机场和备降场的最低天气标准，即批准的公司运行标准、机场公布的运行标准和飞机性能限制的运行标准三者中的较高值。

责任签派员必须收集到所有可能影响飞行的、可获得的气象实况、预报。确认相应的天气实况报告、预报或两者的组合，表明在签派放行单中所列的每个机场的天气条件，在飞机起飞、航路飞行、预计到达时均处于或高于经批准的最低标准，否则不得签派放行飞机。

（1）分析天气标准。

公司在《运行规范》中明确规定，机长和签派员必须执行公司的运行最低标准。公司的运行最低标准包括起飞机场、着陆机场、备降最低天气标准，目视盘旋进近最低标准，特殊机场和新机长最低标准。公司的运行最低标准不低于民航局为该机场制定的最低运行标准，同时符合《民用航空机场运行最低标准制定与实施》（AC-97-FS-2011-01）的规定。

公司的可用机场列于《运行规范》中，这些机场的最低运行标准可通过公司网站"航行情报"页面查到，如图3-1所示。

图 3-1　机场最低运行标准的查询

（2）危险天气分析。

危险天气是指严重影响飞行的特殊天气现象，主要包括地面大风、低能见度、低云和低空风切变，以及飞机颠簸、飞机积冰和台风（热带风暴及航路或机场区域大面积雷雨）。前 4 类现象是严重影响飞机在机场起落的恶劣天气；后 3 类现象则不但强烈影响飞机的航线飞行，也严重妨碍飞机的起飞、着陆。

针对地面大风、低能见度、低云、低空风切变，获悉上述危险天气的实况或预报后，飞行签派员应：飞行前，严格按照公司的《机场运行标准》进行放行，飞行时间在 90 min 以内的航班应以实况报告的数值为主进行判定，飞行时间在 90 min 以上的航班应以航班着陆前后 1 h 内的预报数值为主进行判定，云高应以大于或等于 5/8 个云量的云高为准，判定天气是否适航，决定是否放行飞机。

危险天气种类如图 3-2 所示。

对于飞机颠簸，飞行签派员应：在放行飞机前，详细了解飞行区域内或航线上产生颠簸的可能性，向机长通报，以免飞机进入强阵性气流地区；在 CFP 中预计颠簸等级达到"6"以上时必须对机组进行提示，如果判定无法飞越或绕过颠簸区，则禁止放行。

对于航路飞机积冰，飞行签派员应：为了预防飞机积冰，飞行前，飞行签派员和机长应详细研究天气，着重了解飞行区域的云、降水和气温分布情况，

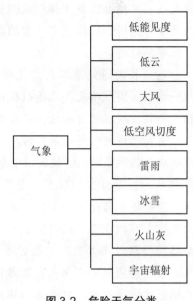

图 3-2　危险天气分类

判明飞行中可能发生积冰的区域,确定绕过积冰区的途径;或者在必须通过积冰区时,选择积冰最弱和通过积冰区时间最短的航线。

(3) 夏季高温条件下的签派放行。

在夏季高温条件下对于一些自重较大的飞机,以及部分高原和存在障碍物的特殊机场需要严格控制飞机的实际允许最大起飞重量或着陆重量。

参照该机型的相应航线分析的限制温度,核对起飞机场的实况和预报温度是否超出限制温度。检查风向确定适用跑道。确定起飞油量后再结合飞机自重,计算出该航班的最大业载。及时将载量限制信息及可采取的措施(如选取较近备降场、加降、密切监控行李重量等)与配载部门、机长进行通报,使预案能够顺利实施。

(4) 雷雨天气的签派放行。

雷雨天气一直以来就是民航运输的大敌,在雷雨频繁的季节,如何有效避免飞机遭遇雷击,在安全的前提下提高正点率,是飞行签派面临的一大难题和挑战。针对每次雷雨的成因、位置、强度、移动方向、影响时间、变化趋势的不同,签派员处理的方式会有一定的区别,但每次的评估过程不会改变,那就是:谨慎分析、及时沟通、按章放行、果断决策。飞行签派员可以根据卫星云图分析云的特征,如水平范围、云高、云厚、云中含水量、云中温度等信息,可以预测降水。浓积云和积雨云会产生较大的阵性降水,有时积雨云还会产生冰雹,层云只降毛毛雨。

例 3-1:

某年 4 月 17 日晚,一片对流天气在福州以西生成,范围大、移动慢、对流强是此次天气的主要特点。即将执行的 XXXX 航班(杭州—厦门),计划航路正好穿过此强对流天气,放行签派员分析研究区域雷达图之后,认为该天气对航路影响较大,需要在正常油量基础上增加绕飞油量。此时,飞机在杭州落地,签派员随即与机长取得联系,重点通报航路天气,并结合天气主体移动趋势,建议机长向西绕飞,借助飞行跟踪系统评估绕飞距离及油量,同时,选择稳定可靠的备降场。一番沟通之后,机组同意放行。

事件经过:

与机长沟通完毕不久,杭州商务电话通知签派员:A 航空公司 YYYY 次航班(杭州—厦门)因航路天气已返航杭州。众所周知,A 航空公司的气象预报水平在国内首屈一指,而且该航班的目的地就是公司的主运行基地,这个消息像阴霾一样笼罩着我们。

当天值班经理得此消息后,立即指示签派员务必提高警惕,务必重新慎重评估 XXXX 次航班。签派员将 A 航航班返航消息通报机长,并建议机长上客等通知,在征得机长的同意后,签派员立即联系空管及 A 航签派询问具体绕飞路径、距离及返航原因,经了解,厦航返航只是一个个例,是机载油量不足所致。综合考虑之后,签派员判定该次航路天气完全可以绕飞。此时,我公司 YYYY 航班(南京—福州)在福州落地,该航班计划航路同样经过那片天气,签派员随即与 YYYY 机长取得联系,了解最新的航路天气情况,重点询问航路绕飞高度及路径,并将所得信息及时向 XXXX 机长反馈。经过短暂而又缜密的沟通过后,机长信心满满,同意正常准备。10:41,XXXX 航班在杭州起飞,成功绕飞航路天气,安全落地厦门。

由上述案例可得到如下结论。

① 航路雷雨天气时，签派员能做的远不止提供更多的备份燃油，他可以通过其他机组了解绕飞方案，可以通过跟气象的沟通了解后续发展趋势，给机组讲解得越清楚，航班航路中备降的可能性就越小。

② 对于已经起飞的航班，如果航路绕飞较多，我们应该及时更改签派放行，选择较近合适备降场，并立即传递给机组，避免机组因油量紧张而在航路中备降。

③ 一个半小时以内的航程建议等雷雨主体移出本场或有明显减弱趋势再安排机组进场，尽量让机组不要在等待中消耗执勤期，尤其是现在机组都面临飞行时间和执勤期紧张的问题，如果发生备降，后面的处置将非常被动。如果机组已经进场就尽量把旅客控制在地面上等待，上完客如果不放行就可能长等待，旅客会在飞机上产生焦躁情绪，给机长和签派员都带来巨大压力，给安全带来很大隐患。

（5）积冰及低温条件下签派放行。

冬季运行时要特别注意积冰或地面低温条件，对于积冰条件的确认需要严格放行标准，确保飞行安全。

① 了解飞机防冰、除冰系统工作是否工作正常，如果工作不正常，则禁止放行飞机。

② 了解所飞机场是否具有除冰、防冰能力，如果没有，则研究天气演变情况，看航班在此机场起飞时是否有结冰条件。例如，华东的宁波、杭州等机场由于没有除冰、防冰能力，如果机场下雪，飞机上就会结冰或积雪，因此要仔细研究天气后再做出是否放行到此类机场的决定。

③ 如果所飞机场及所选备降场正在降雪，则了解机场道面情况，是否具有清雪能力及清雪所需时间。

④ 如果机场跑道全部被雪覆盖，不能目视确认跑道标志或机场关闭，禁止放行飞机。

⑤ 在与机长放行飞机前，提示机长要完成地面冰冻污染物检查，如果机长确认飞机的关键表面存在冰冻污染物，应要求机组及时反馈飞机除冰、防冰工作完成情况，并确保在飞机起飞前飞机关键表面的冰、雪或者霜已经被清除。

⑥ 当航空器进行了除冰/防冰工作后，签派员和机长还应当根据机型的特点和除冰液的特性，充分考虑防冰液污染对起飞性能和失速特性的影响，并采取适当的补偿措施（如减小载重或者提高起飞速度），具体数据应以飞机制造商提供的数据为依据。

例 3-2：

×月×日大连普降小雪，20:00 左右短时性大雨夹雪，持续半小时左右，跑道开始积雪。XXXX 航班盘旋等待，最后在大连机场第一个顺利着陆。

事件经过：

×月×日大连普降小雪，20:00 左右短时性大雨夹雪，持续半小时左右，跑道开始积雪，对航班影响较大，大连机场有 4 个航班返航备降，运行控制中心启动了应急程序。运行控制中心应急小组积极分析，当时风速为 2 m/s，10 号跑道云底高度为 110 m，而 28 号跑道云底高度为 110 m，28 号跑道符合着陆标准，值班签派员立即与塔台建议可否使用 28 号跑道着陆，得到了塔台的同意，但是由于跑道积雪不能着陆，值班签派员又与机场指挥中心联系，跑道需要清除积雪，大约需要 15～20 min，此时 XXXX 航班预计 10 min 到达机场上空，值班签派员监控到飞机油量为 6.9 t，立即向航班机长发布指令："XXXX，目前机场正在除雪，时间大约 15～20 min，飞机此时剩油 6.9 t，建议盘旋等待，使用 28 号跑道着陆。"得到了机长的同意。

为了安全，制定了第二个决策点。值班签派员利用 FE 监控系统随时监控飞机的剩油。

事件经过：

为了安全起见，签派员制定了第二个决策点，当飞机剩油 5.9 t（留有余量）时机场还没有清除完积雪，因此立即飞往备降机场备降，同时安排专人监控北京机场、天津机场、青岛机场地面流量状况，积极协调避免不接收飞机的情况发生。20:49，大连机场清除跑道完成，跑道摩擦系数 0.4，符合着陆标准，最后 XXXX 航班盘旋 25 min 后于 20:58 在大连机场第一个顺利着陆。

签派员掌握了大连机场运行的特点，制定了应付各种复杂气象条件的处置预案，在不断总结中积累了处置不正常情况的先进经验。

4. 航行通告的评估

每一次飞行放行前，签派员要独立研究本次飞行涉及机场、区域的航行通告，从中分析影响本次飞行运行的各项因素，并将这些信息及时、准确地向飞行机组通报，通报的形式如下：利用公司可用的通信方式向责任机长通报，这些方式有电话、传真、VHF、HF、ACARS 等。

签派员监控到对责任航班飞行有影响的航行通告信息后应着重分析以下情况，但不仅限于这些情况。

（1）部队活动等导致航路临时变更，应分析其对燃油（加注及消耗）计划的影响，并在制作飞行计划时进行调整。

（2）雪情通告、降雨等导致道面湿滑而致起降距离加长，尤其刹车效应降低，则应计算是否减载。

（3）机场地面导航设施不工作，可能需要提高公司在该机场的运行最低标准。

（4）燃油供应短缺，可能需要加注下一航程燃油量或多带燃油而导致业载减少。

（5）电源车、气源车等特种车辆不工作，此种情况在飞机 APU 不工作时尤其要注意，以避免由此而导致的航班不正常。

（6）跑道可用长度发生变化，签派员均要分析其对载量的影响。

（7）无论何种原因导致机场关闭，签派员不得放行航班至关闭机场或选其为备降场，除非该机场已开放使用，等等。

（8）航路上的导航设备是否可以满足运行要求。

航行通告查询示意图如图 3-3 所示。

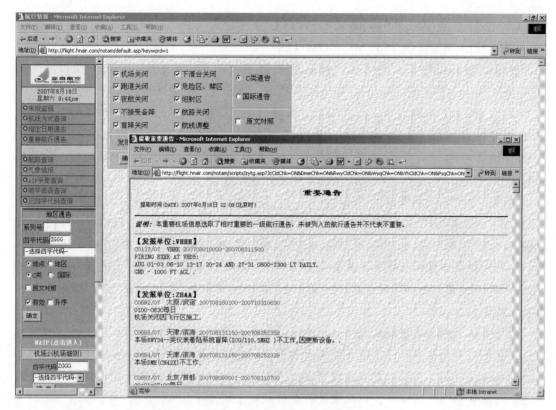

图 3-3　航行通告查询示意图

例 3-3：

签派员评估 XX 乌鲁木齐—阿什哈巴德航班起飞时间为 22:35。机场实况好，但由于关闭一条跑道，另一条跑道一头盲降关闭，且落地标准为 5400 m，需考虑风向、风速、能见度的影响。

事件经过：

阿什哈巴德天气：

METAR UTAA 161100Z 09009G15MPS 9999 SKC 31/03 Q1008 NOSIG=

METAR UTAA 161200Z 10009MPS 9999 SKC 31/04 Q1007 NOSIG=

TAF UTAA 161030Z 161224 10010MPS 5000 SCT030 530005 TEMPO 1612/1615 09010G15MPS 2000 BLDU BECMG 1618/1620 20005MPS=

从 19:00—20:00 实况可以看出，机场阵风风速减小，能见度 9999，且碧空无云，天气非常好。

机场运行相关通告：

阿什哈巴德机场原有两条跑道，其中 12R/30L 一直处于关闭状态

O0083/13 UTAA 201304120700-201312312359

RWY 12R/30L CLSD, AVBL FOR ACFT TAXIING AND TOWING ONLY ON SEGMENT BETWEEN TWY 4 AND TWY G.

放行签派员在检查相应通告时，发现新增另一条跑道盲降关闭通告：

O0272/13 UTAA 201309160000-201312152359
RWY 12L：ILS (LOC, GP, MKR, OM) U/S.

根据机场天气判断，实况显示能见度大于 10 km，风向 100°9 m/s，预报主体为 100°风 10 m/s，能见度 5 km，需使用 12L 跑道，执行非精密进近程序落地。

由于 XX 航班航程较长，预计飞行时间近 4 h，落地时间预计为 02:30 左右。放行此航班时需要以预报天气为主，实况为参考。根据阿什哈巴德机场预报显示 BECMG 1618/1620 20005MPS，预计凌晨 02:00—04:00 有风向转变为 200°5 m/s 的趋势。如果风向转变为 200°，则可以使用 30R 跑道盲降进行落地。

然而，新的机场预报出现变化：

TAF UTAA 161330Z 161503 10008MPS 5000 SCT050 530005 TEMPO 1615/1618 10007G12MPS TEMPO 1618/1623 20006MPS 3000 HZ BECMG 1623/1624 30009MPS=

机场预报主体风向及能见度基本未发生更改，航班落地时需要使用 12L 号跑道，执行 NDB 程序，能见度不够落地标准。只是在凌晨 02:00—07:00 短时出现 200°风的转变，且能见度降为 3 km。

签派员认为根据公司规定、手册的要求，航班在预计落地时间内，机场天气不够落地标准，很有可能由于风向、风速、能见度的影响，造成航班无法落地备降的情况。

此航班为夜间飞行，如延误至凌晨四五点起飞，机组可能在这段时间内得不到良好的休息，可能会影响飞行安全，因此决定将航班延误至次日早晨 08:30。

由上述案例可知，签派员放行严格按照流程，及时阅读检查航行通告信息；结合天气、通告、航班预达时间做出综合正确的判断。

5. 机载燃油评估

每次航班起飞前，签派员和机长必须确认飞机装载的燃油量足以完成计划航段、航线机动，以及计划的备降航段、等待航线的耗油量。如果机长认为签派员提供的飞行计划与实际飞行条件有偏差，可与飞行签派员协商，在规定油量的基础上适当增加额外燃油。

根据 CCAR-121 部规定，飞机必须携带足够的可用燃油以安全完成计划的飞行并从计划的飞行中备降。飞行前，对所需可用燃油的计算必须包括如下几类。

（1）滑行燃油：起飞前预计消耗的燃油量。

（2）航程燃油：考虑到运行条件，允许飞机从起飞机场或从重新签派或放行点飞到目的地机场着陆所需的燃油量。

（3）不可预期燃油：为补偿不可预见因素所需的燃油量。根据航程燃油方案使用的燃油消耗率计算。它占计划航程燃油 10%的燃油量，但在任何情况下不得低于以等待速度在目的地机场上空 450 m（1500 ft）高度上在标准条件下飞行 15 min 所需的燃油量。

（4）备降燃油：飞机有所需的燃油以便能够。

① 在目的地机场复飞。

② 爬升到预定的巡航高度。

③ 沿预定航路飞行。

④ 下降到开始预期进近的一个点。

⑤ 在放行单列出的目的地的最远备降机场进近并着陆。

（5）最后储备燃油：最后储备燃油指的是对于某次飞行，在指定目的地备降机场时，使用到达目的地备降机场的预计着陆重量计算得出的燃油量；或者未指定目的地备降机场时，按照到达目的地机场的预计着陆重量计算得出的燃油量。

① 对于活塞式发动机飞机，以等待速度在机场上空 450 m（1500 ft）高度上在标准条件下飞行 45 min 所需的油量。

② 对于涡轮发动机飞机，以等待速度在机场上空 450 m（1500 ft）高度上在标准条件下飞行 30 min 所需的油量。

（6）酌情携带的燃油。

放行前，应根据天气预报和机场天气实况，确定额外油量。根据机场和空域的繁忙程度，确定增加地面滑行事件或空中等待时间所需的油量。

CCAR-121 部对燃油政策做了很大的修改，其中"121.555 条飞行中的燃油管理"就是修订条款之一，该条款明确了机长在飞行中，对机上燃油监控检查和管理的要求，也对"最低油量"和"燃油紧急状况"的宣布时机进行了明确。

① 机长必须随时确保机上剩余可用燃油量，不低于飞往可以安全着陆的机场的所需油量与计划最后储备油量之和。

② 如果飞行中燃油检查的结果表明，在目的地机场着陆时的机载剩余可用燃油量可能低于备降油量与计划最后储备燃油量之和时，机长必须评估目的地机场、备降机场与航路的空中交通情况和天气趋势、导航设备开放状况等运行条件，以确保安全着陆时的机载剩余可用燃油量不低于最后储备燃油量。

③ 决定在某一特定机场着陆时，如经计算表明对飞往该机场现行许可的任何改变会导致着陆时的机载剩余可用燃油量低于计划最后储备燃油量时，机长必须通过宣布"最低油量"或"MINI MUM FUEL"向空中交通管制部门通知最低油量状态，并通知飞行签派员。

④ 宣布"最低油量"是通知空中交通管制部门对现行许可的任何改变会导致使用低于签派的最后储备燃油着陆。这并非指紧急状况，仅表示如果再出现不适当耽搁很可能发生紧急状况。

⑤ 当预计在距离最近的能安全着陆的合适机场着陆时的机载剩余可用燃油量低于计划最后储备燃油量时，机长必须通过广播"MAYDAY MAYDAY MAYDAY FUEL"宣布燃油紧急状况。

最后储备燃油量的具体数值非常重要，是宣布"最低油量"和"燃油紧急状况"的阈值，根据目前有些航空公司《运行手册》规定：A320 机型参考值为 1.3 t，A321 机型参考值为 1.6 t。

6. 航班业载评估

飞机的配载控制主要是要确保飞机的重量与重心均在经民航局审定的安全范围内，由公司配载平衡控制机构或其代理人实施，计算结果以配载平衡图或电子舱单形式交由机长审核、签收。为保证飞行安全，签派员也应根据公司提供的有效手段对配载信息进行监控。

飞行签派员至少在航班预计起飞前两小时，获得载重平衡人员通报的预计无油重量，以此为依据制作飞行计划，并将该航班的起飞油量、航线耗油和业载限制通知载重平衡人员。当航班出现业载限制时，签派放行席位应对其影响因素进行分析，可采取合理手段进行处理，如果仍然减载，应将减载情况通报机长和载重平衡部门。

对于特定季节某些机场（如夏季高温高原、障碍物限制严重的机场等）可能因机型性能限制，飞机的业载能力下降，此时签派员还应向相关配载保障单位发布当次航班的最大起飞重量数据供配载单位据以控制，若可能发生临时减载运行时，必须及早协调相关保障单位准备、实施，避免由此造成的不利影响。

对于特定航班，飞机的干使用重量、油量相对固定，但载量的变化会影响燃油的消耗，进而影响飞机的实际重量，因此与之相关的运行保障人员（包括配载、值机、货物装载及控制、飞行机组）均有责任和义务监控载量的变化，及时通报当地配载单位以修正舱单或通报签派员以修正飞行计划。当航班的实际业载与预计业载相差超过以下数值时，相关运行保障人员必须将实际航班业载情况反馈给责任签派员，由其根据最新载量信息重新制作计算机飞行计划，并将重新计算的油量数据和业载信息通报给相关配载单位。

（1）B737 机型：航班实际业载比预计业载多出在 2000 lb（含）以上或实际燃油添加量超过签派放行油量 500 lb（含）以上。

（2）B767 机型：航班实际业载比预计业载多出在 1500 kg（含）以上或实际燃油添加量超过签派放行油量 500 kg（含）以上。

（3）A330 机型：航班实际业载比预计业载多出在 1500 kg（含）以上或实际燃油添加量超过签派放行油量 500 kg（含）以上。

（4）B787 机型：航班实际业载比预计业载多出在 1500 kg（含）以上或实际燃油添加量超过签派放行油量 500 kg（含）以上。

7. 机场的评估

机场的分析主要是对其道面情况及综合保障能力的分析，道面情况主要是在湿滑/污染情况下对载量的影响；机场的综合保障能力涉及机务、签派、商务、配载等的保障能力，这对于新开航的机场更显重要，必要时需公司派员跟机保障。

8. 空中交通管制限制的分析、评估

空中交通管制人员对公司机型特性的掌握程度会影响其在实施管制服务时能否恰如其分地进行（如流量控制、机动飞行、飞行间隔及高度的调配等），这也会导致燃油计划的变更，此种情况在繁忙机场大面积延误后往往导致长时间流量控制，若不在签派放行时予以充分重视，可能会导致燃油不足或临时备降情况的发生。

飞行签派员完成上述评估内容后，对航班是否放行做出相应的决策。

（三）放行决策

签派员在完成放行评估后，认为该次飞行各项条件均符合公司的运行标准和要求，方可做出放行许可。当放行评估中存在不符合公司的运行标准要求时，签派员应做出延误或取消该次飞行的决定。

凡遇有以下情况之一者，禁止放行飞行。

（1）起飞前未得到飞行签派员的明确批准或飞行计划未得到管制部门批准。
（2）起飞前未得到有关国家飞越批准或落地许可。
（3）机组成员不齐，或者由于技术、健康等原因不适于飞行。
（4）机组人员尚未完成飞行准备，或飞行准备质量不符合要求；未制定防止劫持飞机的预案。
（5）机组人员未携带必备的飞行文件及未按规定携带有关文书、证件、资料和用具。
（6）飞机上未按规定配备有关的飞机文件、手册和其他飞行资料。
（7）飞行人员未校对本次飞行所需的航行情报资料。
（8）飞机设备有影响飞行安全的故障或飞机设备低于最低设备清单规定。
（9）有霜、雪或冰附着在飞机机翼、操纵面、螺旋桨、发动机进气口或其他重要表面上或者未按照公司地面除冰/防冰大纲要求进行除冰/防冰。
（10）航线、机场的地面通信、导航以及其他保障设备发生故障，不能保证安全飞行。
（11）飞机装载和乘载不符合规定。
（12）飞机未按规定携带足够燃油。
（13）天气条件低于机场、机长或飞机的最低标准与限制，天气情况危及本次飞行安全。
（14）不能保持在航路最低安全高度以上飞行。
（15）在禁区内、危险区、限制区和机场宵禁的有效时间内。

（四）递交计划

签派员做出放行许可后，应签发签派放行单，并向机长提供规定的所有飞行资料、（计算机）飞行计划和签派放行单。

提交领航计划报签派员在完成签派放行后，应不晚于飞机预计起飞前 45 min 向当地空管部门提交该次飞行的领航计划报。

（五）放行讲解

为提高飞行机组对影响飞行运行的重要信息重视程度，尽量避免出现人为差错，在签派放行准备与实施过程中，签派员应当以口头或书面形式向机组进行飞行前简介，包括如下内容。

（1）当起飞机场/目的地机场/备降机场的天气条件处于最低运行标准边缘或影响正常运行或重要天气现象时。
（2）由于运行条件或其他影响，造成放行油量和正常公司燃油政策计算有偏差时。
（3）在重要天气预报和重要天气图中表明的颠簸区或积冰区对航班运行有影响时。

（4）放行的飞机有故障保留时。

（5）PIB 中有关影响航班正常运行（例如航路临时调整）等信息。

（6）航班发生调整，飞机进行了调换。

（7）所飞机场及其备降机场、航路及其备降机场的重要航行通告（航行通告席位已概括为"公司运行通告"，可据以简介）。

（8）影响签派放行的飞机故障保留情况（尤其涉及飞机重量、油量、飞行高度变化的故障信息）。

（9）签派员认为重要的其他信息。

以上要点在签派放行单中可使用明语标明。在外站出港航班可采用电话、ACARS、放行单备注等方式完成放行前的简介。

（六）放行监控

放行结束后，在航班起飞前，签派员应时刻关注航班放行条件的变化，当条件不再满足放行要求时可以更改放行决策，可以避免不必要的航班返航、备降，降低航空公司的运行成本。

例 3-4：

某航××97 航班，执飞石家庄—呼和浩特航段，航班 16:42 放行完毕。

18:33 航班起飞。

19:00 交接给下一个班组。

19:32 ACARS 机组报呼和浩特大风，且雷雨，返航石家庄。ACARS 原文：DUE TO ZBHH WIND STRONG 20M BACK ZBSJ

19:33 签派员报告 AOC 值班经理航班返航。

19:34 签派员致电石家庄站调，告知返航信息。

19:35 签派员通知 AOC 各席位，××97 航班返航石家庄。

19:36 签派员致电呼和浩特机场预报，了解大风是由于雷雨突发引起的，持续到 20:00，基本消散。

20:10 签派员致电呼和浩特机场预报，雷雨在 20:50 会接近消散，不会再次出现大风。

20:11 重新签派放行，由于石家庄天气不够备降标准，备降场更换为 ZBTJ。

TAF AMD ZBSJ 231211Z 231221 06004MPS 1400 FU NSC TEMPO 1215 -TSRA SCT030CB=

20:15 返航落地。

20:16 报告 AOC 值班经理航班落地。

20:25 与机组通话，进行放行确认，备降场改选 ZBTJ 多加 500KGS 额外油。

20:26 与机组确认，航班补完油可以正常起飞。

20:27 将该信息告知 AOC 各席位。

METAR ZBHH 231230Z 18004MPS 9999 -SHRA SCT040 SCT040CB 17/15 Q1005 RETS NOSIG=

20:42　航班关舱。

20:57　航班起飞。

METAR ZBHH 231300Z 28002MPS 9999 -SHRA SCT040 SCT040CB 18/15 Q1005 NOSIG=

21:48　航班落地。

放行时预报：

TAF ZBHH 230731Z 230918 24005MPS 9999 -TSRA SCT040CB FEW040 BECMG 1112 32004MPS 4000 -SHRA FEW040CB SCT040

这时结合预报与实况，航班可以放行。

18:20，航班还未起飞，但是就雷达图来看，大片的回波已经东移，覆盖呼和浩特。此时应该立刻与机组沟通，并与预报了解雷雨发展趋势，并且可以选择多加油，告知机组，在油量许可的情况下，机组可以在空中等待些许时间。

机组返航决定时间为19:32，返航落地时间为20:15。

根据实况天气，20:00时呼和浩特的大风已明显减小，天气有所好转。但是机组并未等待，直接返航石家庄，只要机组多等待25 min，航班或许就可以落地。

由上述案例可知，航班放行后应对放行条件进行持续监控，尤其是雷雨天气下的签派放行。因为雷雨的演变趋势很快，而且伴随各种恶劣天气要素。该航班如果能在放行完毕后持续关注，在航班起飞前适当提醒机组可以盘旋等待或者稍微压一压起飞时间，或许就能正常落地。

第三节　航班放行实例

随着航空公司运行规模的不断扩大，各公司都建立了"飞行运行控制中心"以便于集中签派放行。航空公司运行中心（AOC）或运行控制中心（OCC）根据自己公司运行规模和特点分别建立了"飞行运行控制系统（FOC）""系统运行控制（SOC）"或"运行管理信息系统（OMIS）"。飞行签派员通过FOC系统或SOC系统实现航班的放行与监控。

一、FOC系统

目前，各航空公司的FOC系统均有所不同，但总体上所包括的内容基本上是一致的。图3-4描述了航空公司FOC系统的总体结构。航空公司通过FOC系统的建设，基本上可以实现运行管理的自动化、规范化和信息化。

FOC系统功能主要包括航班管理、飞行签派、飞机数据管理、航行情报处理、报文处理、订座/离港信息采集、气象信息处理、运营分析、通用查询、Internet查询、系统管理、飞行计划、配载平衡、飞行跟踪系统和应急备份系统等。

航班管理主要包括航班时刻表生成、航班时刻表管理、航班计划管理和飞机排班等模块。

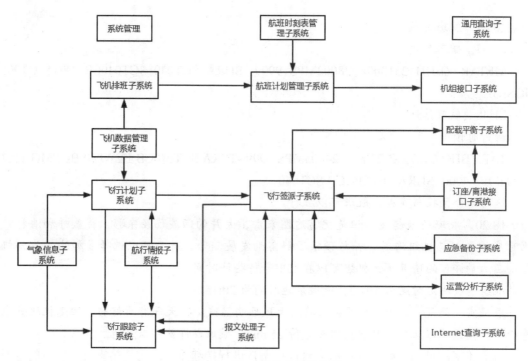

图 3-4 FOC 系统总体结构图

飞行签派主要包括动态管理、飞行计划管理、放行评估和动态监控。

现场指挥子系统以各种方式监控各航班的进出港状况及地面服务状况，协调各地面保障单位的工作，具体包括现场监控功能、保障部门信息汇报功能、现场催办功能、对各地面保障部门工作结果进行讲评功能。

配载平衡包括配载计算静态数据管理，货邮行数据获取，预配载及装机单生成，预配载数据上行离港，LDM、CPM 报文生成和最后几分钟修正等。

飞机数据管理主要包括飞机/机型基本数据管理、DD 单管理、各机型与重量相关的 MEL/CDL 数据管理和飞机性能数据管理。

航行情报处理主要包括机场管理、导航数据和公司航线数据管理、情报区数据管理、限制区数据管理、RGS 地面站管理、航行通告管理和公司通告管理。

报文处理包括自动接收、拆分和发送通过 SITA/AFTN 电报网络交换的各种报文。

气象信息处理主要包括气象报文处理、机场实况/预报数据处理、RVR 数据处理、卫星云图处理、全球高空风数据处理、气象结合飞行跟踪的使用等。

二、FOC 系统正常放行航班实例

（一）航班选择

首先进入 FOC 系统的主界面，找到放行模块（以成都到拉萨的航班为例）。在 FOC 系统中进行航班选择，如图 3-5 所示。

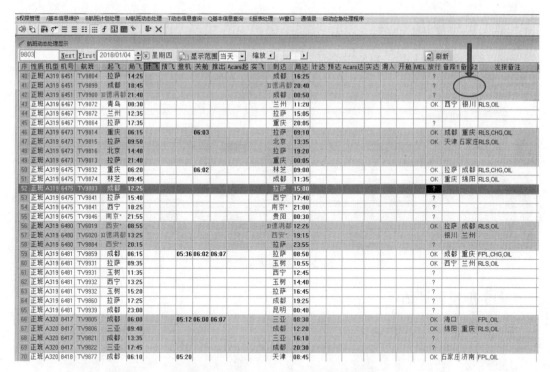

图 3-5　在 FOC 系统中进行航班选择

（二）旅行评估

点击要放行的航班,然后进入放行评估界面。在图 3-6 中的显示界面中可以看出,没有评估的项目呈暗色,此时可逐项进行评估。

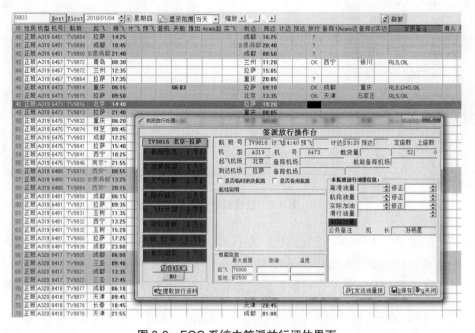

图 3-6　FOC 系统中签派放行评估界面

（三）机组评估

评估飞行机组的人数、机组的资质、特殊机长的资质，如图 3-7 所示。

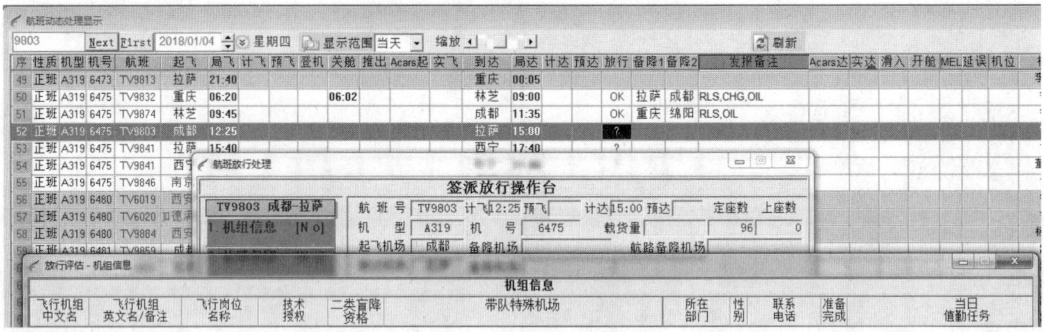

图 3-7　机组评估界面

（四）航空器评估

航空器评估界面如图 3-8 所示。

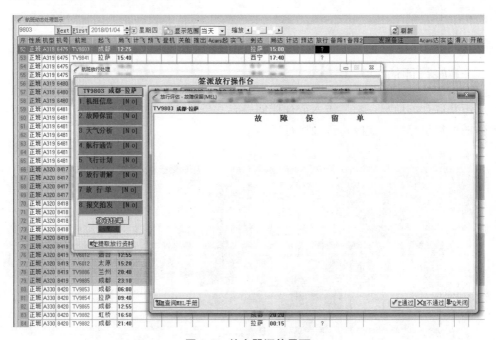

图 3-8　航空器评估界面

主要对航空器的故障情况进行 MEL 和 CDL 评估。点击航班号，查看该飞机是否有 DD 单（见图 3-9），如果该航空器有 DD 单，查询 DD 单上的主要信息及详细信息，查看飞行限制条件。假定 DD 单不会对放行构成影响，则关闭 DD 单信息窗口，进入主界面。

第三章　飞行运行组织

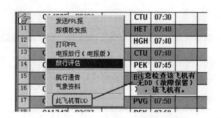

图 3-9　放行 DD 单检查界面

（五）天气条件分析

首先查看起飞机场的天气报文，符合起飞最低标准的话再分析目的机场的气象条件。若起飞机场天气情况处于临界状态，则需要选择起飞机场备降场。然后在列表中选择目的备降场、航路备降场，如图 3-10 所示。

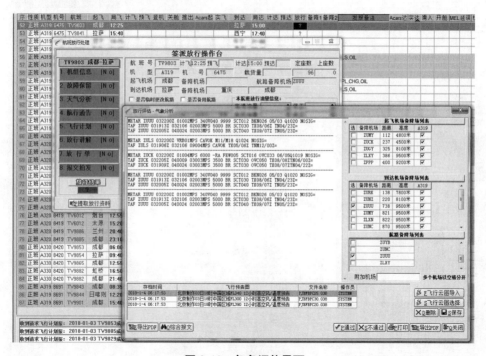

图 3-10　气象评估界面

假定起飞、目的、备降机场均符合运行标准，则对气象信息进行评估，导入气象云图，如图 3-11 所示。

假定起飞、目的、备降机场、天气条件均符合运行标准，则单击"航行通告评估"，对航行通告进行评估。

（六）航行通告评估

对起飞机场、目的机场、备降机场及航路的航行通告分别进行评估，如图 3-12 所示，分析是否有影响放行航班正常运行的因素存在。

飞行组织运行与管理

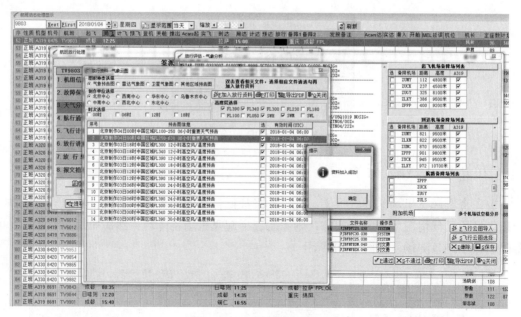

图 3-11　气象云图导入界面

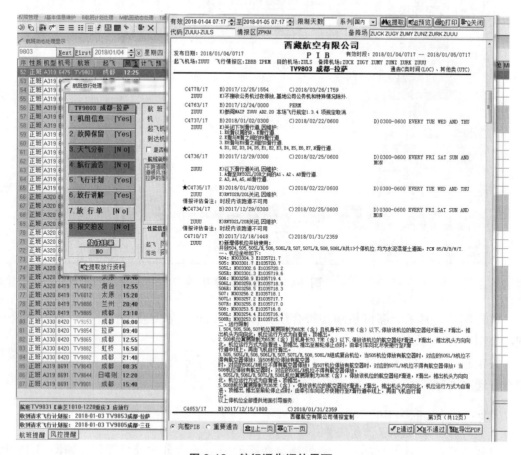

图 3-12　航行通告评估界面

（七）飞行计划

假定航线上的通告对航班运行无影响，则继续单击"飞行计划"，出现如图 3-13 所示的操作框。

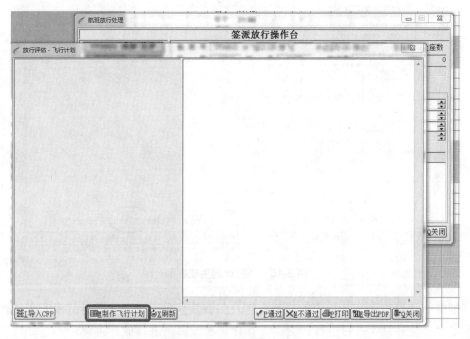

图 3-13　飞行计划操作界面

单击"制作飞行计划"按钮，如图 3-14 所示。

图 3-14　飞行计划参数填写界面

单击"数据下载"按钮，业载等相关数据会自动显示，然后填写备降场等信息，单击"制作计划"按钮即生成计算机飞行计划，如图 3-15 所示。

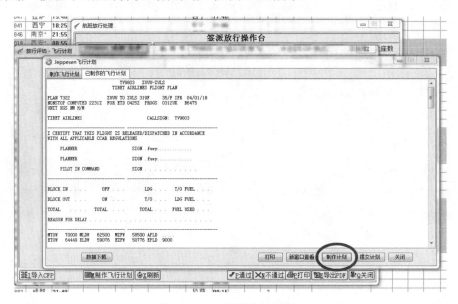

图 3-15　飞行计划生成界面

仔细核对计算机飞行计划中的相关数据及关键性信息，确定飞行计划没有差错的情况下，单击"提交计划"按钮进行提交。飞行计划通过后，进行放行讲解。

（八）放行讲解

按照前面介绍的放行讲解的内容进行编辑，如图 3-16 所示。单击通过后，输入的讲解内容自动嵌入到放行单或 RLS 报文，生成放行单。

图 3-16　放行讲解界面

（九）生成放行单

如图 3-17 所示是放行单界面。

图 3-17　放行单界面

（十）发送 FPL/RLS 和 OIL 报文

报文发送界面如图 3-18 所示。

图 3-18　报文发送界面

思 考 题

1. 简述飞行签派放行流程。
2. 简述飞行签派放行评估的内容。
3. 简述对机组人员的重点评估内容。
4. 简述飞行签派放行的类别。
5. 简述放行讲解的内容。

第四章

航班运行监控

本章学习目标

- 掌握航班运行监控的内容；
- 掌握国内、国际定期航班的运行监控和补充运行监控的区别；
- 掌握飞行签派员运行监控的职责；
- 掌握航班运行监控系统的要素；
- 掌握 ACARS 报文。

随着民航事业的飞速发展，各航空公司机队规模不断扩大，航线遍布全球。为了确保飞行安全、提高经济效益，航空公司的签派人员应能实时监控飞机动态，了解航空器的运行情况，做出正确决断，并能及时将该决断通知飞行中的机组。飞行签派工作的重要组成部分，放行签派员必须监控其责任区内每次飞行的进展，包括每次飞行的燃油情况、待飞时间、目的地机场及备降机场的天气变化趋势、航路风和天气（包括飞行员的报告）、机场和导航设备的状况以及在飞行中出现意外情况时，协助机长选择最佳处置方案等。

飞行签派员在制订合适飞行计划的基础上，还需要考虑天气、航行情报、运行限制等诸多因素进行飞机放行；同时，需要监控负责航班的整个飞行阶段，随时掌握可能涉及航班运行安全的诸多信息；如果出现航班延误、飞行器故障、恶劣天气等不正常情况，飞行签派员需要及时准确地对航班进行调整优化。

第一节 航班运行监控概述

一、航班运行监控法规要求

在国际上，ICAO 附件 6《航空器运行》中要求签派员要以适当的方法向飞行中的机长提供安全飞行所需资料，并且在出现紧急情况时机长也应将相关信息通知飞行签派员。美国 FAA Order 8900.1 要求签派员必须监控在其控制下的每一次飞行的进展，直到飞机着陆。EASA（欧洲航空安全局）在《修订关于飞行记录器、水下定位装置和飞机追踪系统的第 965/2012 号条例》中要求航空公司在 2018 年 12 月 16 日之前建立和维持一个飞机追踪系统，对最大起飞重量超过 27 t 或旅客座位数超过 19 座的飞机从起飞到着陆的飞行情况进行跟踪监控。此外，加拿大交通部在《加拿大航空条例》（CAR7-725）中，要求签派对影响飞行运行的要素进行监控，允许飞行放行和运行监控职能分离，还对机组主动报告方式和时机做出了规定，目的是通过监控及时发现空中航班的不正常情况，并加强地空联系，为机组提供更好的地面支持。

航班运行监控是运行控制的重要组成部分，是指合格证持有人使用用于飞行运行监控的系统和程序，实时自动获取航班运行情况、飞机状态等信息，发现影响安全的不正常情况进行报告和处置的过程。

（一）国内、国际定期航班的航班监控

根据 CCAR-121 部 E 章、F 章要求，航空公司按照《运行总手册》中的政策、程序和标准，规定了对每次飞行所实施的签派放行及飞行监控的程序。

CCAR-121 部 E 章第 121.97 条"通信设施"中明确规定：除特殊批准外，针对合格证持有人的所有航空器运行，每架航空器与签派员之间的通信监控系统应当是空中交通管制通信系统以外的独立系统。签派员必须利用各种通信手段或其他方法对负责航班实施有效监控，及时了解航班的运行动态。

第 121.625 条规定了国内、国际定期载客运行中飞行签派员向机长的通告。

（1）在开始飞行之前，飞行签派员应当向机长提供可能影响该次飞行安全的机场条件和导航设施不正常等方面的所有现行可得的报告或者信息，并且应当向机长提供可能影响该次飞行安全的每一所飞航路和机场的所有可得的天气实况报告和天气预报，包括晴空颠簸、雷暴、低空风切变等危险天气现象。

（2）在飞行期间，飞行签派员应当及时向机长提供可能影响该次飞行安全的天气条件，包括晴空颠簸、雷暴、低空风切变等危险天气现象和有关设施、服务不正常的任何可以获得的补充信息。

因此，完成航班签派放行后，放行签派员仍需要关注下述因素的变化。

（1）天气条件：主要监控起飞机场、目的地机场以及备降场的天气实况或预报中出现的恶劣天气或标准边缘天气，如雷雨、降雪、大风、云高、能见度、跑道视程在标准边缘波动或者低于标准等。

（2）机场、航路保障情况：主要监控临时新增的对航班飞行有影响的相关通告，如机场关闭、机场不接受备降、航路禁航等。

（3）飞机状况：主要监控飞机的实时动态及新增故障等信息。

（4）其他影响飞行安全的信息。

（二）补充运行的航班监控

实施补充运行的合格证持有人应当证明以下几点。

（1）具有飞行跟踪系统，该系统根据所实施的运行可以对每次飞行进行有效的跟踪。

（2）飞行跟踪中心应当设在适用于对下列情况实施飞行跟踪的位置。

① 确保对每次飞行的始发机场和目的地机场的飞行进程进行适当的监控，包括对中途停留机场和改航备降机场飞行进程的监控，以及对在这些机场所需的维修或者机械延误进行适当的监控。

② 确保机长能够得到安全飞行必需的所有资料。

（3）实施补充运行的合格证持有人可以使用非所属人员提供的飞行跟踪设施，但在这种情况下，合格证持有人应当对每次飞行的运行控制持续负责。

（4）飞行跟踪系统不要求与空中飞行的机组建立通信联系。

（5）在合格证持有人的运行规范中应当明确批准使用的飞行跟踪系统和飞行跟踪中心

的所在位置。

二、航班运行监控人员的职责

运行监控人员是指经合格证持有人授权的飞行签派、机务维修、飞行技术人员，使用运行监控系统和程序，对航班运行情况进行监控和处置。航空承运人应当在运行中心（AOC）配备足够数量的、合格的运行监控人员，从事运行监控工作。飞行机组需对运行中机上发生的所有情况进行监控，并与AOC紧密配合。AOC值班经理负责实时关注运行监控人员整体工作开展情况，对正常和不正常运行进行监控与指挥。

航空承运人应当明确航空气象、飞行情报、飞机性能监控职责和流程，对航班运行监控工作提供支持。

（一）飞行签派员飞行监控的职责

飞行签派员应当监控整个运行过程，掌握航班当前运行情况和影响运行的相关信息；签派员在向机组提供此类信息时，需要同时将针对该信息的处置意见提供给机组参考，以提高空地联合决策的效率。如果航空承运人单独设置监控岗位，必须确保负责运行监控的飞行签派员具备所监控航班的放行资质，并且已经完成了满足其监控所需的运行区域、业务种类的全部培训并检查合格。航空承运人须在其运行手册中明确监控与放行的协作程序和权责划分。

1. 起飞前监控职责

在签派放行完成至飞机实际起飞之前，飞行签派员应当监控可能影响该次飞行安全的机场条件和导航设施不正常等方面的所有现行可得的报告或者信息，包括但不限于以下几类。

（1）起降机场、备降机场等所有涉及相关机场的天气、通告的变化。

（2）航路、情报区的航行通告、天气等变化。

（3）飞机MEL、CDL。

（4）业载变化。

（5）航班的FPL、CHG、CNL等报文的发送情况以及空管、代理等的反馈信息。

（6）在风控系统中监控航班的风险值变化。

（7）监控机组的EFB电子放行资料下载、更新和签字情况（如适用）。

（8）对于PBN运行，监控RAIM可用性的预测。

2. 飞行中监控职责

在飞行期间，飞行签派员应当及时发现可能影响该次飞行安全的天气条件，有关设施、服务不正常，以及其他任何可以获得的补充信息，包括但不限于以下几类。

（1）目的地机场、备降机场等所有涉及相关机场的天气情况。

（2）目的地机场、备降机场服务和导航台不工作的情况。

（3）航路、飞行情报区临时飞行限制和恶劣天气情况。

(4) 航班的燃油偏差情况。

(5) 航班超过预计落地时间 15 min（或公司设定的告警阈值，原则上不得大于 15 min）未落地。

(6) 航班偏离计划航路和（或）计划高度。

(7) 不正常的机动飞行，如计划外的盘旋等待、返航、备降、紧急下降、复飞等。

(8) 至少每 15 min 能够获取一次飞机的 4D 信息。

(9) 飞机应答机设置为特殊编码（7500/7600/7700）。

(10) 机组发起的陆空数据联系或语音联系。

(11) 航班的风险值变化。

(12) 对于实施二次放行的航班，还需在其抵达二次放行点前评估初始放行的目的地机场、最终目的地机场以及任何可能对飞行安全产生不利影响的已知条件。

(13) 对于实施 ETOPS 运行的航班，还需在其抵达等时点前评估航路备降场以及任何可能对飞行安全产生不利影响的已知条件。

(14) 对于极地运行的航班，监控其改航机场天气状况、导航设备和服务状况。

（二）维修监控人员的职责

维修监控人员应当持有民用航空器维修人员执照。主要监控飞机飞行过程中的机载设备运行状况，当发现影响安全的飞机故障或设备不正常时，应尽快通知飞行签派员，必要时和飞行机组直接建立联系。承运人维修系统的生产控制人员（如 MCC）应对 AOC 维修监控人员提供足够的支持和互援。

（三）飞行技术人员的职责

飞行技术人员与飞行签派员、维修监控人员共同就飞机飞行过程中出现的各类不正常运行事件进行协商、决策，尤其是针对运行监控中出现的告警信息处置。

三、航班监控的内容

责任签派员必须监控其责任区内的每次飞行的进展，包括每次飞行的以下内容。

(1) 气象条件。

(2) 油量。

(3) 位置报告点。

(4) 飞行条件。

(5) 飞行中出现意外情况时，协助机长选择最佳处置方案等。

（一）气象条件的监控

签派员应对其所负责的与航班相关的一切航路、相关机场的气象条件进行实时监控，如果出现危险天气，如机场区域颠簸、风切变、雷暴、冰雹等，应及时将重要气象变化、危险天气警告通报给机组。

在航班运行过程中有许多潜在的气象危机，每种特殊的气象条件都具有各自不同的影响，需要根据不同的气象变化，及时针对航班具体情况正确调整应对措施。飞行签派员不仅要掌握丰富的气象理论知识，还要具有应对气象条件突变的灵活应变能力，同时更要加强监控席位与气象席位的沟通交流，在遭遇特殊气象环境时，及时调整优化飞行签派工作。飞行签派监控流程如图4-1所示。

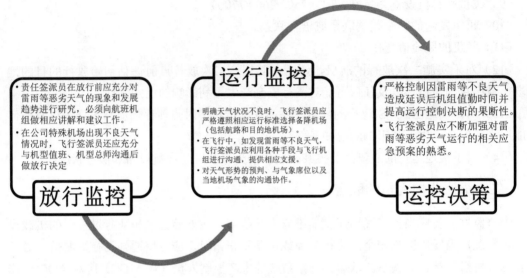

图 4-1　飞行签派监控流程

例 4-1：

某航空公司一架 B737-800 由福州飞往东京的航班计划飞行时间为 08:15—11:25，早间东京天气良好，预报 09:00—11:00 时以后风速较大，但以逆风为主。周边机场均预报为类似大风天气。签派员与机组协商后以大阪为备降场放行航班，并增加 300 t 额外燃油。东京机场 9 时实况报告 R16L 有风切变存在。气象人员研究后表示，由于冷锋系统向东移动，而东京机场位置较靠东方向，出现大风天气会比较晚，在 12:00—13:00 以后。但是大阪机场预计在 11:00 以后有强阵风天气，并短时有雷雨。同时由于冷锋系统覆盖较广，名古屋机场也有强阵风。这样就导致周边可用备降场天气均不稳定，一旦飞机在东京无法降落，可能会出现无备降场可用的情况。

监控签派员立即向带班主任和值班一号报告了这种情况，并向飞行值班领导请求技术支援。同时，监控值班员与地服外站和飞行调度分别联系，了解如果出现备降，返航回福州，能更好地处置旅客，且可以用晚上执行该航班的机组来执行飞后续的航班。

11:45，飞机落地福州机场。大阪机场后续在 12 时的实况报文中，风速达到 17034G49KT，且有小阵雨，由于大阪机场跑道方向为 06/24，实际侧风已经超过标准。航班备降后，气象员详细研究天气反馈：12:00 至东京机场晚间关闭时间 22:30 天气情况均不满足飞行条件。于是签派员与地服联系，让其先行做好保护旅客的预案。此时地服反馈，因航班返航，有一部分旅客已经主动改签至其他航班，剩余旅客也可以全部保护。故监控签派员向带班主任和值班一号建议取消航班。经领导评估同意后，布置航班取消事宜。

在该实例中，作为运行控制"大脑"的签派团队在航班遭遇危险天气时不仅要有敏锐的监控能力，更要有强有力的判断指挥能力，做到冷静处置。严格执行请示汇报制度，调用一切可调用的资源，迅速做出判断，给予机组最好的地面支持。在此次事件中，应更加注意对后续航班的执行情况和天气情况的准确分析。福州—东京—福州来回为两人制机组执行，因航程较长，一旦出现备降，机组的飞行时间就可能不足，需要做好评估，可以建议三人制机组执行该航班，加强机组实力。航班发生长时间延误时，飞行签派员需关注相关机场可能出现的关闭情况，国际航班还应特别注意当地的宵禁政策。国际航班气象资料的获取比较有限，有一定延迟性。此时，气象员及时的气象分析往往对航班决策有着非常重要的帮助。故当出现可能影响航班的天气系统时，气象员与签派员要密切配合，才能迅速和准确的决策，共同保证飞行安全。

（二）油量监控

飞行签派人员应根据公司燃油政策的油量规定以及性能部门提供的起飞油量、航段油量和飞行时间对燃油进行监控。无论是起飞前、飞行中还是落地，签派员都应该对机上燃油情况监控到位，与机组能有效沟通，在保证安全的情况下，尽可能地节省燃油成本。但是目前对于关舱到起飞这段时间内的机上燃油，我们缺少更多有效的监控手段，这就需要签派员和机组都要有主动沟通的想法，避免低燃油情况的出现。特别是在大量航班流量的情况下，飞机是地面等待 APU 耗油还是滑行耗油，有无准确的起飞时间等，签派员应与机组做到有效沟通，然后与控制员相互、及时地通报相关信息。建议在签派放行平台设置一个弹出窗口，在飞机起飞时弹出起飞油量信息，并与计划起飞油量做对比。

1. 剩余燃油

机组与签派员需要同时对机上剩余燃油量进行监控，如果出现特殊情况导致航班航线或计划发生改变，应重新计算着陆剩余燃油量，同时需要确定飞机着陆时，备份燃油和到达最远备降场所用油没有被使用。

2. 决断油量

在航行过程中选择是否继续飞往目的地机场还是直接备降时，需要机长与签派员检查实时剩余油量并进行决断，这时的油量就是决断油量。在目的地机场上空 FL250 高度层上盘旋 45 min 所消耗的备用油量加上从该机场飞往备降场所需的备降油量就是最低决断油量。

3. 备份油量

备份油量是在飞机遭遇特殊情况或意外事件导致延误或其他改变原有飞行计划时，用于继续飞行的油量。机长在着陆时应当保留备份油量未被使用，如果出现特殊情况，机长应结合具体情况酌情使用备份油量。

4. 最低油量

最低油量是指在航班运行过程中机长和签派员应向空管员报告并实施应急措施的燃油最低值。在考虑到规定的燃油油量指示系统误差后,使得飞机在飞抵着陆机场后,能以等待空速在高于机场标高 450 m(1500 ft)的高度上飞行 30 min 的燃油量。

例 4-2:

某航空公司一架 B737 航班放行油量 18800LBS,考虑有可能的流量控制,增加 600LBS 的 APU 地面等待耗油,计划落地剩油 9000LBS,机组实际加油 19040LBS,起飞油量 15120LBS。

签派员发现油量可能不足的问题立即重新制作计算机飞行计划,发现如果按计划高度飞行不符合燃油政策规定,随即调取飞机位置报文,发现油量有可能属实,飞机已迅速爬升至 FL371,签派员随后又用 FL371 制作计划,并选取最近的目的地备降场合肥,发现符合规定。随后签派员立即用 ACARS 与机组取得联系,核实机上实际燃油,得到肯定答复后,将自己重新制作的计算机飞行计划结果告知机组,得到肯定答复,按计划执行飞往南京,并实时监控油量,与机组保持交流通畅。最后飞机安全抵达南京,落地剩油 6760LBS。

首先从放行前的考虑来看,目的地机场、备降场和起飞机场的天气实况预报良好,飞机状态良好,签派员考虑有可能的流量控制以及从节省燃油成本方面考虑,没有加注更多的额外燃油。在起飞直到飞抵目的地阶段,签派员发现机上燃油与计划燃油相差甚远,立即采取了行动:首先如果按照这个燃油继续执行航班的话,没有备降场可以使用,不符合相关规定;当发现机组已经主动申请 FL371 时,立即重新计算新的 CFP,发现可以符合规定,然后立即联系机组,核实机上实际燃油,给出新的飞行计划,得到了机组的支持,在和机组保持交流通畅的情况下执行完航班。

(三)航空承运人位置报告点的监控

如果在预计收到位置报告那一时刻后的 30 min 内没有获得位置报告,负有飞行监控职责的飞行签派员首先应与预计飞机所在管制区域的空中交通管制部门联络求证飞机位置。根据求证的结果,如飞行签派员判断飞机可能发生不安全状况,则应及时向公司有关领导报告并采取相应应急措施。

(四)运行条件的监控

飞机飞越公司位置报告点时,机长应向飞行签派员报告下列内容。

(1)飞机/航空器呼号。

(2)位置报告点的名称及通过该点的时间、飞行高度。

(3)预计到达下个报告点的时间或预达时刻。

(4)高空风和温度。

(5)颠簸信息。

（6）剩余燃油。

（7）其他必要的事项。

（五）航班紧急情况的监控

紧急情况可以说是影响航班正常运行的一个重要因素，由于其具有不确定性、无规律性、突发性，因此对于签派员、机组以及负责部门的紧急应对能力具有很高的要求。在遭遇紧急情况时，签派员需要立即结合当前情况，协同机长分析处理并且进行决策。图 4-2 所示为在遭遇紧急情况时飞行签派员的监控及决策流程。

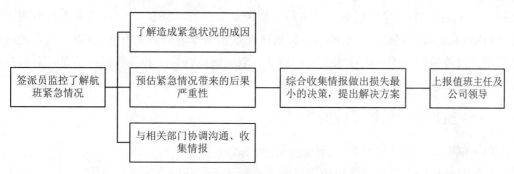

图 4-2　签派员紧急情况监控及决策流程

例 4-3：

某航空公司飞机执行由北京飞往昆明的航班计划，起飞时间为 21:00，由于前段航班流控顺延，航班实际起飞时间为 21:36，预计到达昆明时间为次日凌晨 00:34。

23:58，签派员接到公司重庆签派电话，该航班因为有一名旅客突然昏迷，紧急前往重庆备降，并等待后续工作安排。签派员立即向重庆站调（空中交通服务报告室）核实情况，联系重庆机场和国航重庆签派安排救护车接机，同时联系地服做好旅客工作，00:06 飞机在重庆落地。

由于昆明机场凌晨 02:00 关闭，重庆飞昆明航线在 1 h 10 min 左右，所以如果备降后的航班继续飞往昆明，重庆必须在 00:50 起飞，也就是说从现在开始在重庆的过站时间只剩下 40 min，并且还面临着处置病重旅客的特殊情况。签派经过综合考虑，决定让航班抓紧时间过站，尽早起飞，争取在昆明机场关闭前落地，虽然有一定风险但是抓紧保障风险还是可控的，并且可以为公司节省巨大成本。于是打电话给机长，说明情况，建议抓紧过站，争取在 00:50 之前起飞，机长同意签派的方案。安置好病重旅客后，签派员与昆明机场进行了协调，讲明了特殊情况，昆明机场同意关闭时间推迟 10 min。航班最后于 00:58 重庆起飞，比之前计划的 00:50 晚了 8 min，预计到昆明的落地时间为 02:05，由于昆明机场同意推迟 10 min 关闭机场，航班最后顺利执行完毕。

签派员的一个及时准确的决策往往可以在航班能否继续正常运行、安全抵达或者降低延误成本方面起到极其重要的作用。但是由于存在诸多不确定因素，签派员在做决策时，在安全的基础上，还应考虑旅客服务、公司效益，将风险控制在可接受范围内。排除干扰，做出正确决定，是签派员价值的体现。

第二节　航班运行监控系统及通信手段

一、航班运行监控系统

运行监控系统是运行监控不可分割的一部分，航空承运人应使用与其运行区域和运行复杂性相适应的系统和程序，通过飞机通信寻址与报告系统（ACARS）、广播式自动相关监视系统（ADS-B）、第四代海事卫星航空宽带安全业务（SBB）、北斗卫星无线电测定业务（RDSS）、二次监视雷达（SSR）、民航运行数据共享与服务平台（FDSS）以及能够满足航空公司监控需求的其他技术手段，自动获取航班运行情况和飞机状态信息，对其在运行区域内的航班运行进行实时监控。

（一）航班运行监控系统的要素

（1）位置监控：飞机当前位置的经纬度坐标。

（2）航迹监控：通过对飞机历史位置的持续显示，获取飞机飞行轨迹。

（3）高度监控：飞机实时高度值。

（4）油量监控：机上剩余燃油量。

（5）气象监控：根据飞机当前飞行阶段，获取运行机场及航路气象条件，包括云高、能见度、风、降水、颠簸、积冰等影响运行的天气现象。

（6）飞行动态：获取飞机运行信息，识别其推出、滑行、起飞、落地、滑入等各个关键节点。

（7）异常机动：识别飞机偏航、低高度、备降、返航、复飞、紧急下降、中断起飞等偏离飞行计划的情况。

（8）应答机编码：获取飞机设置的特殊应答机编码（7500/7600/7700）。

（9）故障监控：影响飞行安全的系统或重要部件在飞行过程中发生故障时飞机产生的告警信息（以下称重要故障信息），包括但不限于发动机系统、液压系统、飞控系统、起落架系统、引气系统、空调系统。

（10）信息延迟：运行信息是航班运行监控的重要基础和依据。为确保飞机运行过程中运行信息被及时接收，飞机与地面监控系统之间的信息交互需要满足以下要求。

① 对于飞机 4D 位置（经度、纬度、高度、时刻）、油量信息，监控频次间隔不超过 15 min，航空承运人可根据自身实际采用更短的监控间隔。

② 飞行中的重要故障信息，机载设备应当自动触发，并将信息传递给维修监控人员；对于受机载设备限制无法实施自动监控的，承运人应制定流程，由飞行机组主动报告的方式完成监控工作；航空承运人应在飞机制造商软件系统基础上积极开发、扩展监控功能。

③ 对于本咨询通告中要求的监控信息，除了飞机自动下发，运行监控系统应当具备主动获取飞机 4D 信息和油量的功能，以便于飞行签派员、维修监控人员根据运行需要，主动对运行状态进行监控和确认。

④ 对于监控信息未及时获取的情况，航空承运人应当制定备份预案，确保运行监控工作持续开展。

（二）系统告警

（1）当航班运行已经出现或较大概率出现不正常情况时，监控系统应当给予地面监控人员可视化或者声音告警，告警信息只能由人工操作进行解除。监控系统告警应至少覆盖以下情况，航空承运人可以根据运行实际在此基础上增加告警项目。

① 巡航阶段飞机偏离计划航线 100 km 及以上。

② 巡航阶段飞机高度低于上一年度记录的航线历史最低高度（排除异常高度）1200 m 以上。

③ 飞机当前剩余油量低于飞行计划中飞至目的机场航程燃油、备降燃油以及最后储备油量之和。

④ 动态监控告警：飞机抵达决断点、二次放行点，或超时未落地。

⑤ 飞机进行备降、返航、盘旋等待、中断起飞、紧急下降、复飞。

⑥ 起飞机场、目的地机场、备降机场气象条件处于或低于运行标准。

⑦ 运行机场出现或预期出现：大雨、雷暴、低空风切变、大风超标、地面结冰条件等恶劣天气现象。

⑧ 航路出现：颠簸、积冰、火山灰等恶劣天气现象。

⑨ 系统超过 15 min 没有收到飞机的下传 4D 位置信息。

⑩ 重要故障信息告警，具体如空客 A320、A330、B737、B777 系列的 H 级故障告警，A350 系列的 DISPATCH 信息或其他机型的同等级别告警信息。

（2）航空承运人应当为运行监控项目制定系统告警逻辑。

（3）运行监控系统对于监控项目进行可视化或声音告警的设计应当足够明显，确保监控人员能够观察到告警信息。

二、飞机通信寻址与报告系统（ACARS）

近十年，民航运输业进入高速发展阶段，在高速发展的同时，人们对地空通信的快速性、安全性、准确性、可靠性等方面要求更加苛刻。传统民航通信以语音通信为主，信号不稳定，语音歧义多且传输速率较慢，ACARS 是面向字符的地空数据链系统，有着较快的传输速率、良好的抗干扰能力和极低的误码率，解决了语音通信带来的诸多弊端并大大提高了管制员、飞行员的工作效率。

(一)ACARS 系统的组成

飞机通信寻址与报告系统(ACARS)目前广泛应用于民用航空飞机与地面系统的数据通信中。借助 ACARS 数据链,飞机计算机系统的数据能自动或人工下传到地面计算机网络,使飞机成为地面控制、指挥与管理系统的一部分。

以地空数据链为支撑的 ACARS 系统是一种能处理面向字符型信息的通信系统,主要组成有机载分系统与地面通信网络。其中,机载分系统由一系列机载设备组成,地面站网络由数据链服务提供商和地面处理系统组成。ACARS 系统的组成如图 4-3 所示。

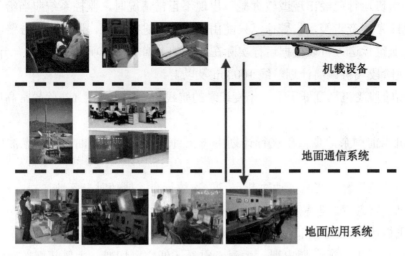

图 4-3 ACARS 系统的组成示意图

1. 机载系统介绍

机载分系统能生成并发送与飞行有关的各项参数报文到地面站,同时也能接收来自地面的报文信息,ACARS 管理单元是机载系统的核心,它与机载终端设备之间的关系类似路由器和终端的关系,各终端是数据下行链路的起点,同时也是数据上行链路的终点。机载分系统主要包括以下几类。

(1)(通信)管理组件(MU/CMU/ATSU/AIMS)。

(2)显示组件(IDU),多功能控制与显示组件(MCDU/MIDU)或相关设备。

(3)甚高频/高频电台,卫星数据单元(SDU)。

(4)打印机。

(5)适用软件。

由上可见机载 ACARS 系统由控制显示组件(CDU)、管理组件(MU)、VHF 3 号收发机和打印机组成。能够收、发各类数据,并通过 CDU 显示阅读或由打印机打印出来,机载 ACARS 设备如图 4-4 所示。

2. 数据链服务提供商描述

数据链服务提供商(data service provider,DSP)是空地数据传输的中转站,是地面通信网络的一部分，负责信息格式转化与转发。地面通信基站或远端地面站（remote ground stations，RGS）接收到从飞机发出的 ACARS 下行报文，而后传输到 DSP 的数据处理中心，完成消息的空—地数据格式到面向地—地通信格式的转换，处理完成后，消息被传输到地面数据通信网，通过通信网到达相应的地面处理系统，最终到达各航空公司计算机工作站的显示终端。

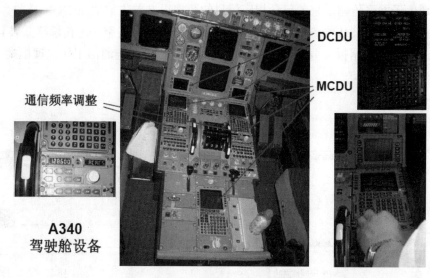

图 4-4　机载 ACARS 设备

国际上主要的数据链服务提供商有 ARINC（美国）、SITA（欧洲）及 ADCC（中国）。可使用 VHF 进行话音和数据通信，中国地区的 VHF 空地数据通信频率为 131.450 MHz。美国、加拿大的主用频率为 131.550 MHz，第二频率为 130.025 MHz。欧洲的主用频率为 131.725 MHz，第二频率为 131.525 MHz。泰国主用频率为 131.450 MHz，第二频率为 131.550 MHz。世界范围内的主用频率为 131.550 MHz。目前，国内注册的 100 座以上的民用飞机均加装了 ACARS 数据链。

3. 地面处理系统介绍

远端地面站（RGS）和地面数据通信网共同组成地面通信网络系统。RGS 是连接飞机与地面通信网的结点，地面处理系统与机载设备相对，是上传数据的起始点和下传数据的终点，通常属于空中交通管制局或者航空公司，它接收到来自数据服务提供商的数据处理中心转化之后的信息报文，不同部门根据信息做出相应处理。

（二）ACARS 系统工作原理

在地空数据链系统传输消息的整个过程中，任何阶段都有相应的通信协议规定其工作规范和数据格式。飞机电子系统之间的数据传输的标准格式由 ARINC 429 总线规范规定，它保证了飞机上电子设备之间数据通信的通用化、标准化和高速化。ARINC 618 是基于字符传输的空地通信协议，用于说明 ACARS 机载设备与数据服务提供商（DSP）之间的数据传输格式的协议。ARINC 620 协议是地面终端与 DSP 进行数据传输时所要遵循的格式及规范,机载设备与 DSP 间的数据交换也在此协议中说明;以下行链路传输数据报文为例,当机载 ACARS 设备得到指令需要发送报文时,通过 ARINC 429 总线从 MU/CMU 获取需要发送的数据,数据管理单元中内置的路由选择功能检测到一条适合的通信子网络用来传递报文,报文加载到相应的调制解调单元向下发送。地空数据链系统中,通过通信子网络传输下来的包含相应信息的数据报文首先被地面 RGS 接收,RGS 接收到数据报文后,将其传输到 RGS 上,处理中心将数据报文空—地传输格式转化为地—地传输格式后,将数据报文分发到各个地面处理系统。数据链通信工作原理框架如图 4-5 所示。

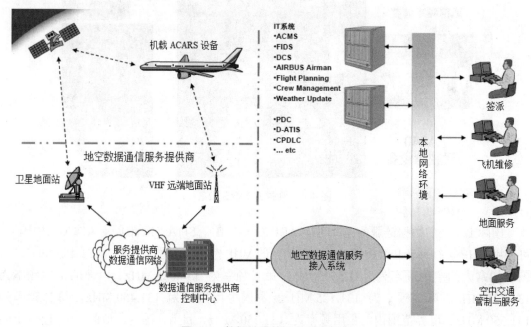

图 4-5 数据链通信工作原理框架

(三) ACARS 信息处理机制

机载消息处理机制主要由 ARINC 618 协议和 ARINC 750 规范规定,ARINC 750 中规定的 ACARSIP 消息协作机制,按 ARINC 618 协议中描述的方法和过程工作,从而实现了其中定义的功能。ACARS 消息协议包括基础信息协议、响应消息协议、消息寻址、信息序列、重传、多块处理、信息优先级等,共同定义并完成 ACARS 消息传输过程。ACARS 消息的字段根据国际民航组织(ICAO)附件 10 里规定的 7 个单元公约编码而成。

1. 下行报文格式

下行消息块结构主要包含以下几个部分:起始头(start of header,SOH)、模式字符、地址段、肯定的技术确认、标签字段、下行消息块标识符、前导结束符、文本段、后缀、块校验序列、BCS 后缀。完整的下行报文格式如表 4-1 所示。

表 4-1　下行报文格式

行	内　容	例
1	优先级/目的地址	QU HAKUOHU
2	转发报文的地面站地址/报文转发时间	BJSXCXA 210525
3	标准信息标示符	DEP
4	文本元素	FI HU7281/AN B-2491/DA——/OF——/DS——
5	通信服务行	DT BJS HAK 210525 M41A
6~n	"自由文本"	-　OFF REPORT DEP ZJHK,OFF 0521,DES ZBAA,FOB

（1）第 1 行：优先级及目的地址行。

目前只有一个优先级在使用（QU），优先级后是 7 个字符的目的地址，可以有多个地址，多个地址之间用一个空格隔开，最多可以连续输入 16 个地址。

（2）第 2 行：转发报文的地面站及报文转发时间。

该行以"."开始，紧接着是转发信息的地面站地址和转发时间，二者之间以空格隔开。

（3）第 3 行：标准消息标示符（standard message identifier，SMI）。

标准消息标示符（SMI）是一个长度为 3 个字符的字符串，它和 Label/Sublabel 一起决定消息类型，如 SMI 为 ARR，Label 为 QC，表示 ON（着陆）报。

（4）第 4 行：文本元素行（text element，TE）。

该行由若干的文本元素（TE）组成，每一文本元素由 3 部分组成：文本元素标示符（TEI）、文本元素内容、结束符。

（5）第 5 行：通信服务行。

该行以文本元素表示符 DT 开始，紧接着是 4 个字段：DSP 标示符，如 BJS（中国）；接收下传信息的地面工作站地址；接收信息时间（UTC 时间 DDHHMM）；报文序列号。

（6）第 6 行：自由文本行。

该行内容是可选的，该行内容以短画线开头，然后是一个空格，接着是自由文本部分。

2. 上行报文格式

与下行链路信息一样，上行链路单块消息可容纳的文本是 220 个字符，使用多块消息能发送更长的信息。包括起始头、模式字符、地址段、肯定的技术确认、标签字段、上行消息块标识符、前导结束符、文本段、后缀、块校验序列、BCS 后缀。完整的上行报文格式如表 4-2 所示。

表 4-2　上行报文格式

行	内　容	例
1	优先级/目的地址	QU HAKUOHU
2	转发报文的地面站地址/报文转发时间	BJSXCXA 210525
3	标准信息标示符	DEP
4	文本元素	AN B-2491/MA 123C
5~n	"自由文本"	-　OFF REPORT DEP ZJHK,OFF 0521,DES ZBAA,FOB

第 1~3 行，以及第 5~n 行和下传报文相同；第 4 行为文本元素行，该行一般包括以下文本元素。

（1）飞机定位。

① AN 表示飞机注册号，用来定位飞机。

② FI 表示航班号，用来定位飞机。

③ 上传报文地址的定位，可以通过航班号和（或）飞机注册号来进行，若同时选择飞机号和航班号，如果二者之间存在冲突，不同的服务提供商会采用不同的处理方法。

SITA：拒绝发送，并反馈错误代码 240。

ARINC：选择 AN（注册号）定位。

Air Canada、AVICOM：拒绝发送。

（2）报文发送确认。

MA 表示报文发送确认。

MA（Message Assurance）：报文发送确认。该元素由 3 位的数字字符和一位字母组成，3 位数字表示序列号（范围 000~999），字母表示以下含义。

- A：User Request for delivery indication（用户要求传递指令）。
- I：User Request for delivery indication and link acknowledgement（用户请求传递指令和联系确认）。
- L：DSP identification of link acknowledgement（数字信号处理联系确认）。
- S：DSP identification of message receipt（信息接收的数字信号处理确认）。
- X：DSP response for unsupported MA function（数字信号处理响应不支持的 MA 功能）。
- F：DSP identification for untransmittable message（不可传输消息的数字信号处理识别）。

（3）文本要素标示符（TEI）（见表 4-3）。

表 4-3　文本要素标识符含义

符　号	意　义	符　号	意　义
AC	Estimated time approach clearance(HHMM)（预计进近许可时间）	DS	Destination Station（目的站）
AD	Aerodrome of concern or arrival（目的机场）	DA	Aerodrome of departure（起飞机场）
AL	Altitude or flight level（高度或飞行高度）	DT	Communication service information（通信服务信息）
AN	Aircraft number (7C)（飞机号）	FB	Fuel On Board（机载油量）
AR	Arrival runway（到达跑道）	FI	Flight Identifier（飞机标志）
BF	Boarded fuel（起飞油量）	IN	IN time（滑入时间）

续表

符 号	意 义	符 号	意 义
OF	OFF Time（起飞时间）	RI	Return In time（返回时间）
NP	Next Point（下一个报告点）	SA	备降场
ON	On Time（接地时间）	SL	SELCAL code（选择呼叫代码）
OT	Out Time（推出时间）	PD	Point of Departure（出发地）
OV	当前位置	TB	Turbulence（湍流）
PB	Persons on Board（机载人数）	ZW	无油重量
RD	Departure Runway（起飞跑道）	RF	Request Flight level（请求飞行高度）

（四）ACARS 在民航系统中的应用

1. 航班运行控制全程监控

当目的地或者航路天气变差，或者有重要的航行信息可以通过 ACAES 及时通报给飞行员时，如飞机上发生了机械故障等，机长也可以通过 ACARS 及时与地面取得联系，获得相关信息，有助于对所发生的情况做出最合理的判断。

2. 电子舱单上传

能够在 50 s 内完成舱单上传，机组需要确认，具有快速、准确、高效等优势，尤其体现在临时改做舱单等方面，减少了由于人为原因造成的航班延误。

3. 飞机 ECAM 故障及发动机故障监控

飞机在空中出现故障后，机务会及时收到与飞机一样的警告，可以提前准备需要的航材，并通过 ACARS 提出相关处置建议，机组也可以将警告通过自由报文告诉签派部门进行信息传递。

在法航 447 空难中，通过飞机坠毁前发送的 ACARS 报告获取了飞机的大致位置以及出现的故障信息，使法航在短时间内找到了飞机部分残骸，并为分析事故原因提供了帮助。

4. PDC 放行（数字化放行）及 D-ATIS

数据链起飞前放行（PDC）服务和数据链自动航站情报服务（D-ATIS）是数据链飞行情报服务（DFIS）中重要的应用服务。PDC 技术主要解决管制员人工预放行服务中存在的诸多问题：由于机场放行频率只有一个，在高峰时间会出现多架航班争抢放行频率的问题，管制员人工预放行服务中出现地空通信频道拥挤，导致航班不能及时放行；复杂的人工放行服务流程同时加重了飞行员和管制员的工作量;低质量的话音频率会存在比较严重的安全隐患,误听的概率比较高。依靠地空数据链通信技术,遵循国际规范,实现更为高效的 PDC 服务,可以大幅度提高管制员的管制效率和安全。

D-ATIS 由航空器机组通过地空数据链发送请求报文。D-ATIS 服务器接到请求后,根据请求类型和目标机场自动发送 ATIS 报文,报文包含自动话音 ATIS 的所有信息内容。D-ATIS 发送的通信报文显示在航空器机载设备上,机组可直接读取或打印报文内容。

(五) ACARS 的特点

ACARS 数据链的主要特点如下。

(1) 信息传输及时:对于机组尚未察觉而系统自动探测到的故障信息,通过 ACARS 数据链可及时传输到地面维护系统,以便航空公司提前做好维护工作准备。

(2) 信息传输准确:在飞行计划、登机门分配、机场跑道和气象信息等发生变化时,利用 ACARS 数据链可快速准确地传递相关报文信息。

(3) 信息共享便捷:利用记录的话音信息进行数据分析时,格式转换将耗费人力、物力和时间,且容易产生错误。而 ACARS 数据链提供的信息是数字的,便于各部门共享与分析。

(六) ACARS 报文类型

ACARS 报文有 110 多种,分上行链路报文和下行链路报文。从应用的角度可分为面向航空公司应用的飞机运营管理(AOC)报文和面向空中交通管制与服务的空管服务(ATS)报文。

AOC 报文主要有 OOOI 报(OUT、OFF、ON、IN)、故障报(CFD)、发动机报(DFD)和位置报等。其中,下传的 CFD 报文按时间分类,有实时故障报、实时警告报、航后报;下传的 DFD 报文按飞行阶段划分有十余种,其中,起飞报、巡航报和爬升报三种报文最为重要。

ATS 报文主要包括起飞前放行报(PDC)、自动化终端区信息服务报(D-ATIS)、自动相关监视报(ADS-B)、管制员-飞行员数据链通信(CPDLC)报等。

飞机 ACARS 报文分为飞机自动下发、飞行员手动下发、地面手动上传报文。

(1) OOOI 报文。OOOI 报文属于飞机自动下发报文。OOOI 状态表示一次航班任务的四个阶段状态(OUT、OFF、ON、IN)。

OUT 状态指飞机推出,舱门关闭,轮档撤走后转入 OUT 状态。

OFF 状态指飞机离地,空/地传感器显示"air",转入 OFF 状态。

ON 状态指飞机接地,空/地传感器显示"Ground",转入 ON 状态。

IN 状态指飞机滑到登机门,刹车装置放置好,并且一个门打开,航班状态转入 IN 状态。

① OUT 报报文。定义为飞机推出自动下传报文,以松刹车和关舱门两个事件发生在最后的时刻为准。

例 4-4：
QU HAKUOHU (优先级 目的地址)
BJSXCXA 261058(发送报文的地址 发送时间 26 日 10:58)
DEP(SMI 标准信息标志，和报文标志(OUT 报为 QP)一起决定报文类型)
FI HU7920/AN B-2159B(航班号/飞机号)
DT BJS CAN 261058 M65A(DT 为通信服务行标志,DSP 为 ADCC(BJS 表示中国),转发报文的地面站为 CAN,转发时间 26 日 10：58,M65A 为报文序列号)
-OUT (报文标题,表示 Out 报)
DEP ZGGG,OUT 1058,DES ZWWW,FOB 199(起飞机场 ZGGG,推出时间 10:58,目的机场 ZWWW,机载油量 19.9 t)

例 4-5：
QU CTUUO3U
BJSXCXA 171114
M21
FI 3U8773/AN B-6025
DT BJS CTU 171114 M68A
-OUT
DEP ZUUU,OUT 1114,FOB 8200

② OFF 报报文。定义为飞机起飞离地自由报文。

例 4-6：
QU CTUUO3U (优先级 目的地址)
BJSXCXA 031013(发送报文的地址 发送时间 3 日 10:13)
DEP(SMI 标准信息标志，和报文标志(OFF 报为 QQ)一起决定报文类型)
FI CA1056/AN B-2063 (航班号/飞机号)
DT BJS CSX 031013 M73A(DT 为通信服务行标志,DSP 为 ADCC(BJS 表示中国),转发报文的地面站为 CSX,转发时间 3 日 10:13,M73A 为报文序列号)
-OFF (报文标题,表示 Off 报)
DEP ZGHA,OFF 1013,DES ZJHK,FOB 97(自由文本,起飞机场 ZGHA,起飞时间 10:13,目的机场 ZJHK,机载油量 9.7 t)

例 4-7：
QU CTUUO3U
.BJSXCXA 170005
M22
FI 3U8706/AN B-6025
DT BJS CTU 170005 M05A
-OFF
DEP ZGSZ,OFF 1231,DES ZUUU,FOB 10500

③ ON 报报文。定义为飞机着陆接地自动报文。

例 4-8：

QU CTUUO3U(优先级 目的地址)

.BJSXCXA 271155 (发送报文的地址 发送时间 27 日 11:55)

ARR(SMI 标准信息标志,和报文标志(ON 报为 QR)一起决定报文类型)

FI CA1056/AN B-2063(航班号/飞机号)

DT BJS HAK 271155 M77A (DT 为通信服务行标志,DSP 为 ADCC(BJS 表示中国),转发报文的地面站为 HAK,转发时间 27 日 11:55,M77A 为报文序列号)

-ON(报文标题,表示 On 报)

DEP ZBAA,ON 1155,DES ZJHK,FOB 48

(起飞机场 ZBAA,接地时间 11:55,目的机场 ZJHK,机载油量 4.8 t)

例 4-9：

QU CTUUO3U

.BJSXCXA 171051

M23

FI 3U8934/AN B-6025

DT BJS CTU 171051 M64A

-ON

DES ZUUU,ON 1032,FOB 4300

④ IN 报报文。定义为飞机滑入报文,以开舱门、收刹车事件最后发生为准。

例 4-10：

QU HAKUOHU(优先级 目的地址)

.BJSXCXA 131215 (发送报文的地址 发送时间 13 日 12:15)

ARR (SMI 标准信息标志,和报文标志(IN 报为 QS)一起决定报文类型)

FI CA1056/AN B-2063 (航班号/飞机号)

DT BJS HAK 131215 M78A(DT 为通信服务行标志,DSP 为 ADCC(BJS 表示中国),转发报文的地面站为 HAK,转发时间 13 日 12:15,M78A 为报文序列号)

-IN(报文标题,表示 In 报)

DEP ZGHA,IN 1215,DESZJHK,FOB 46

(起飞机场 ZGHA,滑入时间 12:15,目的机场 ZJHK,机载油量 4.6 t)

例 4-11：

QU CTUUO3U

.BJSXCXA 171051

M24

FI 3U8934/AN B-6025

DT BJS CTU 171051 M65A

-IN

DES ZUUU,IN 1036,FOB 4100

（2）位置报（POS 报）。定义为飞机自动下发位置报文，每 30 min 下发 1 次。

例 4-12：

QU HAKUOHU

.BJSXCXA 261133

M14

FI HU7920/AN B-2159

DT BJS HKG 261133 M67A

-POSITION(报文标题)

DMY 26JUL05,UTC 102327,FLT CA5928,LAT N 24.013,LON E114.052,CAS 312,WD 5847,WS 10,ALT 30500,FOB 180

（日期 2005 年 7 月 26 日，时间 10:23:27，航班号 CA5928，北纬 24.013°，东经 114.052°，计算空速 312 节，风向 58.47°，风速 10 节，高度 30 500 ft，机载油量 18 t）

例 4-13：

QU CTUUO3U

.BJSXCXA 170004

M14

FI 3U8706/AN B-6025

DT BJS CTU 170004 M06A

-PRESENT POSITION REPORT

DMY 16JAN07,UTC 124227,LAT N 23.230,LON E113.575,CAS 313,WD 23672,WS69, ALT 19704,FOB 9800,ETA 2228

（3）FRE 报报文。定义为机组手动触发自由报文。

例 4-14：

QU CTUUO3U

.BJSXCXA 240156

A80

FI 3U8883/AN B-2371

DT BJS XIY 240156 M02A

-3I01 CREW   8883/24 ZUUU/ZBAA .B-2371

DEAR SIR THIS YANG LI

CHUNG ACARS TEST

IF U RCV MEG LET ME KNOW

（4）故障报。机组向签派报告飞机故障自由报文。

例 4-15：

QU CTUUO3U

.BJSXCXA 240156

A80
FI 3U8782/AN B-6257
DT BJS XIY 240156 M02A
-3I01 CREW   8782/24 ZGSZ/ZUCK .B-6257
10200 PACK 2 OVER HEAT

（七）空管系统中的 ACARS 报文

空管系统应用中 ACARS 报文主要包括位置报、起飞报、降落报、推出报和滑入报等，飞行过程中的 ACARS 报文如图 4-6 所示。通过 ACARS 数据链，可实现管制员与飞行员的数据通信；飞机可向地面传送位置报告，向空管系统提供准确的起飞和落地时间；空地之间可传送变更的飞行计划和气象信息等。当飞机发动机在运转过程中发生异常情况时，可通过 ACARS 报文实时发送给地面监控系统，以便及时采取措施。

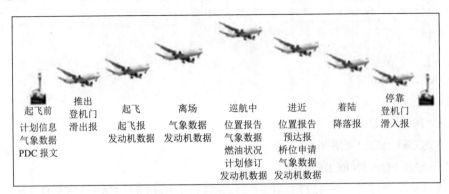

图 4-6　飞行过程中的 ACARS 报文

航空器在离开停机位前，飞行员需要与放行管制员进行通信，交换起飞和获取飞行过程中所需要的信息。这些信息包括批准跑道、二次代码、下一频率信息、批准巡航高度、批准爬升高度、ATIS 代码等，这一过程称为起飞前放行服务。传统的起飞前放行服务的流程是通过人工语音方式实现的，其流程为：飞行员通过放行频率呼叫放行管制员请求放行；管制员接受请求后，通过飞行计划系统终端检查航班信息，再通过放行频率呼叫飞行员，语音通报放行信息；飞行员接到放行信息后，进行手工抄录并进行语音复述。

这一传统的人工语音方式流程在开展起飞前放行服务的过程中会出现一些问题：第一，受频率资源的限制，放行频率只有 1 个，在高峰时间会出现多架航班争抢放行频率的问题，而同一时间管制员只能逐一对每架航班进行放行服务，因此，增加了航班等待的时间，大大影响了工作效率；第二，多次反复的服务流程也加重了飞行员和管制员的工作量；第三，低质量的语音频率也会存在比较严重的安全隐患，误听的概率比较高；第四，人工语音交流受不同语种和方言混杂的影响，这也是导致传统人工语音放行过程中存在安全隐患的因素之一。

数字式是在人工语音放行基础上升级的一种数字放行模式。PDC 依靠地空数据链通信技术，有效解决了现有人工语音方式提供服务出现的诸多问题，为起飞前放行服务提供更为安全和高效的服务，在国际上已被普遍运用。该系统支持管制员同时对多架航班进行放行管理，而不再需要逐一与机组进行语音放行管制，从而减轻了管制员和飞行员的工作量，并且可以有效消除在低质的甚高频通话过程中，可能出现的管制员与飞行员之间由于受到低质量的语音频率或方言口音影响而造成对通话信息的错误理解，提高了管制运行的效率和安全可靠性。

1. PDC/DCL 系统

起飞前放行系统的概念最早是由美国 20 世纪 90 年代最先提出的。在 PDC 应用中，包含飞行标志、应答机编码、离场程序、巡航高度、起始高度、停机位、机型、离场频率等信息，均可直接从 FAA 中心计算机系统获得，再通过 ACARS 网络将起飞前放行许可发送给航空公司的计算机。航空公司计算机再将 PDC 发送给飞机。在繁忙的机场，PDC 服务使得管制员的工作量得以大大减轻。PDC 报文以 AEEC（航空公司电子工程委员会）颁布的 ARINC 620 规范中规定的自由文形式进行组织。但在美国的 PDC 服务中，航空公司是服务提供的核心部门，它承担着向塔台提出 PDC 请求和确保将 PDC 报文准确、快速地传送给机组的责任。但此种需三方共同参与的运行模式与我国和其他绝大多数国家存在明显不同，在除美国外的其他国家里，航空公司不参与起飞前放行许可的管制，因此，FAA 推行的 PDC 服务不能在美国以外的国家推广，同样也不适合我国。

国际航空电信协会（SITA）依据美国以外其他国家起飞前放行许可的管制流程，于 1998 年开始研制 DCL（departure clearance）系统。由于美国首先提出 PDC 概念，有时我们也习惯把 DCL 系统称为 PDC 系统，但两种系统无论在报文传输规范还是在业务流程上都存在很大的不同。DCL 系统在报文规范上遵循已被 ICAO 承认的 ARINC 623 协议，从而保证了这种起飞放行系统在世界范围内的统一化和标准化，并在美国以外的国家得到了广泛的应用。截至目前，已在比利时、丹麦、法国、德国、爱尔兰、英国、瑞典、韩国等国家的近 30 个机场推广使用。DCL 系统直接由管制员和飞行员进行地对空数据链通信，而不需航空公司参与，因此不仅简化了服务程序，还将语音通信的频率降至最低。我国的 PDC 系统在服务标准上遵循 ARINC 623 标准，从而实现与世界同类型产品的兼容。

（1）DCL 系统的组成。

数据链起飞前放行（DCL）系统服务器将接收到的信息写入数据库，并根据数据库中的相关信息，与管制员前端系统进行信息交互，并承担发送上行报文的工作。DCL 系统采取双网冗余结构，服务端硬件设备及网络链路均为双网冗余热备份，终端设备及网络采取双网冷备份切换，具备较高可靠性。DCL 系统的组成如图 4-7 所示。

（2）DCL 数据处理流程。

DCL 服务报文类型包括以下四类。

① RCD 为飞行器下发的请求放行报文。

② FSM 为 DCL 系统对下行报文的收到确认报文。

③ CLD 为管制员对飞行器的放行许可报文。

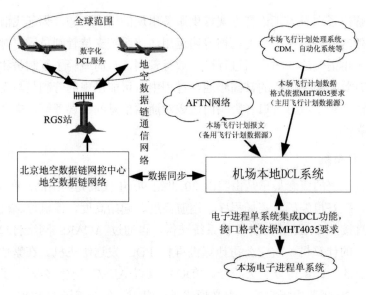

图 4-7　DCL 系统组成

④ CDA 为飞行器对放行许可进行的人工确认报文。一次成功的放行报文需要 RCD、RCD-FSM、CLD、CDA 和 CDA-FSM 五条报文。DCL 系统数据处理流程如图 4-8 所示。

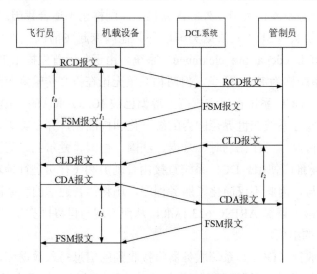

图 4-8　DCL 系统数据处理流程

图 4-8 中的各项说明如下。

- RCD：由飞行员发出的放行请求下行报文。
- CLD：由管制员批准后发送的放行许可上行报文。
- CDA：由飞行员发送的放行许可确认下行报文。
- FSM：由数字化起飞前放行服务系统自动发送的 RCD/CDA 确认上行报文。
- t_0：从飞行员发出 RCD 报文到收到相关 FSM 报文的最长时间间隔。
- t_1：从飞行员发出 RCD 报文到收到相关 CLD 报文的最长时间间隔。

- t_2：从管制员发出 CLD 报文到收到相关 CDA 报文的最长时间间隔。
- t_3：从飞行员发出 CDA 报文到收到相关 FSM 报文的最长时间间隔。

（3）DCL 报文。

① RCD 报文。在预计起飞时间前约 20 min，飞行员选择进入 MCDU 的 PDC 服务菜单，在 D-PDC 页面填写好起飞放行请求并发送。

在 MCDU 中选择 ACARS 菜单，进入 AOC MENU（见图 4-9）。选择 ATS AOC 所对应的行选键进入 ATS AOC 页面，在 ATS AOC 页面选择 D-PDC 行选键进入 D-PDC 请求页面。具体如图 4-10 所示。

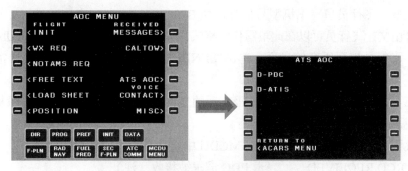

图 4-9　AOC MENU

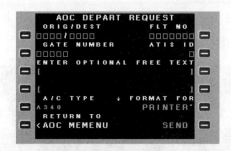

图 4-10　AOC DEPART REQUEST,D-PDC 请求页面

填写并发送放行请求。输入放行请求数据，如图 4-11 所示。

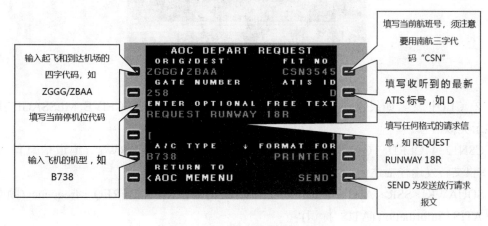

图 4-11　D-PDC 放行请求页面详解

飞行员需要在 PDC 服务菜单中填写以下内容。
- 起飞机场：依据飞行计划填写起飞机场的四字代码，如 ZBAA。
- 目的机场：依据飞行计划填写目的机场的四字代码，如 VHHH。
- 航班号：此信息必须使用航空公司的 ICAO 代号即航空公司的三字代码进行填写，所有使用二字代码的方形请求报文都将被视为无效报文。正确的航班号，如 CCA1355、DLH722、CSZ920 等。
- 停机位：飞行员填写当前的停机位代码，如 258。
- ATIS 标号：飞行员填写收听到的最新 ATIS 标号，如 D。
- 机型：飞行员填写飞机型号信息，如 B738。
- 自由文：飞行员可以在此填写任何格式的请求信息，如 REQUEST RUNWAY 18R。

最后，飞行员填写所有信息后，单击 SEND 按钮发送放行请求报文（通常在起飞前 20 min）。

如果在飞行员发送 PDC 放行请求报文后的 2 min 内（t_0）没有收到系统回复报文，则表示 PDC 服务结束，直接进行语音放行。

如果收到了正确的系统回复报文，MCDU 中将会显示类似下面的信息。

ZBAA RCD RECEIVED　　表示 PDC 请求被接收（注）

REQUEST BEING PROCESSED

STANDBY　　请等候 PDC 回复（注）

PDC 信息被地面系统接收具体如图 4-12 所示。

图 4-12　PDC 信息被地面系统接收

② CLD报文。如果收到了PDC放行信息报文，在MCDU"RECEIVE MESSAGE"中将会显示类似信息。

CSN1234 CLRD TO <DEST(目标机场四字代码)> OFF <RWY (跑道信息)> VIA <SID(报文转发途径描述)>

SQUAWK <SSR> ADT <departure time(起飞时间)> NEXT FREQ <frequency(频率信息)> ATIS <information (ATIS 标识)>

INITIALY CLIMB AND MAINT <information>M
QNH(跑道修正海压) FLT LEVEL <information>M
<FREE TEXT(自由文本信息)>

机载设备收到的 CLD 报文界面如图 4-13 所示。收到 CLD 报文后，飞行员核对时间、起飞机场、航班号、落地机场、离港方式、二次代码、通信频率、通播代号和初始爬升高度等信息，确认无误后单击 ACCEPT 键，即可向管制员发送确认放行的 CDA 报文。

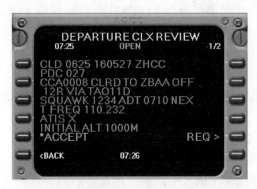

图 4-13　机载设备收到的 CLD 报文界面

③ CDA 报。如果收到的放行信息正确，飞行员可以在显示页面中选择打印放行信息，之后单击图 4-13 中的 ACCEPT 按钮对放行信息进行确认。

空管对放行许可的确认，即系统对确认信息的回复（见图 4-14）。如果收到了正确的系统对确认信息的回复报文，MCDU 中将会显示类似下面的信息。

ZBAA CDA RECEIVED
CLEARANCE CONFIRMED

图 4-14　空管对飞行员的确认信息的回复

2. 数字化航站自动情报服务（D-ATIS）

自动终端情报服务（automatic terminal information system，简称 ATIS 或情报通播）为飞行员提供起飞和降落飞机时所需要的有关机场情况的信息。通常，在一个单独的无线电频率上自动连续播放的信息服务，包括主要的与飞行相关的信息，如天气、可用跑道、气压及高度表拨正值等信息。飞行员通常在和管制员等单位建立联系前收听通播，了解相关情况以减少管制员的工作量及避免频道拥挤。正常情况下通播每小时更新一次，天气变化迅速时也可随时更新，依次以字母代码 A,B,C…Z 表示。传统的 ATIS 系统采用专用的 VHF 频率进行语音广播，飞行员需要检查并手工记录下收听到的 ATIS 语音广播的内容。

数字化航站自动情报服务（D-ATIS）系统结合数据链通信技术和自动通播服务（ATIS）技术，主要解决使用单一话音自动通播服务时间占用长、误听概率高、通播覆盖范围小等问题。同时，大幅降低飞行员的工作强度和工作压力，减少信息服务中人为因素的影响，提高管制员的工作效率和安全性。D-ATIS 系统通过 TTS（text to speech）技术完全兼容现有的自动话音通播系统，并能够通过简单文字录入的方式实现临时话音合成通播等功能。

民航局空管局委托民航数据通信公司（ADCC）从 2003 年开始跟踪和研制 D-ATIS 系统，D-ATIS 系统是为飞航信息服务的数据链应用系统，用以改进目前只提供语音服务的 ATIS 系统。D-ATIS 提供当地天气资料和主要机场的跑道状况，利用合成语音（text-to-voice）和数据链两种方式将 ATIS 信息上传给飞机。

（1）D-ATIS 的意义。

① 提高空中交通管理现代化水平，加速塔台管制的自动化进程，大大提高对飞机起降管制的效率，降低管制成本，提高已有跑道的飞机起降架次，具有显著经济效益。

② 减少管制任务，减轻塔台管制员的工作量和工作强度，提高管制指挥自动化水平，提高保障飞行安全的能力。

③ 减轻飞行员在起飞和降落这两个最繁忙阶段的工作量，提高飞行安全水平。

④ 减少机场有限的频率资源的占用率，减轻频率拥塞。

⑤ 数字化的系统可以克服由于语音发音或接收不佳而带来的对管制指令理解的错误，从而避免发生某些人为事故。

（2）D-ATIS 系统构成。

D-ATIS 系统是由机场终端、D-ATIS 服务器、VHF 电台、RGS 数据链，地面或卫星链路传输系统几部分构成的。其中机场终端 VHF 电台、RGS 数据链是分散部署于机场与航路上的终端设备，通过地面或卫星链路传输系统与 D-ATIS 服务器形成网状结构的通信、信息处理系统，D-ATIS 服务器即为该网络的核心节点。D-ATIS 系统框图如图 4-15 所示。

D-ATIS 机场终端的主要作用是：连接 AFTN 网，接收气象报文；连接 D-ATIS 服务器，发送 ATIS 信息报文；自动分解、显示气象报文，自动生成、发送 ATIS 信息报文到 D_ATIS 服务器；为管制员提供便捷的人机界面，提供信息修改功能，当气象报文的信息和机场的实地测量信息有较大差距时，管制员可以手动修改气象信息和跑道信息，系统会刷新数据并向 D-ATIS 服务器发送新的 ATIS 信息报文。

D-ATIS 服务器的主要作用是：连接 D-ATIS 机场终端，接收 ATIS 信息报文，发回确认信息；连接 ACARS 网关，接收网关转发的飞机的各种请求报文，发回成答报文或者系统报文；接收网关转发的飞机的确认报文，刷新应答报文的显示；自动分解、回复 ATIS 信息报文，存入数据库，等待飞机的请求；自动分解、存储、应答飞机的各种请求，提取最新的飞机请求的 ATIS 信息，自动组报应答；显示最近的请求飞机的信息。

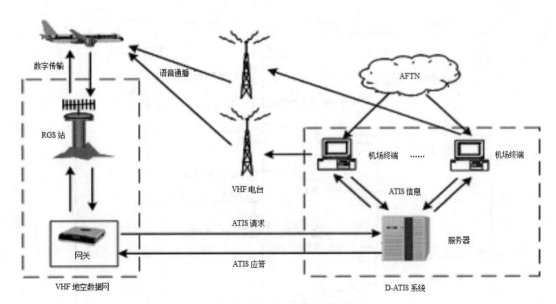

图 4-15 D-ATIS 系统结构图

（3）D-ATIS 系统服务流程。

D-ATIS 系统服务流程以传统自动话音情报服务流程为基础。系统从 AFTN 报文中提取气象信息，由管制员根据机场气象采集和监测系统校验气象信息并输入跑道和其他机场运行信息，通过 TTS 技术合成通播话音，信号覆盖传统自动话音情报服务，并生成播报信息报文，发往系统部署在北京网控中心的服务器，服务器存储各个机场实时的航站自动情报服务信息，等待航空器通过地空数据链进行申请。飞行员通过地空数据链发送请求报文，系统服务器接到请求后根据请求类型应答对应的信息报文，以报文的方式回传至飞行员。D-ATIS 系统分为非自动更新 ATIS 请求、自动更新 ATIS 请求两类，处理流程如图 4-16 和图 4-17 所示。

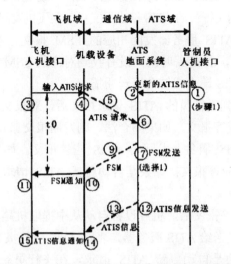

图 4-16 非自动更新 ATIS 请求时的处理流程

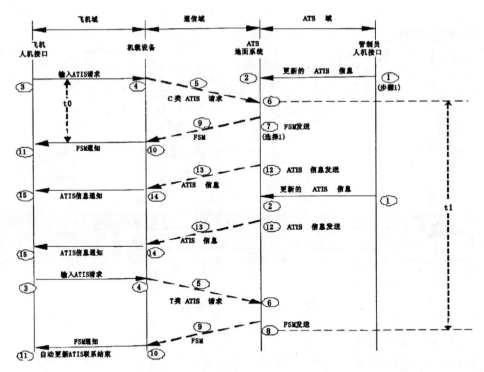

图 4-17 自动更新 ATIS 请求时的处理流程

具体步骤如下。

① 各个机场 D-ATIS 终端实时地将最新的 ATIS 信息发往 D-ATIS 服务器,服务器收到各个机场终端的 ATIS 信息后发送确认报文,如果终端未收到服务器的确认报文,重发本机场的 ATIS 信息。

② 飞行员根据飞机起飞还是降落,向 D-ATIS 服务器发送 ATIS 信息请求报文(起飞时发送 D 类,降落时,非自动更新 ATIS 请求发送 A 类,自动更新 ATIS 请求发送 C 类)。

③ D-ATIS 服务器收到飞行员的 ATIS 请求报文后,向飞机发回飞行系统报文(FSM)。

④ 飞行员等待向 D-ATIS 服务器发回相应的 FSM 报文。若在 t_0 时间内收到对应的 FSM 报文则表明链路正常,若在 t_0 时间内没有收到对应的 FSM 报文则表明此次 ATIS 请求已失败,并提示重发 ATIS 请求或转向语音通播。

⑤ D-ATIS 服务器收到飞行员的 ATIS 请求报文后,对报文进行校验,如果合法,则处理后发回相应的 ATIS 应答报文,如果不合法,则发回报文错误的系统报文 FSM。

⑥ 飞行员等待 D-ATIS 服务器发回的 ATIS 应答报文。如果是非自动更新 ATIS 请求,只能收到一份 ATIS 应答报文;如果是自动更新 ATIS 请求,则只要有新的 ATIS 信息,便会收到 ATIS 应答报文。

⑦ 飞机收到 ATIS 应答报文后,机载设备自动从中提取机尾号、报文流水号等信息与合成 MAS 确认报文,并发送给 ATIS 服务器,表示 ATIS 应答报文飞行员已经收到。

⑧ 如果飞行员发送的是自动更新 ATIS 请求,在飞行员想要结束该请求时,向 D-ATIS 服务器发送结束自动更新 ATIS 请求报文。

⑨ D-ATIS 服务器等待飞机发回的 MAS 确认报文，如果收到，则表示本次通信成功结束，如果没收到，D-ATIS 服务器将重发相应的 ATIS 应答报文。

（4）D-ATIS 报文类型。

D-ATIS 系统在信息服务流程上遵循 ED-89A 标准，在报文规范上同样遵循已被 ICAO 承认的 ARINC 623 协议，从而保证了系统在世界范围内的统一化和标准化，实现与世界同类型产品的兼容。

D-ATIS 服务报文类型包括以下三类。

① ATIS 为飞行器下发的根据起飞或降落状态请求所需机场的 ATIS 信息报文。

② D-ATIS 应答报文为 D-ATIS 服务器对验证无误的 ATIS 报文发送相应需求的最新 ATIS 信息。

③ FSM 为 D-ATIS 飞行系统报文，用于对下行报文判断后找不到飞机所需回复信息或飞机下行信息错误拒绝。

三、广播式自动相关监视系统（ADS-B）

ADS-B 技术将卫星定位精度高、空空，空地数据链传输数据量大、地面站布局简单等技术优势相结合，提供给管制员、机长和相关管理人员更加安全高效、监视范围更广的监视方法，能有效提升航空公司运营效率，提高航空运输空域容量和安全水平，该技术是国际民航组织确定的未来主要监视技术之一。

（一）ADS-B 的应用

将 ADS-B 使用在空中交通管制中，可以在航空雷达覆盖区和之外的区域进行使用，以此提升空中交通管制工作的效率。保障飞机的飞行安全，进而对乘客的生命财产安全进行保护，促使航空事业发展得更加健康与顺利。

1. 在航空雷达覆盖区外的运用

由于我国疆土辽阔，有很多地方航空雷达无法对其进行有效的覆盖，这样就让飞机在飞行的过程中多了很多危险的影响因素。例如，我国的西南地区处于非雷达覆盖区域，在这种情况下，驾驶员只能够依据短波与地面控制塔工作人员提供的信息，知道自己飞机飞行的位置高度。这种方式不仅效率不高，而且存在一定的风险。而将 ADS-B 使用到非雷达覆盖的区域，可以进行空中交通的管制工作，飞行人员能够经过机载装置把自己的飞行速度和位置详细地告知地面航空塔台的管制人员，管制人员在收到相关消息之后即可发布相关的指挥和指令，进而有效提升飞行效率，同时也能够保障飞行安全性。可见，在空中交通管制中使用 ADS-B，可以提升飞行空间与其利用率。

在我国，对于雷达不能覆盖的区域，有很多空中交通管制的规则，比如在通过高度之内，每小时只能安排 4 架运输机，这样就降低了空间资源的利用率，无法满足社会对航空运输的需求。而通过使用 ADS-B，可以经过全球定位系统对飞机飞行空间进行调整，包括纵向、横向与垂直方向，使其进行一定距离的缩小，从而能够增加空间的利用效率，同时也能够满足人们对航空运输的需求。

2. 在雷达覆盖区中的运用

ADS-B 在雷达不能够覆盖的区域可以发挥自身的优势，而在雷达可以覆盖的区域中，ADS-B 的使用优势更加明显，通过对 ADS-B 的运用同样能够提升空中交通管制效率。我国天气气候变幻莫测，在很多气候比较恶劣的地区，飞机飞行时雷达会遭到干扰，然后失去导航的功能。在这种环境中使用 ADS-B，飞机不会被外界的环境所影响，依旧能够发挥检测功能，这样可以有效地替代雷达，并在此基础上收集和获取各种有用的飞行信息，让空中交通管制人员能够掌握飞行飞机的真实飞行信息，以此进行精准无误的交通管制工作。除此之外，在飞机雷达遭到干扰与限制时，ADS-B 系统除能够进行导航功能之外，还能够获取飞机在飞行时的速度矢量，这样能够更有利于飞机的飞行，让空中交通管制工作更加顺利进行。因为地形原因，我国很多地方会存在高山，在飞机飞行的时候航空雷达监测能力也会受到限制，而使用 ADS-B 系统可以将其转化为 ADS-B 广播形式，进而对这类问题进行有效的解决。

一直以来，我国非常注重 ADS-B 技术的发展，军民航均开展了关键技术攻关及应用系统验证工作，民航局先后制定了 ADS-B 发展规划，建立健全了规范标准体系，先期在成都—拉萨航路建设了 ADS-B 地面站。成都—拉萨航路 ADS-B 系统运行以来，已 3 次缩短了航路放行间隔，目前已实施 5 min 管制放行间隔。截至 2018 年，我国民航已完成全国 308 个 ADS-B 地面站建设，实现了 6600 m 以上空域全覆盖，并完成了所有相关数据中心建设，进一步降低了管制员管制压力，提高了航班运行安全平稳性。

（二）ADS-B 的含义

ADS-B，即 automatic dependent surveillance-broadcast，每个单词都有其各自的含义。

（1）自动（automatic）：自动的含义包括减少中心的控制，让主动管制向被动管制演变，提高管制的效率；机载设备可以自动对数据进行发送、接收、分析和处理，进一步提高了工作效率，减少了人工工作量，高速度地反映了实时空域态势。

（2）相关（dependent）：表示此监视系统主要以 GPS 定位系统为基础来定位各个航空器。

（3）监视（surveillance）：主要对航空管控区域内的航空器位置进行监控，同时也能够对管控区域内航空器的飞行情况进行及时的监控。

（4）广播（broadcast）：这种方式主要将之前数据信息单一传输的方式转变为多重数据通道同时传输的方式，大大地增加了数据传输效率和数据完整性。

（三）ADS-B 基本原理

ADS-B 技术基本原理和系统组成如图 4-18 所示。ADS-B 系统由卫星系统、地面站设备和机载设备等组成，地面站之间、飞机之间，飞机和地面站之间通过地地、空空、空地间的数据链进行广播式数据传播,实现了各设备间的数据共享和双向通信功能。数据链中飞机的经度、纬度和 GPS 时间信息由全球卫星导航定位系统获得,因此定位精度有进一步提升。精度的提升有利于空域管理和流量控制。数据链中还包括通过飞机内置系统获得的其他重要信息和数据,如冲突告警、低高度告警信息、风速、风向、空速、航向和飞机识别信息等数据,飞机将这些数据通过数据链向其他飞机和地面站设备进行广播,飞机相互接收其他飞机的实时动态数据,经过处理后显示在各自的飞机显示系统上,实现了飞机间主动进行相互监视和防撞等功能;空中交通管理单位通过地面站接收的覆盖范围内所有飞机的位置和相关数据对飞机进行监视和指挥;安装了 ADS-B 技术数据链发射和接收设备的机场,也可利用这些数据对机场场面飞机和车辆进行监视和运行管理。

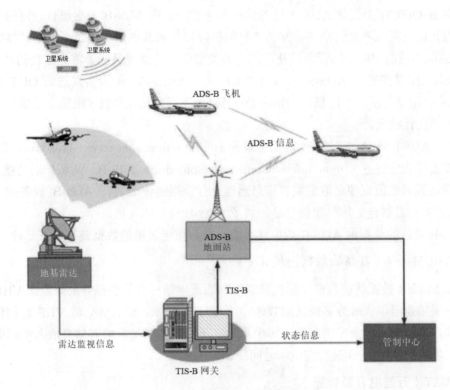

图 4-18　ADS-B 技术原理

(四) ADS-B 系统的组成

ADS-B 监视系统主要由机载设备和地面站构成。机载设备包括机载 GNSS 接收机、其他机载信息源、机载收发信机和座舱交通信息显示器(CDTI)等。ADS-B 机载设备接收到本机的位置、速度、高度和时间等数据后,处理成适合数据链传输的 ADS-B 消息格式,并将这些消息向空间自动广播出去。同时,机载设备接收地面站和其他飞机的广播信息,经过机载 ADS-B 信息处理器的处理,通过 CDTI 显示出来,可供飞行员掌握空中交通状况。地面站包括天线、地面接收机、数据服务器、显示单元、附属网络和传输设备等,ADS-B 地面站接收来自飞机机载设备自动广播的 ADS-B 消息,对消息进行处理并转换成标准格式后传送至信息处理系统，在地面管制部门的显示器上显示该飞机的位置和状态信息，为管制员提供更精确、快速的飞机信息。此外，地面站也可对系统工作状态起到监控功能。

ADS-B 技术超越了传统的陆基监视服务的概念，不仅可以实现地对空的监视，也可以实现空中飞机的相互监视。

（五）ADS-B 信息传递

相对于航空器的信息传递方向，机载 ADS-B 的应用功能可分为发送（ADS-B OUT）和接收（ADS-B IN）两类。

ADS-B OUT 作为机载 ADS-B 设备的基本功能，是指 ADS-B 发射机以一定的周期自动向周围其他飞机或者地面站广播发送飞机的位置信息和其他附加信息。地面站接收到的 OUT 信息可供地面空中交通管制员使用，起到类似于雷达监视且优于雷达监视的功能。

ADS-B IN 是指机载 ADS-B 设备接收来自其他飞机 ADS-B 设备发送的 OUT 信息或 ADS-B 地面站设备发送的信息，ADS-B IN 可以使飞行员在 CDTI（座舱显示器）上看到其他飞机的飞行状况。

此外，ADS-B 还具有广播式交通信息服务（traffic information service-broadcast，TIS-B）和广播式飞行信息服务（flight information service-broadcast，FIS-B）两项扩展功能。TIS-B 将从雷达或其他监视源获取的监视信息通过上行数据链传给装有 ADS-B 设备的飞机，FIS-B 通过上行数据链上传气象信息给加装了 ADS-B 设备的飞机。

ADS-B 发送的数据由 ADS-B 数据链组成，目前规定采用的数据链有以下三种。

1. VDL Mode 4（甚高频数据链模式 4）

VDL Mode 4 数据链是目前国际民航组织和欧洲电信标准协会推荐的规范化 VHF 数据链技术，采用自组织式时分多路（STDMA）和超长帧技术。STDMA 将 VHF 通信信道分为若干帧，再将帧分为众多的时隙，每个用户（飞机或地面站）将其信息放入不同的时隙中传输，各用户利用 GPS 进行定位和时间同步。

2. UAT（万能电台数据链）

UAT 数据链是美国为支持通用航空应用 ADS-B 系统功能专门设计的一种地空双向数据链，工作频率为 978 MHz，采用二进制连续相位移频键控调制方式，传输速率为 1.04 Mbps。UAT 每帧时间长度为 1 s，分为两段，前 188 ms 供地面站广播 TIS-B 和 FIS-B 消息，后 812 ms 供飞机用户向外广播 ADS-B 消息。UAT 数据链的实施需要在通用航空飞机上加装 GPS 接收机、ADS-B 发射机和天线。UAT 数据链工作频率为 978 MHz，在美国属于公共宽带信道，在中国属于 DME 测距机的频率 962～1213 MHz，容易被干扰。

3. 1090ES（1090 MHz S 模式扩展电文数据链）

1090ES 数据链是最早开发的一种数据链。它是一种基于 S 模式扩展应答机的数据通信技术，使用频率是 1090 MHz，传输速率为 1 Mbps。在原来 56 位的 S 模式格式的基础上，ADS-B 系统扩展到了 112 位，包括 24 位比特码、高度、呼号等。1090ES 数据链目前在 TCAS 和 S 模式雷达等领域被广泛应用，技术已趋于成熟。使用 1090ES 数据链对机载设备的改装要求不高，使用现有的天线，仅需升级现有的应答机软件，再加装一条 GPS 连线。1090ES 数据链技术也存在一些缺陷：由于它支持 TCAS、SSR 等多项业务，易因为容量限制而造成数据链拥堵。同时，1090ES 地面站采用全向天线，当空中的飞机数量较多时，信号交叠易产生干扰。此外，1090ES 数据链的上行广播能力明显低于 UAT 数据链。

四、动态电报（MVT）

飞行签派员或空中交通管制员可以通过动态电报监控航空器的动态。飞行动态电报主要有领航计划报（FPL）、修改领航计划报（CHG）、取消领航计划报（CNL）、延误报（DLA）、起飞报（DEP）、落地报（ARR）。

五、卫星通信系统（SATCOM）

卫星通信是一种无线电通信，通过卫星能够进行地球站和航天器之间信号的传播。卫星通信主要可以分为四大部分：卫星的中继通信、卫星的移动通信、卫星的直接广播以及卫星的固定通信。卫星的中继通信指的是通过卫星对航天器以及地球站间的信号转发；卫星的移动通信、卫星的直接广播以及卫星的固定通信是通过卫星对地球站之间的信号转发。卫星通信具有很多优势，如具有较大的容量、较宽的频带、较大的覆盖面积以及信号传播不受地理环境的影响等。

卫星通信技术在国内民用航空空管系统设备传输网络中起到了非常重要的作用，卫星传输有着通信带宽容量大、覆盖范围广的优势，同时，卫星通信传输还可以在不考虑成本的基础上，摆脱地理环境的限制，在实际使用中有着更加灵活、稳定的性能。

卫星通信具有以下几个特点。

（1）不受地理环境的制约和影响。
（2）有较大的通信容量。
（3）灵活性强，能够自发自收。
（4）同时采用广播的方式，能够进行无障碍通信。
（5）具有很远的通信距离，通信距离和建设成本没有很大关系。

六、高频通信（HF COM）

HF COM 供飞机与地面或飞机与其他飞机之间远距离报话通信之用。高频通信系统工作于短波波段，工作频率为 2~30 MHz。由于短波信号的不稳定，电台数量的众多及电台之间的相互干扰，严重影响了高频通信系统的通信质量。为了提高信噪比，节约频谱，高频通信系统普遍采用了单边带（SSB）与普通调幅兼容的通信方式。在卫星通信还没有完全普及的情况下，高频通信仍然是远距通信的主要手段，即便采用卫星通信，高频通信仍然是高纬度地区的主要通信手段。大型飞机一般装有两套高频通信系统，使用单边带通信，这样可以大大压缩所占用的频带，节省发射功率。高频通信系统由收发机组、天线耦合器、控制盒和天线组成，它的输出功率较大，需要有通风散热装置。现代民航机用的高频通信天线一般埋入飞机蒙皮之内，装在飞机尾部，不过目前该系统很少使用。

第三节　飞行监控实例

一、飞行监控操作流程

此处以中国东方航空公司信息部材料为例，通过图例还原飞行签派员运行监控基本操作流程。

（一）航班运行状态监控

该系统可以航班号、航站、执管、执飞、起飞时间、保障进度等进行分类筛选，同时找到需要进行监控的航班，查看对应的航班整体状态、关键节点状态和详细节点状态，如图 4-19 所示。

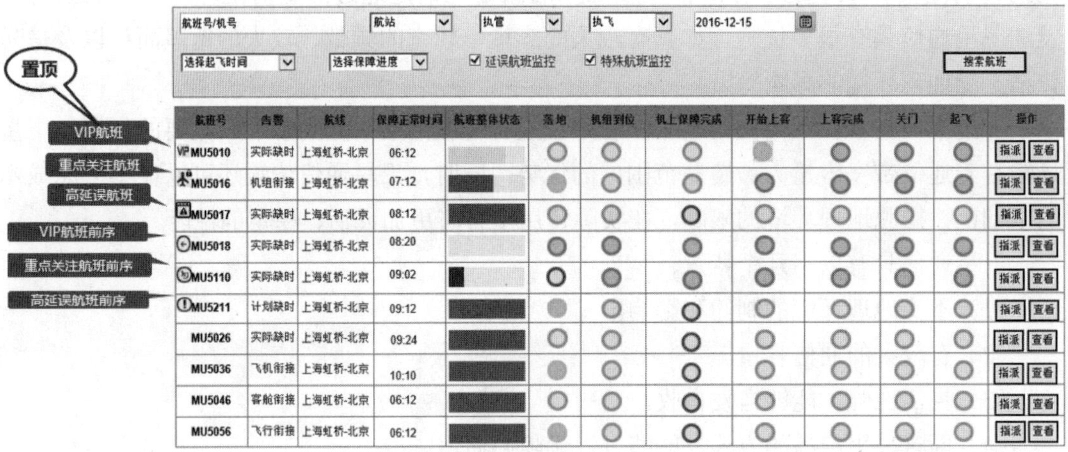

图 4-19　航班运行状态监控界面

（二）指派任务、查看处理过程

监控席位的签派员需要查看负责航班是否需要进行协调指派操作，如有需要，可单击"指派"按钮，针对不正常航班进行处理与指导，同时可以单击"查看"按钮，针对指派内容及时间进行详细查看，如图 4-20 所示。

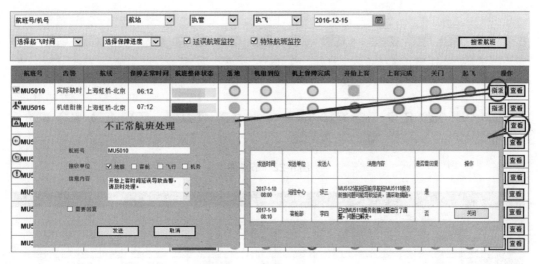

图 4-20 指派处理界面

(三) 业务层操作

如果签派员正在对与责任单位相关的航班状态进行监控,可以通过系统查看航班是否处于告警状态,同时对指派的任务及内容进行回复,联系相关部门负责人进行处理,如图 4-21 所示。

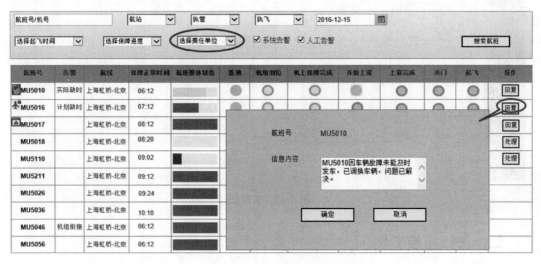

图 4-21 业务层操作界面

(四) 运控节点监控

对于处于告警状态的航班,飞行签派员可以通过系统生成的节点图或者甘特图进行有效监控,如图 4-22 和图 4-23 所示,节点图与甘特图都能够很好地展现航班节点状态,使得签派员可以更清晰地对出现延误或不正常状况的节点及航班进行调度处理。

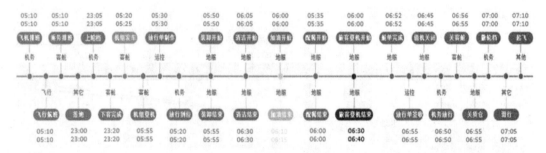

图 4-22 节点图

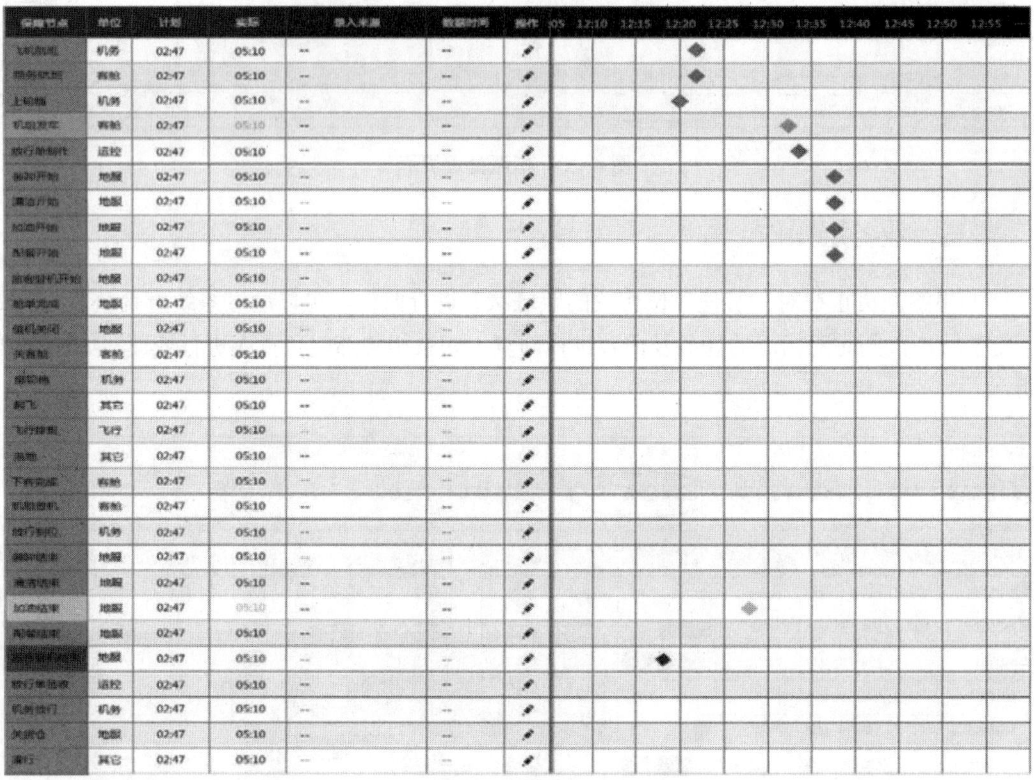

图 4-23 甘特图

二、飞行监控实例

（一）案例一

2018 年 7 月 10 日，约 19:10，在延误近 75 min 后，CA106 航班由香港起飞，坐在右座的副驾驶主操纵。

19:37，起飞 20 多分钟后，飞机爬升至约 10 700 m。右座的副驾驶邀请机长吸电子烟，机长拒绝。

为防止烟味扩散至客舱，副驾驶在机组和其他成员未发觉的情况下，未遵守飞行标准作业程序（SOP），准备关闭客舱再循环风扇，却错误关闭了两个相邻的空调组件开关，导致没有引气维持客舱增压。

随后不久，出现座舱高度警告，机组误以为自动增压系统出现故障，于是人工关闭外流活门，此时座舱高度仍继续增加。机组随即向管制部门申请紧急下降，并释放旅客氧气面罩。

19:39，飞机开始下降。在下降过程中，机组宣布紧急状态"Mayday"（最高级别）。这个过程中，CA106 航班又与一架外航飞机发生冲突，触发 RA 警告，最小水平间隔 6 km，高度差约 100 m，两机均按防撞系统指令做出了避让动作。管制员共指挥 4 架飞机避让，并通报空军。

19:49，飞机下降到约 3000 m 高度。乘务长向驾驶舱报告旅客全部使用了氧气面罩，并告知客舱温度较高。机组这时发现空调组件处于关闭状态，并立即接通。此时座舱高度警告消除，机组认为增压可控，又宣布了紧急状态取消。

19:52，在不适航、氧气面罩完全使用完毕的情况下，机组驾驶飞机爬升。约 22:30，CA106 航班降落。在此期间，机长为平复副驾驶自责和紧张的情绪，同意和他一起抽了传统的香烟。

此次事件的处理结果为：国航股份安全整顿 3 个月，限期整改；吊销机长航线运输、商用执照，不再受理；吊销副驾驶（在座）商用执照，不再受理；吊销副驾驶（观察员）商用执照 6 个月，停飞 24 个月；吊销签派员执照 24 个月；国航罚款共计 5 万元；削减国航总部 737 总飞行量的 10%航班量，每月削减 5400 h。

对于国航的运控，签派员的处理依据是《航空承运人运行监控实施指南》第 7.1 条："飞行签派员应当监控整个运行过程，掌握航班当前运行情况和影响运行的相关信息；签派员在向机组提供此类信息时，需要同时将针对该信息的处置意见提供给机组参考，以提高空地联合决策的效率。"

本次事件中飞行签派员有以下问题。

（1）没有对航班进行监控，紧急下降高度没有第一时间发现。

（2）机长说设备正常就以为设备正常，没想过机长的决策有所隐瞒。

（3）后续飞行时已经不满足在 15 000 ft 以上飞行的条件，却没有提出异议。

（二）案例二

航班号：MU2401。

机型：B737-700。

航线：太原—上海虹桥。

预计起飞时间：08:00。

预计到达时间：10:00。

签派放行选择了合肥作为 MU2401 的着陆备降机场，加油 8.5 t。

MU2401 航班正常 08:00 起飞，飞往上海虹桥机场。从起飞爬升到巡航所耗油量都与计划基本一致。当飞机飞到郑州上空时，空中交通管制部门发出指挥命令，由于军方有紧急任务，W129 航路有 200 多海里封闭，机组必须绕行其他航路，根据空中交通管制部门的指挥，机组在 FMC（飞行管理计算机）上计算了一下绕飞后的决断油量是 3 t，不足以支持该飞机由虹桥机场飞往合肥机场并在备降机场上空 450 m（1500 ft）的高度上以等待速度等待 30 min 的油量，违反了民航的油量规定，影响到航班运行的安全。机长马上通过 ACARS 与监控航班的签派员联系通知所遇到的情况和计算出的决断油量，签派员在和机组沟通后，决定更改该航班的备降机场，以缩短备降机场和目的地着陆机场的距离，符合决断油量的要求，结合虹桥机场周边机场的天气，备降机场改为南京机场，并将此决定通知机组。

MU2401 机组按照空中交通管制部门更改航路的指挥命令继续向前飞行。过 HFE（合肥 VOR 导航台）后，由于受空军活动的影响，空中交通管制部门再次指挥飞机下降高度到 6300 m 的高度层飞行。由于低高度飞行，会增加飞机飞行的阻力，从而会增加飞机的耗油；故机组重新计算决断油量为 2 t，又不足以支持该飞机由虹桥机场飞往新的目的地备降机场——南京机场并在备降机场上空 450 m（1500 ft）的高度上以等待速度等待 30 min 的决断油量。机长马上再次联系签派通知油量。签派员在了解虹桥机场的天气实况预报及机场设施后认为虹桥机场符合可以不选目的地备降场的条件，据此，放行签派员决定取消 MU2401 航班的目的地备降机场；但这个决定必须经过 MU2401 航班的机长的同意，签派员首先向机组通报了上海虹桥机场的天气实况和预报，然后提出了取消目的地备降机场重新放行的建议，经过签派员细致的解释和对航班运行安全的掌握，机长同意了该放行决定，继续飞往虹桥机场。

MU2401 航班继续向前，在快到达上海虹桥机场时，由于虹桥机场起降航班流量太大，空中交通管制部门又指挥飞机盘旋等待，并且等待的时间不确定。机长获此信息后马上联系签派，并通报，飞机所剩燃油最多能盘旋等待 25 min，之后将处于最低油量的状态。签派马上与上海区域的空中交通管制部门联系，告知 MU2401 航班的油量状况，争取空中交通管制部门的落地优先权。经过沟通后，空中交通管制部门同意调整 MU2401 航班的等待时间，保证在飞机剩余油量低于最低油量之前优先落地，最终飞机于 10:02 落地虹桥机场，落地剩油为 1.5 t，距离 B737 的最低油量 1.3 t 只剩 200 kg。这 200 kg 是此次飞行安全的重点体现，是此次飞行的安全余度。假如落地后剩余油量低于 1.3 t，就会造成严重的飞行事故征候，会给公司带来巨大的经济损失和安全声誉影响。

通过上例可以深刻体会到油量监控的重要性。在飞行过程中，飞行员和签派员应对 EFOA 实施监控，并给予经常性的关注。当遇到一些意外情况，航班的实际情况与原先的计划不一致时，飞行员和签派员就应对 EFOA 重新进行计算，并确认飞机预计飞抵目的地机场时，EFOA 不应小于决断油量。在遇到特殊情况，需要签派员做出更改放行的决定时，一定要细致地和机组沟通，取得机长的同意，严把剩余燃油的各项标准和安全余度。

思 考 题

1. 飞行监控的主要内容有哪些？
2. 飞行签派员在飞行监控中有哪些责任？
3. ACARS 报文的主要类型有哪些？
4. 飞行监控系统主要由哪些要素构成？
5. 飞行签派员主要监控哪些油量？

第五章

非正常航班概述的飞行组织与实施

第五章　非正常航班概述的飞行组织与实施

 本章学习目标

- ❖ 掌握非正常航班的分类与定义；
- ❖ 掌握非正常航班的飞行组织与实施流程；
- ❖ 掌握非正常航班的处置手段。

第一节　非正常航班飞行组织与实施管理规定

航空突发事件时有发生，特别是在公司的运行控制中。飞行签派员所面对的各类非正常情况比其他部门多，并且所担任的责任也是相当大的。几乎所有的应急事件，签派员都参与其中，为应急事件的迅速、准确处理做了努力和贡献。

所谓非正常航班是指因气象、航空器故障、飞行保障设备不工作，或其他原因造成航空器不能按计划时刻起飞或取消飞行的，以及飞行中的航空器发生返航、备降、事故征候等飞行签派工作的不正常情况。

非正常航班主要由特殊天气、飞机故障和特情等导致。其中天气原因主要包括雷雨、大雾、风切变、台风、火山灰等。

飞机故障主要指在航班运行过程中，包括起飞前、起飞中、起飞后飞机发生故障而影响飞机运行的情况。

特情主要是指在航班运行过程中由于人为因素而造成的航班延误，如飞机遭遇劫机等。

一、因天气原因造成延误的非正常航班的飞行组织与实施管理规定

飞行前，机长和签派员应当根据气象情况，特别是最近的天气报告和预报，分析起飞降落机场和航路所经区域是否存在雷雨、结冰、低云、低能见度、风切变、火山灰等恶劣气象条件；机长和签派员应避免安排飞机通过有严重影响飞行安全的危险和恶劣气候的飞行区域，或许可飞机在恶劣天气影响下的机场起降；在放行飞机时，应仔细考虑这些气象条件对飞行的影响，针对飞行航线和飞机的特点，采取谨慎可靠的放行方案或备份放行方案。

在飞机的飞行过程中，当班签派员应时刻跟踪机场在恶劣天气的运行情况，给予飞行机组相应的支援和建议，尤其在夜间、航班延误或飞行机组执勤时间较长的情况下，更要注意掌握飞行动态，严格掌握机组执勤时间，严禁超时工作；同时要提高放行飞机的放行控制能力表，确保飞行中的机组能够随时获得有关不利天气条件的气象预报（雷暴、强颠簸、强降水和结冰等情况）、目的地及备降机场气象预报的更新资料，以及在签派放行单中指定的机场出现未预料到的低于运行标准的天气预测报告或预报。

在恶劣天气条件运行时，各类运行保障部门和航站代理要加强对飞行机组的服务和保障工作；运行控制部门或签派服务代理要及时提供必要的签派放行文件，便于飞行机组及时和集中精力进行准备。

飞行机组应根据掌握的恶劣天气条件下的各种信息和运行区域的特点，对飞行运行实施正确判断，并应将飞行中观察到和遇到的任何恶劣天气现象报告空中交通管制部门和公司运行控制部门（飞行签派部门）；存在危险或恶劣天气时，飞行机组应尽早采取措施以避开这种天气活动区。

在恶劣天气下飞行时，飞行机组应明确分工，预习应急和特殊处置程序，严格遵照所飞机型的操纵程序，结合恶劣天气运行的特点，充分考虑飞机结构限制、发动机使用限制和保护措施，使用正确的符合机型性能限制的限制速度，正确使用影响飞机起飞、着陆的各种控制装置，防止操纵失误。

（一）特殊天气下的运行原则

1. 避开原则

应在保证避开恶劣天气的前提下继续飞行；运行中采取一切监视和观察手段防止进入、误入或通过已知的危险区域；离港前和巡航期间应持续监视目的地机场的气象条件，并始终目视和使用机上气象雷达观察沿航路的气象情况；如机长计划绕飞中强度雷雨时，应考虑机载导航和通信设备的有效性；如不慎通过或进入危险区域，应谨慎及时地使飞机避开这些区域。

2. 正确判断原则

在恶劣天气条件下，飞行机组更要密切配合细致分工，协助机长正确判断；机长应正确使用气象雷达，根据恶劣条件的具体情况，严格执行公司运行标准，正确判断对飞行的影响，及时采取等待、备降、终止进近、复飞等决断措施；及时向管制报告运行状况，听从指挥，避免忙中失措和忙中出错；机组应防止各种复杂因素或干扰，集中精力对飞机进行控制（高度、位置、间隔等），防止低于安全高度、误入禁区、造成危险接近等不安全事件。

3. 周密准备原则

当存在恶劣天气条件下运行时，飞行机组要加强准备，提前采取各项行动准备预案，在起飞或下降简令中明确内容；飞行机组应熟悉和了解获得的各类相关信息，明确相关的运行标准，如根据跑道湿滑状况和刹车效应等级，确定不同等级条件下对应的机型侧风运行标准，如果判定跑道属于污染跑道，应遵守公司关于污染跑道的相关规定；飞行机组应进一步确定飞机限制数据和机上相关设备的正常工作状态，以确定飞机飞行性能和运行能力（如飞机除冰能力、MEL 对除冰防冰能力限制、气象雷达的工作性能等），防止因工作系统故障造成错误判断和运行失误。

（二）特殊天气原因造成非正常航班处理流程（见图 5-1）

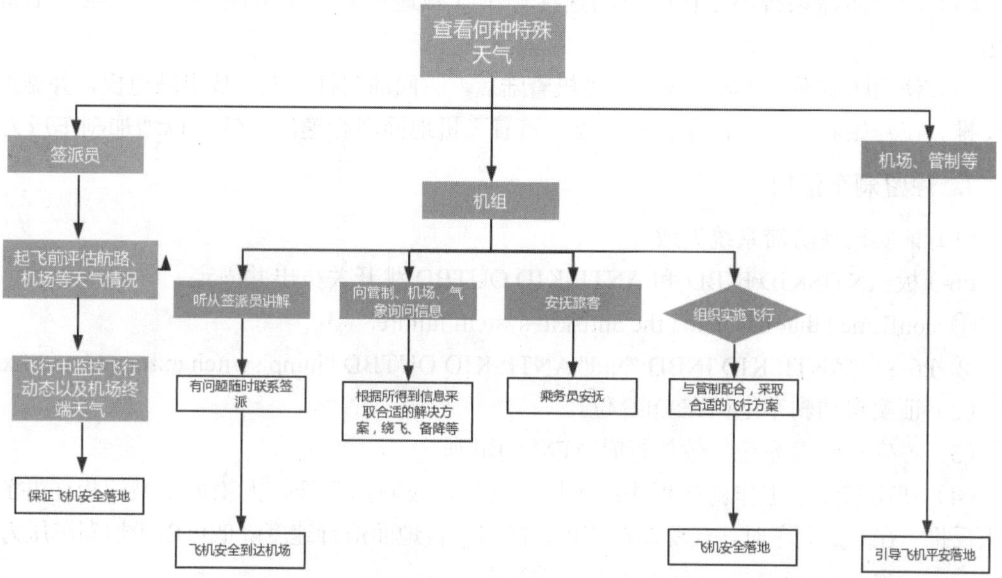

图 5-1　特殊天气原因造成非正常航班处理流程

二、飞机故障造成的非正常航班的飞行组织与实施管理规定

（一）飞机故障造成的运行限制

飞行签派员在放行带故障飞机时，需要考虑飞机故障下的运行限制。运行限制包括对飞行高度、飞行速度、航迹、起落重量等。

1. 空调组件

（1）一个组件不工作（增压）。

当起飞时以单个组件放行（飞机增压），VMCG 应当根据空调组件关断（OFF）的情况进行决定。起飞性能则应当根据空调组件在接通/自动（ON/AUTO）位的情况决定。

① 飞行高度限制为 25 000 ft。

② 不允许增程飞行。

（2）两个组件不工作（不增压）。

① 载客飞行限制飞行高度到 10 000 ft 和一小时航程内。对于无旅客飞行高于 10 000 ft 要求机组使用氧气。

② 除非在水上紧急迫降，保持排气活门在全开位置。

③ 为避免使旅客感到不舒适，爬升和下降速率限制到 500 ft/min。

2. 防滞系统

（1）将自动刹车系统关断。

（2）df 通知调度。由于起飞和着陆跑道长度需要，业载可能受影响。

（3）对防滞不工作按需调节起飞和着陆全重限制。

（4）由于防滞系统不工作时自动速度刹车（减速板）系统可能不工作，应人工将其放出。

（5）使用防滞不工作刹车程序：飞机着陆后，收回油门杆，人工放出减速板，并施加最大反推。在开始刹车时，轻踩刹车踏板，随着飞机地面滑行速度降低可以增加刹车压力。

3. 停留刹车活门

（1）证实已使防滞系统失效。

P6-3 板 ANTISKID INBD 和 ANTISKID OUTBD 跳开关拔出并固定。

① confirmed that has made the antiskid system failure.

② P6-3 "ANTISKID INBD "and" ANTISKID OUTBD "jump switch extracted and fixed.

（2）证实自动刹车电门在 OFF 位。

（3）遵守在防滞系统失效放行时 AFM 的限制。

（4）使用防滞不工作刹车程序：飞机着陆后，收回油门杆，人工放出减速板，并施加最大反推。在开始刹车时，轻踩刹车踏板，随着飞机地面滑行速度降低可以增加刹车压力。

4. 机翼防冰活门

航路是否结冰以向气象台证实的气象预报为准。如需降低高度飞行，须重新计算航线耗油量。

5. 发动机和进气道防冰活门

当左翼防冰活门失效在开位时，在地面不得将 APU 引气用于空调。APU 只能用于发动机起动。

当右翼防冰活门失效在开位时，在地面 APU 引气只在用左空调组件且隔离活门关闭时才能用于空调。

6. 发动机引气跳开灯

不得在已知或预报结冰条件下放行飞机。

（1）对于左发引气不能使用。

在飞行高度小于等于 17 000 ft 时，用 APU 给左组件提供引气，右组件使用右发引气并且隔离活门。

在飞行高度高于 17 000 ft 时，关断 APU 引气。

① 飞行高度限制为 25 000 ft（FL250）。

② 用右发引气给左组件供气，关断右组件并且将隔离活门打开。

（2）对右发引气不能使用。

飞行高度限制为 25 000 ft（FL250）。

使用左发引气给左组件供气并且关闭隔离活门。

（3）对于双发引气都不能使用。

飞行高度限制为 17 000 ft（FL170）。

用 APU 引气给左组件供气并且关闭隔离活门。参见波音使用手册中的"无发动机引气起飞和着陆程序"。

7. APU

在 APU 不工作情况下放行时,应确认目的机场能提供电源车和气源车,并视情提供空调车。

8. 旅客氧气系统

计划飞行航线其最低航线高度(MEA)应等于或低于 14 000 ft。最大飞行高度不得超过 25 000 ft(FL250)。在飞行前,机长应向客舱的机组成员通知可能使用的备用紧急程序。

9. 反推

对于失效的反推:可以使用反推,但飞行机组应完成对不对称反推的飞机操纵技术的训练,注意在前轮接地后才能使用反推。

考虑到失效的反推,在湿跑道/有障碍物的跑道上运行的飞机极限重量和与减少的重量相关的 V1 必须被减少。参见飞行计划和性能手册起飞和着陆部分中的适当性能损失。

(二)飞机故障对性能的影响分析

MEL 中的某些飞机故障,对正常运行带来许多限制。这些限制涉及对飞机性能的修正补偿。MEL 中有关飞机性能修正的项目包括一个或多个发动机除冰活门在打开位置、一个刹车不工作、一个轮速传感器不工作。

1. 一个或多个发动机除冰活门在打开位置不工作

(1)确定出现该不工作项目时应参阅 MEL 中的哪个部分(00-30E 防冰和排雨)。

注意,MEL 中 00E 部分的目的是在 ECAM 显示一条注意/警告信息时帮助用户判断查找相应的 MEL 条目。

(2)查阅 MEL 00-30E 条目,如图 5-2 所示,根据相关条目对应的放行条件来决定下一步动作。

ECAM 警告	放行条件	备注
防冰		
机长(副驾驶)(备用)AOA	参考 MEL 30-31-04	
机长(副驾驶)(备用)左(右)STAT	参考 MEL 30-31-03	
机长(副驾驶)(备用)皮托管	参考 MEL 30-31-02	
机长(副驾驶)(备用)探头	参考 MEL 30-31-01	
机长(副驾驶)TAT	参考 MEL 30-31-05	
发动机 1(2)活门关闭或打开	参考 MEL 30-21-01	
左+右风挡	不允许放行	
左(右)侧窗	参考 MEL 30-42-02	
左(右)风挡	参考 MEL 30-42-03	
机翼防冰		
左(右)高压	不允许放行	
左(右)活门开	参考 MEL 30-11-01	
在地面打开	参考 MEL 30-11-01	
系统故障	参考 MEL 30-11-01	

图 5-2 MEL 00-30E 防冰和排雨

（3）查阅 MEL 01-30-21-01 部分，如图 5-3 所示。

30-21 发动机防冰				
21-01 发动机防冰活门	C	2	0	*(o) (m)　a) 可以有一个或两个在打开(OPEN)位置不工作，但要求 1) 考虑 AFM 的性能损失 2) 外界大气温度(OAT)不高于 ISA+35°C - 或 -
	C	2	1	*　(m)　b) 除了延程飞行以外，一个在关闭位置可以不工作，但要求飞机不在结冰条件下飞行。

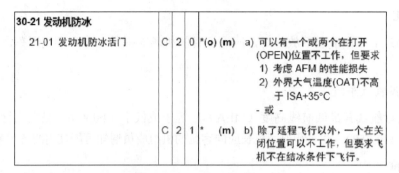

图 5-3　MEL 01-30-21-01

放行条件为：考虑 AFM 的性能损失。

（4）查阅 MEL 02-30-21-01 部分，如图 5-4 所示。

30–21 发动机防冰

21–01 <u>发动机防冰活门</u>

发动机 1(2)防冰按钮(不工作的活门)..ON

当一个发动机防冰活门不工作停在打开状态时，将两台发动机设置在高慢车速度。

– 起飞性能：

注: 1) 下述减小值可以用于在没有可用的起飞数据(使用 OCTOPUS 程序或其他等价的程序在考虑了相关故障情况后预定的)时确定起飞性能。

2) 一个或两个发动机防冰活门不工作都会产生性能影响。

方法：

– 如在全推力状态下起飞，采用下列关于最大起飞重量和速度的修正值。

按以下表减少最大起飞重量：

递减重量（1000 公斤/1000 磅）			
（外界大气温度）	压力高度（英尺）		
OAT (°C)	−1000	0	≥5000
国际标准大气+20	0	0	0
国际标准大气+26	0	0	3.6/7.9
国际标准大气+28	0	3.6/7.9	3.6/7.9
国际标准大气+40	3.6/7.9	3.6/7.9	3.6/7.9

重量递减时 V1，VR 和 V2 降低 4 海里/小时。

– 如灵活起飞，采用下列温度修正：

如在按上表进行了重量损失补偿的高度和温度区域进行起飞，则温度减去 6ºC。

图 5-4　MEL 02-30-21-01

① 假设外界温度 51°，如图 5-5 所示，正常最大起飞重量为 74.3 t，故障保留修正后，最大起飞重量为 74.3−3.6=70.7 t，V1/VR/V2=149/149/151。

② 假设外界温度 45°，起飞重量为 71.3 t，如图 5-5 所示，正常情况下为灵活温度起飞，灵活温度为 57°，故障保留修正后，灵活温度=57−6=51°，速度不变。

第五章　非正常航班概述的飞行组织与实施

WEIGHT 1000 KG	CONF 1+F			CONF 2			CONF 3		
	TAILWIND -10 KT	WIND 0 KT	HEADWIND 20 KT	TAILWIND -10 KT	WIND 0 KT	HEADWIND 20 KT	TAILWIND -10 KT	WIND 0 KT	HEADWIND 20 KT
74	45 4/6 0.3 141/49/50	51 4/6 0.5 153/53/55	54 2/4 0.5 157/57/58	45 4/6 0.1 140/41/45	52 4/6 0.6 152/52/56	54 2/4 0.0 154/54/58	46 4/6 0.5 140/46/50	52 4/6 0.1 153/53/56	53 2/4 0.6 156/56/58
73.50	46 4/6 0.3 141/48/50	52 4/6 0.3 154/54/55	55 2/4 0.5 156/56/58	46 4/6 0.4 140/41/45	52 4/6 0.6 152/52/56	55 2/4 0.0 154/54/58	48 4/6 0.0 141/42/45	52 4/6 0.6 153/53/56	54 2/4 0.5 155/55/58
73	47 4/6 0.3 142/47/49	53 4/6 0.3 154/54/56	56 2/4 0.4 156/56/57	48 4/6 0.0 141/41/45	53 4/6 0.6 152/52/57	55 2/4 0.5 154/54/58	49 4/6 0.1 141/41/45	53 2/4 0.4 150/50/53	55 2/4 0.4 155/55/58
72.50	48 4/6 0.3 142/47/49	54 4/6 0.4 155/55/56	57 2/4 0.4 156/56/57	49 4/6 0.1 141/41/45	54 4/6 0.5 153/53/57	56 2/4 0.5 153/53/57	50 4/6 0.1 142/42/45	54 2/4 0.3 149/49/52	56 2/4 0.3 154/54/57
72	49 4/6 0.4 142/47/49	55 4/6 0.4 155/55/56	58 2/4 0.3 155/55/57	50 4/6 0.3 141/45/49	55 4/6 0.5 153/53/57	57 2/4 0.4 153/53/57	51 4/6 0.2 142/45/48	55 4/6 0.3 149/49/52	57 2/4 0.1 154/54/57
71	52 4/6 0.0 144/47/49	57 4/6 0.3 156/56/57	60 2/4 0.1 155/55/56	52 4/6 0.4 142/44/47	57 4/4 0.3 153/53/57	59 2/4 0.2 152/52/56	53 4/6 0.3 143/43/46	57 2/4 0.3 148/48/51	58 2/4 0.5 154/54/56

图 5-5　跑道起飞性能表

2. 一个刹车不工作

查阅 MEL 01-32-42-01 部分，如图 5-6 所示。

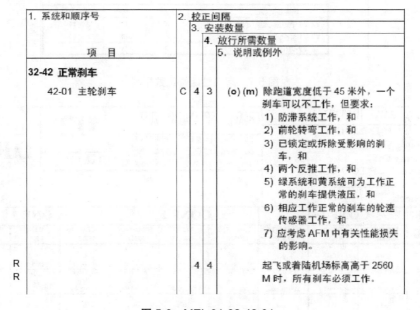

图 5-6　MEL 01-32-42-01

图 5-7 对应 B2340 等部分飞机，它只针对构型 3 的起飞性能进行了修正说明，而其他飞机对 3 种起飞构型均有修正说明，只是构型 3 相对修正最小。

确定最大起飞重量：图 5-8 上构型 3 最大起飞重量为 74.1 t，跑道长度 3600 m。重量修正量为 8.7 t，修正后最大起飞重量为 65.4 t。65.4 t 对应的 V2=131，V1=131−11=120，VR=131−2=129。最后检查速度是否小于 RTOW（起飞表）中最小 V1/VR/V2。

```
32-42 正常刹车
  42-01 主轮刹车
       注: 1) 如果发动机在起飞时失效,正上升时收起落架。起落架收起后的 1 至
              2 分钟内,可能出现振动。如果两台发动机工作,保持起落架放下 1
              分钟。
           2) 如果自动刹车可用,不允许在起飞和着陆时使用。
       起飞性能:
       如无起飞数据(用 OCTOPUS 或其他相当的程序按当时的故障情况预先确
       定),可采用下述方法来确定起飞性能的影响。
       方法:
       使用全推力以构型 3 并按以下给定的起飞重量和速度起飞。不允许顺风起飞。
       确定干跑道及正常情况下最佳构型的最大起飞重量并按以下递减量执行。
```

跑道长度(米)	1500	2000	2500	3000	3500	4000(及以上)
重量递减值(吨)	7.5	8.9	8.3	8.7	8.7	8.7

注: 在湿跑道上起飞有反推用于减速时,可以保持这一起飞重量。在污染跑道上起飞时,禁止使用此方法

起飞速度:

注: 按构型 3 确定的 V_2 和 V_R 值适用于干跑道也适用于湿跑道。

起飞重量(吨)	50	52	54	56	58	60	62	64	66	68	70	72	74	76	78
V_2(海里/小时 IAS)	124	124	124	124	124	126	128	130	132	134	136	138	140	142	144

跑道长度(米)	1500	2000	2500	3000(及以上)
V_2-V_1 干跑道(海里/小时)	11	10	11	11
V_2-V_1 湿跑道(海里/小时)	20	17	11	11
V_2-V_R(海里/小时)	3	2	2	2

图 5-7 起飞性能修正数据图

```
A320232 - JAA   IAE V2527-A5 engines    CHENGDU - SHUANGLIU - ZUUU           02       23.3.0 12-JUN-07
QNH     1013.25 HPA                                                                   AE232C01 *V20
Air cond. Off                           Elevation  1616 FT   TORA 3600 M
Anti-icing Off                          Isa temp   12 C      TODA 3600 M              DRY
Crosswind UP TO 20KT                    rwy slope  0.08%     ASDA 3600 M   1 obstacle
All reversers inoperative
Dry check
```

WEIGHT 1000 KG	CONF 1+F			CONF 2			CONF 3		
	TAILWIND -10 KT	WIND 0 KT	HEADWIND 20 KT	TAILWIND -10 KT	WIND 0 KT	HEADWIND 20 KT	TAILWIND -10 KT	WIND 0 KT	HEADWIND 20 KT
74	45 4/6 0.3 141/49/50	51 4/6 0.3 153/57/58	54 4/6 0.5 157/57/58	45 4/6 0.3 140/41/45	52 4/6 0.1 152/52/56	54 4/6 0.1 154/53/58	46 4/6 0.5 140/46/50	52 4/6 0.1 153/53/56	53 4/6 0.6 156/56/58
73.50	46 4/6 0.3 141/48/50	52 4/6 0.3 154/54/55	55 2/4 0.5 156/56/58	46 4/6 0.4 140/41/45	52 4/6 0.6 152/52/56	55 4/6 0.0 154/53/58	48 4/6 0.0 141/42/45	52 4/6 0.6 153/53/56	54 4/6 0.5 155/55/58
73	47 4/6 0.3 142/47/49	53 4/6 0.3 154/54/55	56 2/4 0.5 156/56/57	48 4/6 0.5 141/41/45	52 4/6 0.6 152/52/57	55 4/6 0.6 154/54/58	49 4/6 0.3 141/41/45	53 4/6 0.4 150/50/53	55 4/6 0.5 155/55/58
72.50	48 4/6 0.3 142/47/49	54 4/6 0.3 155/55/56	57 2/4 0.5 156/56/57	49 4/6 0.5 141/41/45	54 4/6 0.6 153/53/57	56 2/4 0.6 153/53/57	50 4/6 0.3 142/42/45	53 4/6 0.3 149/49/52	56 2/4 0.3 154/54/57

图 5-8 起飞性能修正

公司各飞机的着陆距离修正不尽相同(20%、25%、50%三种修正量),其中 A319 飞机修正量最大为 50%。此时需对跑道长度进行评估,特别要注意短跑道机场,如版纳、丽江等。

3. 一个轮速传感器不工作

（1）查阅 MEL 01-32-42-05 部分，如图 5-9 所示。

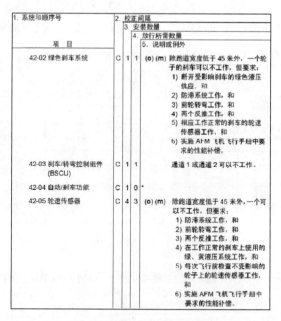

图 5-9　MEL 01-32-42-05

（2）查阅 MEL 02-32-42-05 部分，如图 5-10 所示。

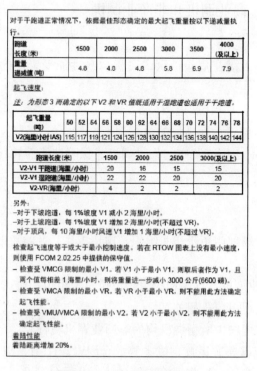

图 5-10　MEL 02-32-42-05

此页对应 B2340 等部分飞机，它只针对构型 3 的起飞性能进行了修正说明，而其他飞机对三种起飞构型均有修正说明，只是构型 3 相对修正最小。

① 起飞性能修正。最大起飞重量=74.1−6.9=67.2 t；V2=133，V1=V2−15=118，VR=V2−2=131；最后检查速度是否小于 RTOW（见图 5-11）中最小 V1/VR/V2。

A320232 - JAA	IAE V2527-A5 engines	CHENGDU - SHUANGLIU - ZUUU	02	23.3.0 12-JUN-07 AE232C01 *V20
QNH 1013.25 HPA Air cond. Off Anti-icing Off Crosswind UP TO 20KT All reversers inoperative Dry check		Elevation 1616 FT TORA 3600 M Isa temp 12 C TODA 3600 M rwy slope 0.08% ASDA 3600 M	1 obstacle	DRY

WEIGHT 1000 KG	CONF 1+F			CONF 2			CONF 3		
	TAILWIND -10 KT	WIND 0 KT	HEADWIND 20 KT	TAILWIND -10 KT	WIND 0 KT	HEADWIND 20 KT	TAILWIND -10 KT	WIND 0 KT	HEADWIND 20 KT
74	45 4/6 0.3 141/49/50	51 4/6 0.3 153/53/55	54 2/4 0.5 157/57/58	45 4/6 0.3 140/41/45	52 4/6 0.1 152/52/56	54 2/4 0.1 154/54/58	46 4/6 0.5 140/46/50	52 4/6 0.1 153/53/56	53 2/4 0.6 156/56/58
73.50	46 4/6 0.3 141/48/50	52 4/6 0.3 154/54/55	55 2/4 0.5 156/56/58	46 4/6 0.4 140/41/45	52 4/6 0.6 152/52/56	55 2/4 0.0 154/54/58	48 4/6 0.0 141/42/45	52 4/6 0.6 153/53/56	54 2/4 0.5 155/55/58
73	47 4/6 0.3 142/47/49	53 4/6 0.3 154/54/56	56 2/4 0.4 156/56/57	48 4/6 0.0 141/41/45	53 4/6 0.6 152/52/57	55 2/4 0.5 154/54/58	49 4/6 0.1 141/41/45	53 2/4 0.4 150/50/53	55 2/4 0.4 155/55/58
72.50	48 4/6 0.3 142/47/49	54 4/6 0.4 155/55/56	57 2/4 0.4 156/56/57	49 4/6 0.1 141/41/45	54 4/6 0.5 153/53/57	56 2/4 0.5 153/53/57	50 4/6 0.1 142/42/45	54 2/4 0.3 149/49/52	56 2/4 0.3 154/54/57

图 5-11 起飞性能修正表

② 着陆性能修正。跑道所需着陆距离参见 FCOM2.03.10。在此基础上跑道着陆距离增加 20%。

三、调机（商业调机、非商业调机）航班的飞行组织与实施管理规定

（一）调机分类：商业调机和非商业调机

其中非商业调机分为以下几级。

（1）I 级：飞机飞入潜在危险地区、飞机自身性能受影响的调机（需提前向民航局报备）。

（2）II 级：飞机交付、转让或退租。

（3）III 级：临时调整运力而转场的常规调机。

（4）IV 级：运控中心申请发布的临时调机、保障训练而转场的国内调机及非工作日申请的调机。

（二）申请原则

商业调机飞行由市场部门负责相关组织及申请工作，并将民航局批复文件提供至计划协调席保存。

I、II、III 级非商业调机飞行由相应组织单位负责组织和协调工作；IV 级非商业调机飞行由带班主任负责组织申请等相关工作。

若无特殊说明，本程序中所指调机均为非商业调机飞行。

调机的组织及实施需兼顾运行、成本等综合因素。I、II、III 级调机申请与保障调机申请单位至少提前 10 个工作日将调机申请（随附公司分管及以上领导批准公文或文件）

发送至运控部运管中心。调机申请前应征询市场、工程、飞行、财务等相关单位意见，调机申请应至少包含调机原因、调机计划、调机成本等内容。

运控部运管中心在收到申请后的 2 个工作日内发布《特殊飞行指令》《特殊飞行工作检查单》至相关单位。各单位在收到《特殊飞行指令》《特殊飞行工作检查单》后，开展申请与保障工作。国内调机，由相关部门根据计划向机场、民航局、军方申请；国际调机，涉及航权、境外时刻、SLOT 等由市场部门负责，飞越由运控部国际业务岗位负责。

（三）IV 级调机申请与保障

调机评估因当日运行需要产生的调机需求，如：运力调配，由带班主任直接组织 AOC 运行保障单位评估；针对计划性的调机（2 个工作日以上的计划调机需求），调机申请单位需要获取公司分管领导批准同意的公文或文件。

调机申请单位负责协调相关部门征询调机意见，包括机组调配、运力调配、调机成本等。若意见达成一致，调机申请单位将调机计划发至带班主任；若意见不一致，则需调机申请单位请示公司领导批示同意后发送至带班主任；各部门值班席位接收调整通知单后及时通知相关保障单位，并监控调整工作的实施。

四、航班取消

航班取消是指先前计划执行飞行任务的航班停止飞行，并且该航班至少有一个座位被预订。正班航班必须保持相对稳定，不得随意取消。不得以客人少为由取消航班。长期取消正班航班须报相关部门批准，非正班航班取消不受限制。

因气象等其他原因，或因当日签派条件无法满足要求，或其他特殊情况而需要取消航班时，由飞行签派员提出建议，报公司值班经理同意后才能取消航班。

（一）长期取消航班的申请

（1）计划取消管理局内的正班航班一个月以上，须提前 15 天报民航局批准。
（2）计划取消跨管理局的正班航班一个月以上，须提前 30 天报民航局批准。
（3）计划取消正班航班一个月以内，须报管理局批准，报民航局备案。

（二）航班取消的处置措施

航班取消后，飞行签派员应完成如下工作。
（1）研究确定是否需要补班运行；若需要补班运行，应确定补班计划。
（2）向空中交通管制部门递交航班取消、补班计划。
（3）向外站航务服务机构拍发取消和补班计划。
（4）通知机场指挥中心及公司各部门取消和补班计划。
（5）地服部负责旅客的安排。

五、航班返航

由于天气、旅客原因等,航班需要返航时,飞行签派员在获知航班返航的信息后,应完成如下工作。

(1) 通过公司电台与机组联系或向空中交通管制部门了解返航原因。
(2) 报告 AOC 值班经理,根据具体情况制定处置方案。
(3) 通报机场取得停机位。
(4) 通知公司各单位,及时提供保障。
(5) 严密监控飞行动态。
(6) 返航落地后拍发返航落地电报。
(7) 研究、部署后续航班的衔接、调配。

六、航班备降

当获知航班备降的信息后,飞行签派员应完成如下工作。

(1) 了解备降原因,报 AOC 值班经理。
(2) 通报公司各部门。
(3) 备降机场的外站航务服务机构负责飞机的保障工作,签派室给予协助。
(4) 密切注意,签派条件的变化,在条件满足时,协助备降机场服务机构做好航班恢复保障工作,并负责部署后续航班的衔接、调配。

七、航班调整

飞行签派员在进行航班调整时,应按照先国际后国内、先长后短、先复杂(指天气、降落站、机长标准、机场条件)后简单、先重(重要客)后轻、先多(航班客人多、竞争力强)后少、先主(公司主要航线)后次的顺序进行。全面衡量航班飞行情况,充分留有余地。既要防止图省事浪费运力,又要反对当好人打乱航班秩序。

需要航班调整时,飞行签派员应完成如下工作。

(1) 航班的临时调整,通常由 AOC 值班经理研究确定,AOC 各席位参加,签派员应主动了解航班计划、飞机和机组情况,沿途客货情况,并提出调整航班的建议。按照批准的航班调整方案,及时进行布置。
(2) 在接到商务部关于航班的先期调整、取消、改航及加班、包机任务之后,飞行签派员负责向空管部门提出申请,获得许可后方可执行。
(3) 急救任务、公务飞行需及时报公司值班经理,按照指示进行布置、下达任务。

第二节　非正常航班处置案例

一、天气波动影响航班运行的事件

18:00 左右，郑州—乌鲁木齐航班因乌鲁木齐天气低于落地标准而备降敦煌。签派员通知气象预报员，气象预报员认真分析天气后，认为稍晚乌鲁木齐天气会好转。

签派员向公司领导汇报并建议机组在飞机上等待。责任签派员密切监控航班，从 18:00 到 20:00，VIS 没有变化，但 RVR 以每小时 50 m 递增。

当 07 号跑道视程达到 500 m 时，机长要求飞往乌鲁木齐。签派员考虑到乌鲁木齐天气虽有好转趋势，但仍在标准之下，同时乌鲁木齐气象预报员对天气也没有太大的把握，于是在天气未有明显趋势时，不同意继续起飞。

考虑到敦煌机场没有商务外站人员，组织旅客有一定的难度，签派员建议机组尽量不下客，但由于在地面等待时间太长，于是决定 3 小时后下客。同时，由次日计划席位做第二天的运力安排预案。

20:30，乌鲁木齐天气突然转为 R25/RVR125m。

21:00，乌鲁木齐天气转为 R25/RVR50m，同时询问乌鲁木齐气象预报员，答复"当晚无好转趋势（21:15）"，向敦煌了解到国航已取消 2 个航班。

21:30，决策取消乌鲁木齐航班。

21:35，签派员监控到乌鲁木齐天气转到标准，立即取消决策，继续等待。

22:00，乌鲁木齐 R25 的 RVR 转到 800 m，立即通知机组上客，正常执行航班。

由此可见，乌鲁木齐天气变化无常，机场预报员报告与实际天气有差距，实际运行中应该充分考虑天气的复杂和多变，做好实时跟踪和监控。

经验表明，乌鲁木齐机场如转东南风时，利于大雾的消散。短航线低于落地标准，天气在标准边缘上下波动时，不要放行航班，避免航班 2 次备降。

对天气已转到标准之上，但有可能转差的机场放行时要谨慎，要考虑利用剩余业载多加油，减少备降。

做取消航班决策时，一定要把握时机，决策点要慎重。

对次日运力有重大影响的航班，要确定一个合理的决策点，避免使旅客产生不满情绪。

二、雷雨天气条件下的保障事件分析

合肥、南京、常州、无锡、上海以及贵阳、宜昌等地出现强雷雨天气。

宜昌地区在早间 10:38 出现明显的雷雨过程，雷雨过程自西南向西北方向移动，持续一个半小时左右，在中午 12:00 点左右转好。

晚间有宜昌航班，通过卫星云图和天气图分析，西南地区不断有雷雨云团汇聚，并有缓慢东移的趋势，未来可能影响到宜昌、武汉等地，及时提醒签派员关注宜昌晚间天气。

下午 17:21 宜昌出现雷雨天气，傍晚 18:00 和 19:16 通过机场了解，得知"通过雷达显示，最强的 CB 云位于宜昌机场的西北方，机场上空以及'五边'上空被雷暴云覆盖，且雷暴云是在本场生成的，云间间隙很小，不好掌握，晚间宜昌机场雷雨天气转好的可能性不大"。

签派员判断当时宜昌机场虽然处在大范围的降水区域中，但当时宜昌机场很有可能是由于雷暴云正好移动到本场上空，所以通过雷达显示所有区域都是一片"红区"，但考虑到雷暴云的移动特征，待这片雷暴云移开，还是有可能好转的，于是决定等到 21:00 看当地的天气状况再做决定。

20:30 左右向对方机场了解，天气状况依然不够乐观，仍然有雷雨迹象，雷声明显。

20:55 得知"当地雷雨天气已经明显好转，只有少量 CB 云，近 2 个小时左右天气稳定，但再晚可能还会有雷雨云生成"，于是通知机组进场，航班于 22:12 起飞，正常落地。

进入春季以后，我国由于南北气团强盛活跃，在锋面处经常出现强对流天气，表现多为雷雨、大风和冰雹等天气现象，这种天气现象的出现对航班的运行造成很大的困难。

强对流天气的发展迅速，但是其消散或过境速度也非常快。在对于强对流天气的监控，要分析其覆盖范围、移动速度、预计消散或过境时间、后续天气趋势等，综合分析天气变化情况，及时与当地气象部门取得联系，了解变化趋势及实况预报，把握第一时间的气象资料，为值勤机组和值勤签派员提供有力的保障。

需要注意的是，在强对流天气过境 20～30 min 之内常常伴随非常强的乱流和低空风切变，这是影响飞机起飞和落地最严重的问题。

要有意识地控制飞机飞起时刻，提醒机组避免在风切变剧烈时起飞，而在控制落地时刻时，要控制在强对流天气过境后 15 min 以上，最好是已经有安全落地的飞机，并报告不存在或只有比较弱的低空风切变时再放行落地。

若目的地机场雷雨，在起飞机场天气稳定的情况下，预计能在 1 h 之内起飞的航班，建议机组正常在飞机上等待，当目的地机场天气稳定转好后通知上客，正常放行。

预计在 1~2 h 之内起飞的航班，建议在机组执勤不超时的情况下，安排机长及第一副驾驶回酒店休息，而观察员和乘务组建议留在飞机上，鉴于天气转换趋势有可能比预计要快，在得到消息后，可以一边安排旅客上客，一边安排接机长和副驾驶上飞机，提前申请起飞时刻，这样安排能够至少提前 30~40 min 起飞。提高后续航班的保障质量和后续航班的调整余度。对 1 h 左右航程的出港航班，当目的地机场天气不稳定时，最好按返航本场的油量加油，如有空余业载可以再适当多加等待油量；加强同机组的沟通，尽可能避免飞机备降在外站，增加后继调配的难度。

三、因天气原因航班备降

2008 年 9 月 8 日，某航空公司 A319 机型执行沈阳—伊尔库—沈阳航班任务，15:59 航班从沈阳正常起飞，预计 19:00 到达伊尔库。19:00 左右，值班签派员给伊尔库办事处打电话查询航班动态，被告之因伊尔库天气转坏，伊尔库机场不接收航班，该航班已经去备降。

值班签派员立即联系满洲里机场管制部门，通知航班准备去满洲里机场备降，但对方讲满洲里机场的航班已经结束，人员已经离开，根本无法保障航班备降。值班签派员又立刻联系海拉尔机场的管制部门和机场指挥中心，海拉尔机场指挥中心讲航班可以在这里备降，但是由于无法联系到海关、防疫等部门，航班备降后只能加油，旅客和机组都不能离开飞机。考虑到当时飞机上的剩余油量情况，值班签派员请求海拉尔管制部门转告航班机组满洲里机场不能降落的情况，建议航班备降海拉尔机场。最后，航班于 20:30 在海拉尔机场落地。飞机落地后，值班签派员通过伊尔库办事处工作人员了解到：伊尔库机场晚间天气不断恶化，次日凌晨 6:00 前不接收航班降落。考虑到海拉尔机场因"三关"未到，不允许旅客和机组下飞机，也不能给旅客和机组提供任何餐食和休息区，可能影响到次日补班运行，航空公司决定安排飞机在海拉尔加油后起飞，最终备降到哈尔滨机场。

9 月 10 日，伊尔库机场天气转好后，该航班于 10:09 在哈尔滨起飞，12:40 在伊尔库落地。

由此案例可以看出以下两点。

（1）航空值班签派员工作认真，在没有收到航班动态电报的情况下，主动给伊尔库办事处打电话查询航班动态。在得知伊尔库机场天气不符合运行标准时，积极主动联系备降机场。

（2）由于海拉尔机场"三关"不到位，航空公司能主动为旅客着想，最后安排飞机在海拉尔加油后，备降到哈尔滨机场，为次日补班赢得了时间。

但在本案例中也反映出一些问题。

（1）该航空公司通信设施不能满足 CCAR-121 部第 121.97 条要求，飞行签派员不能直接与飞机进行通信联系，只能通过空中管制部门转达。

（2）签派室不能及时获得航班动态信息，通常是值班签派员打电话向伊尔库办事处询问才能获得动态信息。

（3）沈阳—伊尔库航班的备降机场较少，通常只有赤塔机场或中方满洲里机场、海拉尔机场、哈尔滨机场可供选择。由于各种原因，签派员只能选择满洲里机场和海拉尔机场。

（4）虽然航空公司已经分别与满洲里机场、海拉尔机场签订了地面保障协议，但由于航班量少，对于临时备降的国际航班，满洲里机场和海拉尔机场很难履行地面保障协议。

（5）签派员在放行航班选择备降机场时，考虑地面保障情况较少，没有提前与满洲里和海拉尔机场沟通，造成航班在海拉尔机场备降后不能下飞机的尴尬局面。

四、航班调整

某日，乌鲁木齐早出港情况如下：乌鲁木齐过夜飞机共 6 架，均为 B737-800，早出港 3 个航班，3 架飞机为可用备份运力。XXXX 航班计划由 B5XXX 飞机执行，前段接 YYYY，根据当时情况，YYYY 航班延误。考虑到本场有备份运力，且 YYYY/XXXX 航班机组、乘务组均不连飞，可利用备份运力保障 XXXX 正常。10:30 左右新疆 SOC 值班人员电话向 FOC 控制席建议将 YYYY/XXXX 航班拆开执行，控制席值班人员答复给予考虑。11:08，FOC 发布 2012-3-17/042 号航班调整通知单，将 YYYY 航班调延误，XXXX 航班顺延至 20:30，未将两个航班拆开来执行。看到航班调整通知后，新疆 SOC 值班人员随即电话联系 FOC 控制席，告知乌鲁木齐有备份运力，可将 XXXX 换飞机执行。11:45，FOC 发布 2012-3-17/045 号调整通知单，调整 XXXX 航班改由备份运力 B5YYY 飞机执行，同时将航班时刻调回 19:00。14:00 左右乌鲁木齐机场票台反映有前来办理 XXXX 航班乘机手续的旅客收到航班延误的短信，新疆 SOC 值班人员联系 FOC 控制席，海口方面反映也接到这样的信息，并且已经通知客户服务席处理。17:45 左右，XXXX 飞行机组一直未签到准备，电话联系机组称接到短信通知航班延误至 20:30，给机组说明航班调整情况后机组随即进场，18:20 开始登机，18:40 左右机组甚高频联系签派反映向管制申请放行时管制未收到公司计划，联系站调，站调称收到的 XXXX 计划起飞时间为 20:30，经协调重新拍发计划后管制同意航班 19:00 执行，航班关舱时间为 18:55，实际起飞时间为 19:08，最终保障航班正常。

  此案例中，FOC 调整航班时未充分考虑乌鲁木齐有备份运力，且没有重视新疆 SOC 航站控制中心提出的调整建议，造成航班反复调整，导致后续出现系列问题。航班调整延误又调整恢复正常后，对飞行机组、管制单位都只发布了航班延误的信息，未通知相关部门及人员航班恢复正常的信息，造成后续航班保障工作的被动。旅客接到航班延误的通知，后续航班调整正常后也未及时通知到旅客，如果旅客按照 20:30 起飞时刻办理手续，势必会造成大量旅客晚到。上述问题都存在导致航班延误的潜在因素，任何一个环节问题得不到解决，航班都无法正常起飞。

思 考 题

1. 什么是非正常航班？
2. 飞行签派员遇到的非正常航班常见的有哪几种情况？
3. 调整航班的基本原则是什么？

第六章

飞行中特殊情况的处置

本章学习目标

- 掌握特殊情况的分类和定义；
- 掌握特殊情况下飞行组织与实施人员的管理实施规定；
- 了解特殊情况的应急处置。

第一节　特殊飞行情况的管理规定

一、特殊情况分类

飞行中的特殊情况，主要有以下几类。
（1）发动机部分或者完全失效。
（2）航空器或者航空器某些设备发生故障或者损坏，以致不能保持正常飞行。
（3）航空器在空中起火。
（4）迷航。
（5）失去通信联络。
（6）在空中遭到劫持或者袭击。
（7）爆炸物威胁。
（8）航空器失事。

二、飞行组织与实施人员

1. 机组

本手册中的机组是指飞行期间在航空器上执行任务的空勤人员，包括驾驶员、领航员、飞行机械人员、飞行通信员、客舱乘务员和安全员等。

2. 其他人员

其他人员是指，按照公司规定，由公司批准的在飞机上执行特定任务的人员，包括飞行签派员、押运员等。

3. 乘客

本手册中的乘客是指，以购买机票、持有公司免票或经公司批准以其他方式乘坐本公司飞机的非公务人员。

4. 承运公司

使用带有本公司航徽的飞机执行航班的航空公司。

5. 代管公司

为私人或企业拥有民用航空器的用户提供代管服务的航空公司。

6. 销售公司

以本公司航班号和机票出售座位,而实际由代码共享协议公司承运航班的航空公司。

7. 应急服务协议公司

签有互助协议的航空公司,明确当发生紧急事件时,协议公司相互提供必要的资源,而不仅限于代码共享的航班。

第二节　飞行组织与实施人员在特殊情况下的应急处置

一、机组在特殊情况下的应急处置

飞行中对特殊情况的处置方法,应当根据所发生情况的性质、飞行条件和可供进行处置的时间来决定。在任何情况下,机长和机组成员应当主动配合,密切协作,沉着果断地进行处置,在保证航空器上人员生命安全的前提下,积极采取措施保全航空器。

只要时间允许,机长应当在采取措施的同时,及时将发生的情况和采取的措施报告飞行签派员和空中交通管制员。

飞行中遇到严重威胁航空器和航空器上人员生命安全的情况时,机长应当立即发出规定的遇险信号:报用"SOS";话用"MAYDAY(MEIDEI)"。同时打开识别器的遇险信号开关。装有应答机的航空器,应当将其置于"A7700"。情况许可时,还应当用 VHF/AM121.5MHz 或 UHF/FM243MHz,报告航空器的位置、遇险性质和所需要的援救。

遇险信号可用当时与地面电台联系的频率重复发出。在海上飞行时,如果有可能,还应当用 500 kHz 或者 2182 kHz 的频率发出。

其他航空器的机组,在飞行中听到航空器遇险信号,应当暂时停止使用无线电发信,必要时,协助遇险航空器发出遇险报告。

(一)发动机部分或者完全失效的应急处置

单发动机的航空器,高度在 100 m 以下发动机失效时,机长应当在前方迫降,并且注意观察地形,避免与障碍物相撞。如果高度在 100 m 以上,只要条件允许,应当选择迫降场地,判明风向,准确进行目测着陆。

双发动机和多发动机的航空器,在飞行中一台或者数台发动机失效后,机长可以行使如下权利。

(1)在必要时,使用好发动机的最大连续功率飞行。

(2)在自行选择的高度上飞往适合该型航空器着陆的就近机场着陆,如果在海上飞行，应当选择到达陆地或者就近机场飞行时间最短的航线飞行。

（3）为了能够保持最低安全高度飞到就近机场，可将航空器上的货物抛弃。

（4）无法继续安全飞行时，可在机场或者选择的场地上，自行选择方向直线进入着陆或者迫降。

（5）进入着陆时，禁止在低于该型航空器规定的一台或者数台发动机失效后的复飞高度复飞。

（二）航空器空中起火

发动机在空中起火时，机长必须关断起火的发动机供油开关和点火电门，按照该型航空器的规定进行灭火；目视飞行时，允许做侧滑动作的航空器可进行侧滑。灭火后的发动机不准重新开车。

飞行中机舱内起火时，应当先判明火源，关闭驾驶舱、客舱的门窗和通风设备，使用灭火器灭火；必要时关断电源。

空中起火不能熄灭时，必须迅速迫降。

（三）迷航

迷航时，机组应当保持沉着冷静，不得盲目改变航向或者下降高度寻找地标，根据当时的具体情况迅速采取下列措施。

（1）立即向空中交通管制员报告，检查剩余燃油，计算可继续飞行的时间。

（2）上升到有利高度（提高导航设施的有效距离，便于雷达探测和观察地标），使用最长续航时间的功率飞行。

（3）保持原航向飞行或在显著地标上空盘旋，检查记载的领航数据，设法取得空中交通管制员的指令，并按指令飞行。

（4）在国境线附近迷航时，应当立即取垂直国境线的航线向国境内飞行。

（5）按照领航计划中预定的复航方法复航。

如果已采取各种措施仍不能复航时，应当在最先遇到的机场着陆，或者选择场地迫降。迫降前，必须保留一定燃油，以备观察地形和复飞时使用。

（四）迫降

飞行中发生特殊情况，如果无法继续飞往着陆机场，机长应当选择就近机场着陆，并及时报告空中交通管制员和飞行签派员。如果继续飞行不能保证安全，机长可决定在场外迫降，并且报告迫降的地点。迫降前，机组应当通知旅客注意事项。

迫降后，机组应当设法照顾旅客，保护航空器和文件。未经机长允许，机组任何人不得擅自离开航空器，机长应当最后离开航空器并且及时将发生的情况报告飞行签派员和空中交通管制员。

当航空器在空中受到损伤，仍可继续飞行时，机长必须提高警惕，避免做剧烈动作或大速度飞行，选定就近机场着陆。

但在升降舵、副翼操纵钢索或连杆之一断裂时，以及机翼的升力张线断裂并遇到上升和下降气流时，应当立即选择场地迫降。

直升机在飞行中，遇到下列情况时，机长应当视情况选择场地迫降。

（1）发动机完全失效。

（2）尾桨或其传动机构故障，不能继续飞行。

（3）螺翼损坏。

（4）发动机起火。

（5）主减速器滑油温度上升、压力下降超过规定。

（6）机型手册中有关迫降的其他规定。

雾中迫降时，机长必须完全按照仪表驾驶航空器并且用最小的下滑角下降。在下降中，应当根据无线电高度表（气压高度表）的指示，判断距离地面的高度。副驾驶员和机组其他成员必须协同配合，在看到地面时，立即报告机长。

夜间迫降时，应当选择迫降场地，判明地面风向，打开着陆灯进行迫降。迫降时，机长应当特别注意接地前的拉平动作，防止航空器带下滑角度撞地或失速坠地。

航空器迫降时，机长要善于分析具体情况，从不同地区，不同条件的具体情况出发，采用不同的方法进行迫降。在下列地区迫降，通常采用如下方法。

（1）人烟稀少的地区，尽可能靠近居民点、公路和湖泊，逆风进行。

（2）沼泽、森林地区，在植物最稠密的地方，以最小允许速度，逆风进行。

（3）冻结的湖面或者江河地区，在靠近岸边，选择无雪堆、冰丘的地方，或者沿冰丘的方向进行。

（4）沙丘地区，以最小允许速度沿沙丘脊线进行。

（5）山区，向山坡斜上方进行。

陆上航空器在水上迫降时，应当尽量靠近岸边逆风进行。如果水面有涌浪而风速不超过 8～10 m/s 则可以不考虑风向，顺浪脊迫降。如果风速过大，以及只有风浪而无涌浪时，应当逆风在升起的浪波上迫降。水上迫降前，机长还必须通知航空器上的人员带好救生设备，打开上部紧急舱口，并且不得放下起落架和襟翼，在接水前将螺旋桨顺桨。

直升机在水上迫降前，机长应当通知机上人员打开紧急舱口，穿好救生衣，然后按照该型直升机迫降的规定进行迫降。

（五）通信失效

飞行中通信失效的情况通常有三种：发射机故障、接收机故障、双向通信失效。

机组在飞行中应特别注意不要将话筒卡在发射位置，以避免人为原因造成通信失效。出现通信失效时，机组应首先考虑是否出现了设备使用的误操作，包括话筒卡阻、调错频率等。

如果出现接收机故障，机组在改变高度或航向或通过位置报告点时，应按照正常的通信程序向 ATC 报告。如果出现发射机故障，但是能听到 ATC 指令时，应严格按照 ATC 指挥飞行。

飞行中失去地空联络，在目视飞行时，机长应当保持目视飞行飞往就近机场着陆；在仪表飞行时，机长应当按照飞行计划中指定的高度层和预计到达时间，飞往着陆机场导航台上空。塔台管制员应当在该航空器预计到达时间前 10 min，将等待空域内该航空器的飞行高度层空出，允许该航空器在预计到达时间后的 30 min 内，按照优先着陆程序下降和仪表进近。

只有确知着陆机场的天气低于标准，方可按照飞行计划飞往备降机场。改变航向后，原高度层符合新航向的高度层配备时，应当保持原高度层飞行；如果原高度层低于最低安全高度，则应当上升到符合新航向的最低安全高度层飞行。改变航向后，原高度层不符合新航向的高度层配备时，应当下降 300 m（原高度层在 7000 m（含）以上时，则应当下降 1000 m）飞行；如果下降低于最低安全高度，则应当上升到符合新航向的最低安全高度层飞行。

装有应答机的航空器，应当将其置于"A7600"。

双向无线通信失效期间，飞行机组采取任何行动，应做出正确的判断，在空中交通管制部门的指挥下执行规定的紧急处置动作和程序。

在双向无线通信失效时，飞行机组应将应答机编码置于"7700" 1 min，然后将应答机编码置于"7600" 15 min 或保留到剩余飞行时间（若剩余飞行时间少于 15 min），若剩余飞行时较长，应每隔 15 min 重复一次上述做法。

机组应了解，管制先发现通信实效的飞机应基机编码的变化后，可能会通过盲发指令来确定飞机的接收机是否有效。

（六）起落架故障

起落架系统故障包括：起落架全部或部分收不起来，起落架全部或部分放不下来，起落架指示不正常。

起飞收起落架时，机组发现起落架系统故障应立即报告空中交通管制，加入等待并报告机组意图；严格按照快速检查单完成相应的应急程序，不得随意改变程序；如果故障无法排除，应根据当时起落架情况选择合适的方法返航着陆或迫降。

进入着陆形态时，机组发现起落架放不下来应立即复飞；严格按照快速检查单完成相应的应急程序，不得随意改变程序；如果故障无法排除，可在规定的地带迫降，使用迫降和应急撤离程序。

（七）座舱失压

座舱失压是由于飞行中航空器增压系统失效或座舱结构损坏造成的。飞机的加压系统由空气压缩泵系统及周围环境控制系统（ECS）组成。这两个系统被称为高空飞行客机的"生命之源"，一点也不为过。但可怕的是，与结实的机身、机翼相比，"生命之源"较为脆弱，一旦加压系统遭到破坏，机舱失压就会发生。

座舱失压就是飞机内部和飞机外部的压差为零，也就是飞机不增压了。通常情况，随着飞机高度的上升，飞机的增压系统会缓慢地给飞机增压，使飞机上的旅客不至于因为高空压力小和氧气不足而产生不舒服的感觉。如果在高空机舱失压，由于机舱里的氧气外泄和压力减小，会使旅客在瞬间身体膨胀、缺氧窒息，从而逐渐失去意识。如果没有足够的氧气供应，最后的结果就是全部缺氧死亡。

座舱失压时机组的应急措施有如下几种。

（1）应当紧急下降至 10 000 ft 或航路最低安全高度飞行。

（2）紧急下降前应戴上氧气面罩，并操作人工释放氧气面罩开关，以确保所有旅客都有氧气面罩可用。

（3）检查剩余油量，重新计算续航能力。

（4）下降过程中应尽快报告空中交通管制部门飞机当时的状态以及机组的意图。

（5）机组应尽早发现增压系统的故障，及时转换备用/人工增压系统控制座舱高度，只有在无法恢复座舱增压的情况下才能开始紧急下降；应尽量使用自动设备进行紧急下降，如果断开自动驾驶，操纵驾驶员要注意控制好飞机的状态；任何时候不要以粗猛地动作操纵飞机进入紧急下降；实施紧急下降的飞行机组应保持与其他飞机危险接近的警惕性，防止与邻近飞机危险接近。

（八）劫机

飞行中遭到劫持时，机长和机组成员应当在保证航空器上人员和航空器安全的前提下，根据当时具体情况，采取一切措施，妥善处置，并且设法立即将此情况报告区域空中的交通管制员和飞行签派员，装有应答机的航空器，应当将其置于"A7500"。

劫机是指：以反社会为目的，劫持航空器，撞击重要目标，制造重大事件，造成机毁人亡的自杀性恐怖活动；以政治要求为目的，劫持航空器，要挟党和政府的恐怖活动；以经济要求为目的，劫持航空器，要挟党和政府的恐怖活动；以破坏国家安全为目的，劫持载有关系国家安全的重要人员的航空器的恐怖活动。

遇劫机时各保障单位的组织与实施如下。

1. 签派控制人员

负责与地面代理人的协调与沟通，负责启动应急预案，负责为飞行机组提供飞行资料，负责公司内外资源的总体协调。

服务部协调地面代理人，为重点关注旅客办理乘机手续时，应仔细观察，如发现可疑情况，需用较隐蔽的方法提醒负责旅客安全检查的职员对其有所关注。例如，陪同其到安全检查处或在其登机牌上有所标记，以提醒安检人员重点留意。

2. 服务部

协调地面代理人，为重点关注旅客办理乘机手续时，尽量将此类人员座位安排在后排及靠窗位置，同时应急出口座位及中部应急出口的前三、后三排座位不予开放。

3. 机组

机长接到飞机遇劫信息后，立即把情况报告 ATC，根据机上情况，进行合理分工，争取在最短时间内在国内机场降落；立即将应答机编码调到 7500，保持联系；立即向 ATC 报告发生的劫机情况，报告情况包括如下内容。

（1）劫机者身份、体貌特征、人数。

（2）劫机者使用的手段（如有无武器、爆炸物，以及武器的种类、数量）。

（3）劫机者的要求。

（4）机型，航空器所在的位置、高度。

（5）旅客和机组的人数。

（6）航空器起飞点、下一降落点及终点站等。

如果劫机者已进入驾驶舱，机组在座人员要坚守岗位，在处置过程中要保持驾驶员操纵飞机。

用电话或事先预定的暗语、暗号和乘务组保持联系，获取最新劫机信息。

机长应操纵飞机下降高度，并进行缓慢释压。遇有劫机者携带爆炸物劫机，在下降飞行高度时应当保持客舱的原有气压，防止客舱内的气压变化启爆劫机者携带的压差炸弹。

接通禁止吸烟系好安全带信号灯，关闭不必要的电器设备。

降低客舱温度，减少液体（危险品或爆炸物）的挥发。

机组可伴称满足歹徒要求飞往目的地，以麻痹歹徒。

飞行中如决定行动制服歹徒，机长应利用暗语、暗号通知全体机组人员做好准备，飞行员可根据情况人为制造颠簸，创造战机。

机组在飞机着陆后的滑行中视情以踩急刹车，飞机停稳的瞬间趁歹徒无防备、易麻痹的有利时机，及时采取果断措施制服歹徒。

当劫机者在空中被制服，机长可根据当时情况决定就近机场落地或继续飞往目的地，并将决定报告 ATC 和签派，落地前要求机场做好地面应急处置工作。

飞机落地后，机长应根据当时情况决定是否对旅客实施紧急撤离。在地面人员上机处置前，必须锁闭驾驶舱门。

飞机落地旅客撤离飞机后，机组在把劫机者交给警方时，向警方提供情况和证据。如需要机上知情旅客作证，应将作证旅客的姓名告知警方。如机上有受伤人员，要尽快送往医院医治。

在劫机者控制驾驶舱的情况下，要尽最大可能采取一切措施避免机毁人亡的后果发生。

4. 空中安保人员的处置

在机长指挥或授权范围内处置劫机事件，确保旅客、飞机和机组人员的安全。

判明情况及时通报。尽快弄清劫机者的人数、姓名、体貌特征、座位号。携带武器、凶器、爆炸物、危险品的种类、性质、放置部位、有无航空知识等，并尽快辨别真伪，及时报告机长。

在情况十分紧急时，根据反劫机预案有权采取果断措施进行处置。

重点保护驾驶舱，坚决阻止歹徒闯入驾驶舱。

隐蔽行动、见机行事。在处置过程中不能暴露身份，以便于摸清劫机者的情况、掌握时机对劫机者以致命打击,包括对劫机者采取最严厉的制裁措施。

在处置过程中,做好警具保护,防止警具被歹徒利用。

在机长的统一领导下做好分工,密切配合,行动协调一致,统一行动。在需要时能挺身而出,维护旅客安全及国家利益。

当被劫持的飞机在机场降落后,寻找机会采取制服措施,或请求地面支持、配合采取行动,防止飞机再次起飞。

劫机事件处置完毕后,飞机再次起飞前,对飞机进行彻底检查。

5. 乘务组的处置

最先接到飞机遇劫信息的乘务员,应立即通过机上内话系统、使用预案约定的暗号将劫机者的座位号、姓名、性别、年龄、特征、职业、身体状况,劫机者所持凶器、危险品种类、爆炸物的类别、起爆装置等信息报告机长、乘务长、其他乘务员和空中安保人员。

设法与劫机者交谈,尽量说服感化或答应其提出的条件,并从中进一步了解上述报告内容。摸清劫机者有无同伙、座位号以及劫机者的目的要求。

加强对客舱的监视,注意发现其他旅客的可疑迹象或劫机者的同伙。

继续做好对旅客的服务,包括餐食的供应,中断酒类或含酒精饮料的供应,服务时不要使用餐车,餐车尽量放置于驾驶舱门前,不能放置在客舱通道。

一般情况不要通知机上旅客,以免引起机上旅客的恐慌或混乱。

可利用餐车,保护好驾驶舱不被劫机者闯入或侵害。

在机长的指挥下,配合空中安保人员,在保证人机安全的条件下,实施反劫机预案。

如决定在机上采取制服歹徒的措施,飞行员、乘务员可以发动旅客提供必要的协助,同时调整旅客座位,确保飞机配载平衡。

做好机上客舱特殊物品、设备监控,包括硬质餐具的保管、消防设备的监控,在制服歹徒时,可利用机上一切可利用的设备(包括替旅客需保管的拐杖等物品)。

6. 自杀性劫机处置

尽一切努力尽快降落地面,乘务员同时对劫机者晓之以理,动之以情,争取说服其放弃行动。

(1)满足劫机者要求。

为保证旅客和飞机的安全,如有下列情形,机长可以决定满足劫机者的要求,飞往所要求的目的地。

① 无法判明劫机者爆炸物真伪的。

② 劫机者有爆炸物或武器,并已控制驾驶舱。

③ 如不满足劫机者的要求,劫机者足以严重危及旅客、机组成员和飞机的安全。

④ 飞机的状态及天气航路满足飞机必需条件。

(2)飞赴目的地机场的处置办法。

机组成员应准备好该目的地机场的有关资料和进场程序,如机上没有这种资料,应与ATC联系,索取该目的地机场进近着陆的有关资料或要求雷达引导。

机组成员应做好分工,密切配合,做好进近着陆中的紧急处置工作。

如有必要,机长或乘务长进行客舱广播,要求旅客听从机组统一指挥,稳定情绪,配合机长工作,做好保密措施。

当飞机安全着陆后,空中保卫人员应尽快准备好紧急处置工作,在确有把握的情况下,可利用歹徒无防备,产生麻痹的有利时机,采取果断措施,制服劫机者。

二、飞行签派员在特殊情况下的应急处置

飞行签派员接到航空器发生特殊情况的报告后,必须立即报告航空公司值班领导,通知有关单位,并且做到如下几点。

(1)了解航空器发生特殊情况的性质、危险程度、所在位置和飞行情况。

(2)了解机组处置情况和机长意图。

(3)设法与航空器保持不间断的联系。

(4)安排备降机场,并将其天气实况通知机组。

(5)航空器在场外迫降时,迅速通知有关单位进行搜寻援救。

(一)爆炸物威胁

在航空器上发现爆炸物时,签派员应按照下列要求进行处置。

1. 航空器在地面

(1)当得知航空器上有爆炸物时,应当将该航空器所处位置和状况等情况立即报告公司值班经理、机场管理机构、空中交通管制部门和公安部门。

(2)暂停该航空器的放行,并立即通知有关部门,根据机场管理机构的安排,采取措施将航空器拖至安全地带。

(3)对航空器的检查、清除爆炸物等项工作由公司会同公安部门专门人员负责。经处理并确认安全无问题后,方可将航空器拖回规定位置继续执行任务。

(4)如果旅客已登机,通知运输部门将旅客及其手提行李撤至安全地带,并将航空器交专门人员处理。

(5)如果航空器在滑行中,待机长将航空器滑到指定地带后,签派人员应迅速通知运输部门撤出旅客和机组。

2. 航空器在空中

(1)航空器在起飞过程中,如获悉航空器上有爆炸物,待航空器返航降落并滑到指定地带后,协助机长处置有关情况。

(2)航空器在飞行途中,机长报告航空器上有爆炸物时,公司签派人员应即协助机长选择就近机场降落或迫降,并参与对航空器的援救和处置。

(3)值班签派人员应当立即将有爆炸物情况报告公司值班经理、有关空中交通管制部门和公安部门。

（二）劫机

航空器在空中遇到劫持，签派员应按照下列要求处置。

（1）当接到机长或有关空中交通管制部门通知航空器被劫持时，立即将劫持情况报告公司值班经理及有关部门。

（2）根据劫持情况，立即与有关单位联系，将劫持发生的时间、地点、航班号、航空器型号和登记号、机长及机组名单、旅客人数及名单、剩余油量、机长意图和拟采取的适当措施报告公司值班经理和有关空中交通管制部门。

（3）如能与航空器直接联络，应当根据具体情况和上级领导机关的指示，将继续飞行、返航、就近机场备降或迫降等适当措施通知机长和有关部门。

三、空中交通管制员在特殊情况下的应急处置

空中交通管制员接到航空器发生特殊情况的报告后，按照下列要求处置。

（1）立即报告航务管理机构值班领导、总调度室和地区管理局调度室。

（2）了解航空器发生特殊情况的所在位置和飞行情况以及机长意图。

（3）提供安全飞行的飞行情报和气象情报。

（4）利用雷达设施密切监视该航空器飞行。

（5）指挥在其附近活动的航空器避让。

（6）提供告警服务，通知有关单位组织搜寻援救。

（7）设法与航空器保持联络。

四、航务管理机构和机场管理机构在特殊情况下的应急处置

保障发生特殊情况航空器着陆机场的航务管理机构和机场管理机构，应当做到如下几点。

（1）立即开放无线电通信、导航和雷达设施，并与航空器联络，协助机组正确处置。

（2）迅速组织各飞行保障部门做好飞行工作。

（3）保证该航空器优先着陆。

（4）按照应急处置程序做好一切援救准备，消防、救护等特种车辆开至现场。

任何单位和航空器收到航空器在空中发出遇险信号后，都应当立即了解判定航空器位置和遇险的性质，打开所有导航设施和雷达，采取一切措施援救遇险的人员，并且立即报告上级和援救部门。

如果航空器在预计到达时间后 30 min，尚未到达着陆机场，而又无位置消息时，飞行签派员和空中交通管制员应当立即向上级报告，并且通知沿航线有关部门协助搜寻。

航空器失踪后，航空公司和地区管理局领导应当亲自组织寻找工作，未得到中国民航局的指示，不得停止寻找。

第三节　特殊飞行情况下的飞行组织与实施管理

一、航空器空中失火的飞行组织与实施人员的管理规定

航空器空中失火的飞行组织与实施人员的管理规定如表 6-1 所示。

表 6-1　航空器空中失火的飞行组织与实施人员的管理规定

空中失火处置程序		
本程序作为空中类应急预案，用于空中类紧急事件的快速处置，由 AOC 带班主任直接启动		
本程序指令响应部门（勾选）： 1. 运行控制部；2. 飞行部；3. 维修工程部；4. 服务部；5. 安监部；6. 人力资源部；7. 品牌创新部；8. 客运市场部；9. 货运市场部；10. 运营管理部；11. 财务部；12. 保卫部		
序　号	应急处置措施	执行单位
1	AOC 带班主任任命当日 1 名签派席位值班人员脱岗作为响应协调员，负责协助 AOC 带班主任开展相关应急工作	运行控制部
2	AOC 带班主任安排响应协调员设法与涉事机组和航空器所属区域的机场相关部门、航管单位保持联系并获取涉事航班相关信息，包含但不限于： （1）涉事航空器航班号、航段、机型； （2）航空器目前所处的位置； （3）航空器目前火势情况，燃烧位置； （4）航空器的损坏情况； （5）飞机目前运行状况； （6）飞机上是否有人员伤亡； （7）飞机剩余油量； （8）飞行机组的意图和拟打算采取的措施； （9）其他事件描述	运行控制部
3	AOC 带班主任安排资料收集员收集并封存涉事航班资料包含但不限于： （1）FPL、飞行放行单、飞行计划； （2）各类动态电报； （3）航图手册； （4）NOTAM； （5）气象资料； （6）舱单和货单； （7）机组、乘务组名单以及技术级别； （8）航路导航数据； （9）飞机维修记录； （10）飞机加油单及电子舱单；	运行控制部

续表

序 号	应急处置措施	执行单位
3	（11）特种货物机长通知单、航空货运单； （12）ACARS 交流记录； （13）卫星电话通话录音； （14）飞机上救生衣、救生筏和烟火求救信号的数量、颜色、类型；急救药品和饮水的详细情况；无线电求救设备的类型和频率	运行控制部
4	由 AOC 带班主任将最新事件进展通报公司各单位负责人：公司总裁、公司运行副总裁、运行控制部总经理、飞行部总经理、维修工程部总经理、服务部总经理、品牌创新部总经理、安监部总经理、客运市场部总经理、货运市场部总经理、保卫部总经理、人力资源部总经理、运营管理部总经理。告知信息保密性原则，通知做好应急准备	运行控制部
5	AOC 带班主任宣布启动航空器失火处置程序，负责安排响应协调员通知当日首席值班员、安监部、飞行部、维修工程部、服务部当日值班、公司应急经理，赶往应急指挥室召开应急紧急会议，根据检查单和实际事件情况分配应急工作	运行控制部
6	由 AOC 带班主任视情况指派保卫部、安监部、运控部、人资行政部将事件信息通报给当地机场、民航局和政府部门： （1）中国民用航空局运行监控中心及始发站、经停站、预达站的航管部门、机场相关部门； （2）离失事/事故地点最近航站的航管部门、机场相关部门； （3）代码共享伙伴和代管协议单位； （4）当地政府应急办。 通报信息包含以下内容： （1）事发时间、地点； （2）航班号、航空器国际、登记标志及营运人； （3）航空器型号、类别、呼号、任务性质； （4）最后一个起飞点和计划降落地点； （5）机上旅客名单/机组名单； （6）机上人员及伤亡情况、航空器损害程度； （7）事故简要经过； （8）事故发生地点的地理特征与天气情况； （9）已经采取的措施； （10）飞机上救生衣、救生筏和烟火求救信号的数量、颜色、类型；急救药品和饮水的详细情况；无线电求救设备的类型和频率； （11）舱单/货单/危险品运输清单（包括特种货物机长通知单、危险品运输申报单）； （12）其他有关情况	运行控制部
7	响应协调员负责协助 AOC 带班主任将事故最新进展通知民航局应急职能部门、目的地机场相关单位、事发区域航管单位： （1）民航局运行监控中心调度室/应急管理办公室联系方式_____； （2）机场应急指挥中心联系方式_____； （3）航管单位联系方式_____	运行控制部

续表

序 号	应急处置措施	执行单位
8	给予机组提供必要的帮助，包含但不限于： （1）与机组沟通，了解航空器火势控制情况和航空器目前运行状态，给予机组必要的技术支持； （2）咨询消防专业人士，提供机组火势控制和消防的专业建议； （3）协助机组选择预降落机场和备降机场，并提供航路、预降落机场、备降场的天气和通告以及飞行计划； （4）密切监控航空器的轨迹、高度和油量，在评估需要放油的情况下，提前与航管单位沟通并告知机组； （5）给予机组心理支持，稳定机组情绪； （6）与机组保持联系，了解机组意图和已采取的措施	运行控制部、飞行部、维修工程部、服务部、运营管理部、保卫部
9	如有需要可通过民航局相关职能单位与军方、外交部、政府救援机构建立联系，或请求协助救援	客运市场部、运行控制部
10	（按需）倘若飞机载有危险品，根据情况咨询危险品运输专业人士及环境保护机构，请求协助完成危险品处置方案	运行控制部、安监部、运营管理部
11	（按需）在火未扑灭或火势未得到控制的情况下，根据机组核实确定降落机场，做好紧急降落前准备： （1）向着陆机场应急指挥中心通报最新事件进展； （2）联系着陆机场预留空旷机位，做好人员疏散，通知机场消防、机场公安做好应急准备； （3）联系当地航管机构做好应急准备； （4）联系当地医疗机构，做好医疗救援准备； （5）向民航局运行监控中心报告最新事件进展	运行控制部、人力资源部
12	（按需）以电话方式向事发地民航地区管理局航安办、事发地民航监管局、民航中南地区管理局航安办、民航海南监管局、民航局值班室报告	安监部
13	（按需）在火未扑灭或火势未得到控制的情况下，涉事航空器落地前，响应协调员应确认以下应急工作已完成： （1）预降落机场预留空旷滑行道和停机坪； （2）消防人员到位； （3）医疗救助人员到位； （4）倘若载有危险品，确认危险品处置方案已制定； （5）机场机坪无关人员已疏散、设备已撤离	运行控制部、保卫部、人资行政部、运营管理部、服务部
14	（按需）根据事态发展情况，向机场相关部门提供危险品处置建议供应急参考	安监部
15	（按需）通知预降落机场的地服人员配合机场相关部门的应急响应工作	服务部
16	倘若在处置过程中得知已经出现或极有可能出现人员伤亡或航空器严重受损的情况，AOC 带班主任应立即将相关信息上报总部应急指挥中心，由应急指挥中心总指挥（如中心总指挥不在，按照中心副总指挥，公司应急经理的顺序递补）决策是否升级为 A 级响应并且启动航站级应急响应或相应等级的公司级应急响应	运行控制部

二、航空器失事/失踪应急处置预案

航空器失事/失踪应急处置预案如表 6-2 所示。

表 6-2 航空器失事/失踪应急处置预案

航空器失事、失踪处置程序		
本程序作为空中类应急预案，用于空中类紧急事件的快速处置		
本程序指令响应部门（勾选）： 1．运行控制部；2．飞行部；3．维修工程部；4．服务部；5．安监部；6．人资行政部；7．保卫部；8．货运业务部；9．市场营销部；10．财务部；11．运营管理部		
序 号	应急处置措施	执 行 单 位
1	公司任何人员接收到航空器失事信息通报后，第一时间通报 AOC 带班主任	各部门
2	AOC 带班主任任命当日 1 名签派席位值班人员脱岗作为响应协调员，负责协助 AOC 带班主任开展相关应急工作	运行控制部
3	AOC 带班主任安排响应协调员与涉事航空器所属区域的航管部门、公司机构联系，核实、记录以下信息，包括但不限于： （1）涉事航空器航班号、机号、所飞航段； （2）涉事航空器最后联系时位置； （3）涉事航空器最后联系时时间； （4）涉事航空器最后联系时航向； （5）涉事航空器最后联系时高度； （6）涉事航空器最后联系时速度； （7）涉事航空器最后联系时飞机剩油	运行控制部
4	AOC 带班主任安排资料收集员收集并封存涉事航班资料，包含但不限于： （1）FPL、飞行放行单、飞行计划； （2）各类动态电报； （3）航图手册； （4）NOTAM； （5）气象资料； （6）舱单和货单； （7）机组、乘务组名单以及技术级别； （8）航路导航数据； （9）飞机维修记录； （10）飞机加油单； （11）特种货物机长通知单； （12）ACARS 交流记录； （13）卫星电话通话录音； （14）飞机上救生衣、救生筏和烟火求救信号的数量、颜色、类型；急救药品和饮水的详细情况；无线电求救设备的类型和频率	运行控制部

续表

序号	应急处置措施	执行单位
5	由 AOC 带班主任将最新事件进展通报公司各部门负责人：公司总裁、公司运行副总裁、安全总监、运行控制部总经理、飞行部总经理、维修工程部总经理、服务部总经理、安监部总经理、市场营销部总经理、货运业务部、保卫部总经理、人资行政部总经理。告知信息保密性原则，通知做好应急准备	运行控制部
6	由 01 值班经理视情指派席位或人员将事件信息通报给当地机场、民航局和政府部门（各部门负责通知对口单位）： （1）中国民用航空局运行监控中心及始发站、经停站、预达站的航管部门、机场相关部门； （2）离失事/事故地点最近航站的航管部门、机场相关部门； （3）代码共享伙伴和代管协议单位； （4）当地政府应急办。 通报信息包含以下内容： （1）事发时间、地点； （2）航班号、航空器国际、登记标志及营运人； （3）航空器型号、类别、呼号、任务性质； （4）最后一个起飞点和计划降落地点； （5）机上旅客名单/机组名单； （6）机上人员及伤亡情况、航空器损害程度； （7）事故简要经过； （8）事故发生地点的地理特征与天气情况； （9）已经采取的措施； （10）飞机上救生衣、救生筏和烟火求救信号的数量、颜色、类型；急救药品和饮水的详细情况；无线电求救设备的类型和频率； （11）舱单/货单/危险品运输清单（包括特种货物机长通知单、危险品运输申报单）； （12）其他有关情况	运行控制部、保卫部、安监部、人资行政部
7	AOC 带班主任发布启动航空器失事、失踪处置程序，负责安排响应协调员通知当日首席值班员、安监部、飞行部、维修工程部、服务部当日值班、公司应急经理，赶往应急指挥室召开应急紧急会议，根据检查单和实际事件情况分配应急工作	运行控制部
8	（按需）以电话方式向事发地民航地区管理局航安办、事发地民航监管局、民航上海地区管理局航安办、民航局值班室报告	安监部
9	响应协调员负责协助 AOC 带班主任将事故最新进展通知民航局应急职能部门、目的地机场相关单位、事发区域航管单位： （1）民航局运行监控中心调度室/应急管理办公室联系方式_____； （2）机场应急指挥中心联系方式_____； （3）航管单位联系方式_____	运行控制部

续表

序　号	应急处置措施	执 行 单 位
10	倘若在处置过程中得知已经出现或极有可能出现人员伤亡或航空器严重受损的情况，AOC 带班主任应立即将相关信息上报应急指挥中心，由应急指挥中心总指挥（如中心总指挥不在，按照中心副指挥、公司应急经理的顺序递补）接到公司应急响应启动指令后，各部门负责人或其法定被授权人应在 60 min 内进入应急指挥室，01 值班经理应在 30 min 内到达应急指挥室	运行控制部
11	组织家属援助志愿者团队安抚旅客、家属	人资行政部、服务部

三、航空器通信失联处置预案

航空器通信失联处置预案如表 6-3 所示。

表 6-3　航空器通信失联处置预案

航空器通信失联处置程序		
本程序作为空中类应急预案，用于空中类紧急事件的快速处置		
本程序指令响应部门（勾选）： 1．运行控制部；2．飞行部；3．维修工程部；4．服务部；5．安监部；6．人资行政部；7．保卫部；8．货运业务部；9．市场营销部；10．财务部；11．运营管理部		
序　号	应急处置措施	执 行 单 位
1	公司任何人员接收到航空器失事信息通报后，第一时间通报 AOC 带班主任	运行控制部
2	AOC 带班主任任命当日 1 名签派席位值班人员脱岗作为响应协调员，负责协助 AOC 带班主任开展相关应急工作	运行控制部
3	AOC 带班主任安排响应协调员与涉事航空器所属区域的航管部门、公司机构联系，核实、记录以下信息，包括但不限于： （1）涉事航空器航班号、机号、所飞航段； （2）涉事航空器最后联系时位置； （3）涉事航空器最后联系时时间； （4）涉事航空器最后联系时航向； （5）涉事航空器最后联系时高度； （6）涉事航空器最后联系时速度； （7）涉事航空器最后联系时飞机剩油； （8）使用公司的地空通信设备向空中飞机盲发重要航行情报变化和重要气象情报； （9）应根据计算机飞行计划或最后一次位置和油量信息推测飞机目前可能的位置和剩余油量信息。 应收集所有可能备降机场的信息，必要时请求空军派飞机进行寻找	运行控制部
4	（1）AOC 带班主任通知技术支援小组人员（总工程师、机型总师、总签派师或资深飞行员、机型工程师、签派员），迅速到 AOC 进行技术支援； （2）为总指挥提供该航班飞行机组的技术档案； （3）准备事件飞机的技术资料，并根据需要提供给有关的现场救援机构	飞行部、工程部、运行控制部

续表

序 号	应急处置措施	执行单位
5	AOC 带班主任安排资料收集员收集并封存涉事航班资料，包含但不限于： （1）FPL、飞行放行单、飞行计划； （2）各类动态电报； （3）航图手册； （4）NOTAM； （5）气象资料； （6）舱单和货单； （7）机组、乘务组名单以及技术级别； （8）航路导航数据； （9）飞机维修记录； （10）飞机加油单； （11）特种货物机长通知单； （12）ACARS 交流记录； （13）卫星电话通话录音； （14）飞机上救生衣、救生筏和烟火求救信号的数量、颜色、类型；急救药品和饮水的详细情况；无线电求救设备的类型和频率	运行控制部
6	由 AOC 带班主任将最新事件进展通报公司各部门负责人：公司总裁、公司运行副总裁、安全总监、运行控制部总经理、飞行部总经理、维修工程部总经理、服务部总经理、安监部总经理、市场营销部总经理、货运业务部、保卫部总经理、人资行政部总经理。告知信息保密性原则，通知做好应急准备	运行控制部
7	由 AOC 带班主任视情况指派保卫、安监部、运控部、人资行政部将事件信息通报给当地机场、民航局和政府部门： （1）中国民用航空局运行监控中心及始发站、经停站、预达站的航管部门、机场相关部门； （2）离失事/事故地点最近航站的航管部门、机场相关部门； （3）代码共享伙伴和代管协议单位； （4）当地政府应急办。 通报信息包含以下内容： （1）事发时间、地点； （2）航班号、航空器国际、登记标志及营运人； （3）航空器型号、类别、呼号、任务性质； （4）最后一个起飞点和计划降落地点； （5）机上旅客名单/机组名单； （6）机上人员及伤亡情况、航空器损害程度； （7）事故简要经过； （8）事故发生地点的地理特征与天气情况； （9）已经采取的措施； （10）飞机上救生衣、救生筏和烟火求救信号的数量、颜色、类型；急救药品和饮水的详细情况；无线电求救设备的类型和频率； （11）舱单/货单/危险品运输清单（包括特种货物机长通知单、危险品运输申报单）； （12）其他有关情况	运行控制部、保卫部、安监部、人资行政部
8	AOC 带班主任发布启动航空器失联处置程序，负责安排响应协调员通知当日首席值班员、安监部、飞行部、维修工程部、服务部当日值班、公司应急经理，赶往应急指挥室召开应急紧急会议，根据检查单和实际事件情况分配应急工作	运行控制部

续表

序号	应急处置措施	执行单位
9	（按需）以电话方式向事发地民航地区管理局航安办、事发地民航监管局、民航局值班室报告	安监部
10	响应协调员负责协助 AOC 带班主任将事故最新进展通知民航局应急职能部门、目的地机场相关单位、事发区域航管单位： （1）民航局运行监控中心调度室/应急管理办公室联系方式＿＿＿＿； （2）机场应急指挥中心联系方式＿＿＿＿＿； （3）航管单位联系方式＿＿＿＿	运行控制部
11	倘若航空器又恢复联系，当日负责监控事发航班的签派员向机组了解是什么原因导致失联并报告 AOC 带班主任，由 AOC 带班主任决定是否跳至启动相应应急响应预案： 空中重大故障； 空中非法劫持； ＿＿＿＿＿	运行控制部
12	倘若在处置过程中得知已经出现或极有可能出现人员伤亡或航空器严重受损的情况，AOC 带班主任应立即将相关信息上报总部应急指挥中心，由应急指挥中心总指挥（如中心总指挥不在，按照中心副总指挥、公司应急经理的顺序递补）决策是否升级为一级响应，接到公司应急响应启动指令后，各部门负责人或其法定被授权人应在 60 min 内进入应急指挥室，01 值班经理应在 30 min 内到达应急指挥室	运行控制部

四、航空器空中故障处置预案

航空器空中故障处置预案如表 6-4 所示。

表 6-4　航空器空中故障处置预案

航空器空中突发故障处置程序		
本程序作为空中类应急预案，用于空中类紧急事件的快速处置		
本程序指令响应部门（勾选）： 1. 运行控制部；2. 飞行部；3. 维修工程部；4. 服务部；5. 安监部；6. 人资行政部；7. 品牌创新部；8. 保卫部；9. 航空销售部；10. 市场营销部；11. 财务部；12. 运营管理部		
序号	应急处置措施	执行单位
1	AOC 带班主任安排响应协调员设法与涉事机组和航空器所属区域的机场相关部门、航管单位保持联系并获取涉事航班相关信息，包含但不限于： （1）涉事航空器航班号、航段、机型； （2）航空器目前所处的位置； （3）飞机故障的性质或可能性； （4）飞机目前运行状况； （5）飞机上是否有人员伤亡； （6）飞机剩余油量； （7）飞行机组的意图和拟打算采取的措施； （8）其他事件描述	运行控制部

续表

序 号	应急处置措施	执 行 单 位
2	（1）AOC 带班主任通知技术支援小组人员（总工程师、机型总师、总签派师或资深飞行员、机型工程师、签派员），迅速到 AOC 进行技术支援； （2）为总指挥提供该航班飞行机组的技术档案； （3）准备事件飞机的技术资料，并根据需要提供给有关的现场救援机构	飞行部、工程部、运行控制部
3	AOC 带班主任任命当日 1 名签派席位值班人员脱岗作为响应员，负责协助 AOC 带班主任开展相关应急工作	运行控制部
4	AOC 签派员为机组提供技术支持，并协助带班主任完成以下工作： （1）机组向空管部门申请改变航线和优先着陆； （2）持续通过一切可用通信手段（VHF、ACARS、卫星电话）联系飞行机组，了解飞机剩油，监控飞机； （3）必要时，通知飞行专家至空中交通管制部门； （4）保持与空中交通管制部门、机场相关部门联系，密切跟踪飞机动态，直到飞机安全着陆； （5）了解事件的最新的动态和机组意图，向机组提供就近合适备降场资料、飞行情报和气象资料，如果可能制作飞往备降机场的飞行计划发送机组； （6）随时准备按照"航空器失事/失踪处置预案"执行救援程序	运行控制部
5	AOC 带班主任响应协调员收集并封存涉事航班资料，包含但不限于： （1）FPL、飞行放行单、飞行计划； （2）各类动态电报； （3）航图手册； （4）NOTAM； （5）气象资料； （6）舱单和货单； （7）机组、乘务组名单以及技术级别； （8）航路导航数据； （9）飞机维修记录； （10）飞机加油单； （11）特种货物机长通知单； （12）ACARS 交流记录； （13）卫星电话通话录音； （14）飞机上救生衣、救生筏和烟火求救信号的数量、颜色、类型；急救药品和饮水的详细情况；无线电求救设备的类型和频率	运行控制部
6	由 AOC 带班主任将最新事件进展通报公司各单位负责人：公司总裁、公司运行副总裁、运行控制部总经理、飞行部总经理、维修工程部总经理、服务部总经理、品牌部总经理、安监部总经理、市场营销部总经理、航空销售部、保卫部总经理、人资行政部总经理。告知信息保密性原则，通知做好应急准备	运行控制部
7	AOC 带班主任宣布启动空中爆炸威胁处置程序，负责安排响应协调员通知当日 01 值班经理、安监部、飞行部、维修工程部、保卫部、服务部当日值班、公司应急经理，赶往应急指挥室召开应急紧急会议，根据检查单和实际事件情况分配应急工作	运行控制部

续表

序号	应急处置措施	执行单位
8	由 01 值班经理视情指派席位或人员将事件信息通报给当地机场、民航局和政府部门（各部门负责通知对口单位）： （1）中国民用航空局运行监控中心及始发站、经停站、预达站的航管部门、机场相关部门； （2）离失事/事故地点最近航站的航管部门、机场相关部门； （3）代码共享伙伴和代管协议单位； （4）当地政府应急办。 通报信息包含以下内容： （1）事发时间、地点； （2）航班号、航空器国际、登记标志及营运人； （3）航空器型号、类别、呼号、任务性质； （4）最后一个起飞点和计划降落地点； （5）机上旅客名单/机组名单； （6）机上人员及伤亡情况、航空器损害程度； （7）事故简要经过； （8）事故发生地点的地理特征与天气情况； （9）已经采取的措施； （10）飞机上救生衣、救生筏和烟火求救信号的数量、颜色、类型；急救药品和饮水的详细情况；无线电求救设备的类型和频率； （11）舱单/货单/危险品运输清单（包括特种货物机长通知单、危险品运输申报单）； （12）其他相关情况	各部门
9	给予机组提供必要的帮助，包含但不限于： （1）与机组沟通，了解故障性质和航空器目前运行状态，给予机组必要的技术支持； （2）密切监控航空器的轨迹、高度和油量，在评估需要放油的情况下，提前与航管单位沟通并告知机组； （3）给予机组心理支持，稳定机组情绪； （4）与机组保持联系，了解机组意图和已采取的措施	运行控制部、飞行部、工程部
10	（按需）响应协调员负责协助 AOC 带班主任将事故最新进展通知民航局应急职能部门、目的地机场相关单位、事发区域航管单位： （1）民航局运行监控中心调度室/应急管理办公室联系方式_____； （2）机场应急指挥中心联系方式_____； （3）航管单位联系方式_____	运行控制部
11	如有需要可通过民航局相关职能单位与军方、外交部、政府救援机构建立联系，或请求协助救援	运行控制部
12	（按需）在故障未排除情况下，根据机组核实确定降落机场，做好紧急降落前准备： （1）向着陆机场应急指挥中心通报最新事件进展； （2）联系着陆机场预留空旷机位，做好人员疏散，通知机场消防、机场公安做好应急准备； （3）联系当地航管机构做好应急准备； （4）联系当地医疗机构，做好医疗救援准备； （5）向民航局运行监控中心报告最新事件进展	运行控制部、人资行政部航医中心

续表

序　号	应急处置措施	执行单位
13	（按需）以电话方式向事发地民航地区管理局航安办、事发地民航监管局、民航局值班报告	安监部
14	未排除重大故障情况下，涉事航空器落地前，响应协调员请确认以下应急工作已完成： （1）预降落机场预留空旷滑行道和停机坪； （2）消防人员到位； （3）医疗救助人员到位； （4）机场机坪无关人员已疏散、设备已撤离	运行控制部
15	（按需）通知预降落机场的地服（代理）人员配合机场相关部门的应急响应工作	服务部
16	倘若在处置过程中得知已经出现或极有可能出现人员伤亡或航空器严重受损的情况，AOC带班主任应立即将相关信息上报总部应急指挥中心，由应急指挥中心总指挥指挥（如中心总指挥不在，按照中心副总指挥、公司应急经理的顺序递补）决策是否升级为一级响应并且启动公司级应急响应	运行控制部

五、航空器空中发布最低油量处置预案

航空器空中发布最低油量处置预案如表6-5所示。

表6-5　航空器空中发布最低油量处置预案

航空器空中发布最低油量处置程序		
本程序作为空中类应急预案，用于空中类紧急事件的快速处置		
本程序指令响应部门（勾选）： 1. 运行控制部；2. 飞行部；3. 维修工程部；4. 服务部；5. 安监部；6. 人资行政部；7. 品牌创新部；8. 保卫部；9. 航空销售部；10. 市场营销部；11. 财务部；12. 运营管理部		
序　号	应急处置措施	执行单位
1	AOC带班主任任命当日1名签派席位值班人员脱岗作为响应协调员，负责协助AOC带班主任开展相关应急工作	运行控制部
2	AOC带班主任安排响应协调员设法与涉事机组和航空器所属区域的机场相关部门、航管单位保持联系并获取涉事航班相关信息，包含但不限于： （1）涉事航空器航班号、航段、机型； （2）航空器目前所处的位置； （3）航空器目前飞机上剩油情况，预计续航时间； （4）协助机组向空管部门申请改变航线和优先着陆； （5）飞机目前运行状况； （6）飞行机组的意图和拟打算采取的措施； （7）其他事件描述	运行控制部

续表

序　号	应急处置措施	执行单位
3	AOC 带班主任安排资料收集员收集并封存涉事航班资料，包含但不限于： （1）FPL、飞行放行单、飞行计划； （2）各类动态电报； （3）航图手册； （4）NOTAM； （5）气象资料； （6）舱单和货单； （7）机组、乘务组名单以及技术级别； （8）航路导航数据； （9）飞机维修记录； （10）飞机加油单及电子舱单； （11）特种货物机长通知单、航空货运单； （12）ACARS 交流记录； （13）卫星电话通话录音	运行控制部
4	由 AOC 带班主任将最新事件进展通报公司各单位负责人：公司总裁、公司运行副总裁、运行控制部总经理、飞行部总经理、维修工程部总经理、服务部总经理、品牌创新部总经理、安监部总经理、市场营销部总经理、航空销售部总经理、保卫部总经理、人资行政部总经理、运营管理部总经理。告知信息保密性原则，通知做好应急准备	运行控制部
5	AOC 带班主任发布启动最低油量处置程序，负责安排响应协调员通知当日首席值班员、安监部、飞行部、维修工程部、服务部当日值班，根据检查单和实际事件情况分配应急工作	运行控制部
6	由 01 值班经理视情指派席位或人员将事件信息通报给当地机场、民航局和政府部门（各部门负责通知对口单位）： （1）中国民用航空局运行监控中心及始发站、经停站、预达站的航管部门、机场相关部门； （2）离失事/事故地点最近航站的航管部门、机场相关部门； （3）代码共享伙伴和代管协议单位。 通报信息包含以下内容： （1）事发时间、地点； （2）航班号、航空器国际、登记标志及营运人； （3）航空器型号、类别、呼号、任务性质； （4）最后一个起飞点和计划降落地点； （5）机上旅客名单/机组名单； （6）机上人员及伤亡情况、航空器损害程度； （7）事故简要经过； （8）事故发生地点的地理特征与天气情况； （9）已经采取的措施； （10）舱单/货单/危险品运输清单（包括特种货物机长通知单、危险品运输申报单）； （11）其他有关情况	各部门

续表

序 号	应急处置措施	执 行 单 位
7	响应协调员负责协助 AOC 带班主任将事故最新进展通知民航局应急职能部门、目的地机场相关单位、事发区域航管单位： （1）民航局运行监控中心调度室/应急管理办公室联系方式_____； （2）机场应急指挥中心联系方式_____； （3）航管单位联系方式_____	运行控制部
8	给予机组提供必要的帮助包含但不限于： （1）与机组沟通，了解航空器目前运行状态，给予机组必要的技术支持； （2）协助机组选择预降落机场和备降机场，并提供航路、预降落机场、备降场的天气和通告以及飞行计划； （3）密切监控航空器的轨迹、高度和油量，提前与航管单位申请直飞并告知机组； （4）给予机组心理支持，稳定机组情绪； （5）与机组保持联系，了解机组意图和已采取的措施	运行控制部、飞行部、维修工程部、服务部、运营管理部、保卫部
9	（按需）倘若飞机载有危险品，根据情况咨询危险品运输专业人士及环境保护机构，请求协助完成危险品处置方案	运行控制部、安监部、运营管理部
10	（按需）在已发布最低油量，预计到达时间落地机场前，根据机组要求核实确定降落机场，做好紧急降落前准备： （1）向着陆机场应急指挥中心通报最新事件进展； （2）联系着陆机场预留空旷机位，做好人员疏散，通知机场消防、机场公安做好应急准备； （3）联系当地航管机构做好应急准备； （4）联系当地医疗机构，做好医疗救援准备； （5）向民航局运行监控中心报告最新事件进展	运行控制部、人资行政部
11	（按需）以电话方式向事发地民航地区管理局航安办、事发地民航监管局、民航局值班室报告	安监部
12	（按需）在涉事航空器落地前，响应协调员请确认以下应急工作已完成： （1）预降落机场预留空旷滑行道和停机坪； （2）消防人员到位； （3）医疗救助人员到位； （4）倘若载有危险品，确认危险品处置方案已制定； （5）机场机坪无关人员已疏散，设备已撤离	运行控制部、保卫部、人资行政部、运营管理部、服务部
13	（按需）根据事态发展情况，向机场相关部门提供危险品处置建议供应急参考	安监部
14	（按需）通知预降落机场的地服人员配合机场相关部门的应急响应工作	服务部

六、机组空中失能处置预案

机组空中失能处置预案如表 6-6 所示。

表 6-6 机组空中失能处置预案

机组空中失能处置程序		
本程序作为空中类应急预案，用于空中类紧急事件的快速处置		
本程序指令响应部门（勾选）： 1．运行控制部；2．飞行部；3．维修工程部；4．服务部；5．安监部；6．人资行政部；7．保卫部；8．货运业务部；9．市场营销部；10．财务部；11．运营管理部		
序　号	应急处置措施	执行单位
1	AOC 带班主任任命当日 1 名签派席位值班人员脱岗作为响应协调员，负责协助 AOC 带班主任开展相关应急工作	运行控制部
2	AOC 带班主任安排响应协调员设法与涉事机组和航空器所属区域的机场相关部门、航管单位保持联系并获取涉事航班相关信息，包含但不限于： （1）涉事航空器航班号、航段、机型； （2）航空器目前所处的位置； （3）机组人数、失能机组的人数； （4）失能机组的目前状态、正常机组的身体状态； （5）飞机目前运行状况； （6）飞机是否有损伤； （7）飞机上是否有其他人员有伤亡或身体异常； （8）飞机剩余油量； （9）飞行机组的意图和打算采取的措施； （10）其他事件描述	运行控制部
3	AOC 带班主任响应协调员收集并封存涉事航班资料，包含但不限于： （1）FPL、飞行放行单、飞行计划； （2）各类动态电报； （3）航图手册； （4）NOTAM； （5）气象资料； （6）舱单和货单； （7）机组、乘务组名单、技术级别、近期体检表、健康证； （8）航路导航数据； （9）飞机维修记录； （10）飞机加油单； （11）特种货物机长通知单； （12）ACARS 交流记录； （13）卫星电话通话录音； （14）飞机上救生衣、救生筏和烟火求救信号的数量、颜色、类型；急救药品和饮水的详细情况；无线电求救设备的类型和频率	运行控制部

续表

序　号	应急处置措施	执行单位
4	由 AOC 带班主任将最新事件进展通报公司各部门负责人：公司总裁、公司运行副总裁、安全总监、运行控制部总经理、飞行部总经理、维修工程部总经理、服务部总经理、安监部总经理、市场营销部总经理、货运业务部、保卫部总经理、人资行政部总经理。告知信息保密性原则，通知做好应急准备	运行控制部
5	由 01 值班经理视情指派席位或人员将事件信息通报给当地机场、民航局和政府部门（各部门负责通知对口单位）： （1）中国民用航空局运行监控中心及始发站、经停站、预达站的航管部门、机场相关部门； （2）离失事/事故地点最近航站的航管部门、机场相关部门； （3）代码共享伙伴和代管协议单位； （4）当地政府应急办。 通报信息包含以下内容： （1）事发时间、地点； （2）航班号、航空器国际、登记标志及营运人； （3）航空器型号、类别、呼号、任务性质； （4）最后一个起飞点和计划降落地点； （5）机上旅客名单/机组名单； （6）机上人员及伤亡情况、航空器损害程度； （7）事故简要经过； （8）事故发生地点的地理特征与天气情况； （9）已经采取的措施； （10）飞机上救生衣、救生筏和烟火求救信号的数量、颜色、类型；急救药品和饮水的详细情况；无线电求救设备的类型和频率； （11）舱单/货单/危险品运输清单（包括特种货物机长通知单、危险品运输申报单）； （12）其他有关情况	各部门
6	AOC 带班主任发布启动机组空中失能处置程序，负责安排响应协调员通知当日 01 值班经理、安监部、飞行部、航医、服务部理部当日值班、公司应急经理，赶往应急指挥室召开应急紧急会议，根据检查单和实际事件情况分配应急工作	运行控制部
7	在还有身体状态正常的飞行机组的情况下，给予正常飞行机组提供必要的帮助，包含但不限于： （1）与正常飞行机组沟通，了解失能机组目前状态和航空器目前运行状态，给予机组必要的飞行技术支持； （2）根据失能机组状态咨询医疗专业人士，给予机组提供紧急自我救助的专业建议； （3）协助机组选择预降落机场和备降机场，并提供航路、预降落机场、备降场的天气通告和飞行计划； （4）密切监控航空器的轨迹、高度和油量，在评估需要放油的情况下，提前与航管单位沟通并告知机组； （5）给予机组心理支持，稳定机组情绪； （6）与机组保持联系，了解机组意图和已采取的措施	运行控制部、飞行部、工程部、人资行政部航医中心

续表

序　号	应急处置措施	执行单位
8	在飞行机组全部失能的情况下，当日放行监控事发航班的签派员负责跟执管涉事航空器的航管部门了解航空器航向、高度并监控航空器油量报告给 AOC 带班主任并做记录，之后由 AOC 带班主任向应急指挥中心总指挥请示是否立即转入一级公司应急响应	运行控制部
9	响应协调员负责协助 AOC 带班主任将事故最新进展通知民航局应急职能部门、目的地机场相关单位、事发区域航管单位： （1）民航局运行监控中心调度室/应急管理办公室联系方式＿＿＿＿＿； （2）机场应急指挥中心联系方式＿＿＿＿＿； （3）航管单位联系方式＿＿＿＿＿	运行控制部
10	如有需要可通过民航局相关职能单位与军方、外交部、政府救援机构建立联系，或请求协助救援	运行控制部 人资行政部
11	（按需）在机组失能、情况未解决的情况下，根据正常飞行机组核实确定降落机场，做好紧急降落前准备： （1）向着陆机场应急指挥中心通报最新事件进展； （2）联系着陆机场预留空旷机位，做好人员疏散，通知机场消防、机场公安做好应急准备； （3）联系当地航管机构做好应急准备； （4）联系当地医疗机构，做好医疗救援准备； （5）向民航局运行监控中心报告最新事件进展	运行控制部、人资行政部航医中心
12	（按需）以电话方式向事发地民航地区管理局航安办、事发地民航监管局、民航局值班室报告	安监部
13	在机组失能、情况未解决的情况下，涉事航空器落地前，响应协调员请确认以下应急工作已完成： （1）预降落机场预留空旷滑行道和停机坪； （2）消防人员到位； （3）医疗救助人员到位； （4）机场机坪无关人员已疏散、设备已撤离	运行控制部
14	（按需）通知预降落机场的地服人员配合机场相关部门的应急响应工作	服务部
15	倘若在处置过程中得知已经出现或极有可能出现人员伤亡或航空器严重受损的情况，AOC 带班主任应立即将相关信息上报部应急指挥中心，由应急指挥中心总指挥（如中心总指挥不在，按照中心副总指挥、公司应急经理的顺序递补）决策是否升级为一级响应，接到公司应急响应启动指令后，各部门负责人或其法定被授权人应在 60 min 内进入应急指挥室，01 值班经理应在 30 min 内到达应急指挥室	运行控制部

七、紧急撤离处置预案

紧急撤离处置预案如表 6-7 所示。

表6-7 紧急撤离处置预案

紧急撤离处置程序

本程序作为地面类应急预案，用于地面类紧急事件的快速处置

本程序指令响应部门（勾选）：
1．运行控制部；2．飞行部；3．维修工程部；4．服务部；5．安监部；6．人资行政部；7．保卫部；8．货运业务部；9．市场营销部；10．财务部；11．运营管理部

序号	应急处置措施	执行单位
1	（1）机组报告AOC航空器遇紧急情况需要紧急撤离时，AOC带班主任通知技术支援小组人员（总工程师、机型总师、总签派师或资深飞行员、机型工程师、签派员），迅速到AOC进行技术支援； （2）为总指挥提供该航班飞行机组的技术档案； （3）准备事件飞机的技术资料，并根据需要提供给有关的现场救援机构	飞行部、工程部、运行控制部
2	AOC带班主任任命当日1名签派席位值班人员脱岗作为响应协调员，负责协助AOC带班主任开展相关应急工作，包含但不限于： （1）FPL、飞行放行单、飞行计划； （2）各类动态电报； （3）航图手册； （4）NOTAM； （5）气象资料； （6）舱单和货单； （7）机组、乘务组名单以及技术级别； （8）航路导航数据； （9）飞机维修记录； （10）飞机加油单； （11）特种货物机长通知单； （12）ACARS交流记录； （13）卫星电话通话录音	运行控制部
3	由AOC带班主任将最新事件进展通报公司各部门负责人：公司总裁、公司运行副总裁、安全总监、运行控制部总经理、飞行部总经理、维修工程部总经理、服务部总经理、安监部总经理、市场营销部总经理、货运业务部、保卫部总经理、人资行政部总经理。告知信息保密性原则，通知做好应急准备	运行控制部
4	AOC带班主任发布启动紧急撤离处置程序，负责安排响应协调员通知当日01值班经理、安监部、飞行部、维修工程部、保卫部、服务部当日值班、公司应急经理，赶往应急指挥室召开应急紧急会议，根据检查单和实际事件情况分配应急工作	运行控制部

续表

序号	应急处置措施	执行单位
5	由01值班经理视情指派席位或人员将事件信息通报给当地机场、民航局和政府部门（各部门负责通知对口单位）： （1）中国民用航空局公安局、运行监控中心及始发站、经停站、预达站的航管部门、机场相关部门； （2）离失事/事故地点最近航站的航管部门、机场相关部门； （3）代码共享伙伴和代管协议单位； （4）当地政府应急办。 通报信息包含以下内容： （1）事发时间、地点； （2）航班号、航空器国际、登记标志及营运人； （3）航空器型号、类别、呼号、任务性质； （4）最后一个起飞点和计划降落地点； （5）机上旅客名单/机组名单； （6）机上人员及伤亡情况、航空器损害程度； （7）事故简要经过； （8）事故发生地点的地理特征与天气情况； （9）已经采取的措施； （10）飞机上救生衣、救生筏和烟火求救信号的数量、颜色、类型；急救药品和饮水的详细情况；无线电求救设备的类型和频率； （11）舱单/货单/危险品运输清单（包括特种货物机长通知单、危险品运输申报单）； （12）其他有关情况	各部门
6	给予机组提供必要的帮助，包含但不限于： （1）与机组沟通，了解故障性质和航空器目前运行状态，给予机组必要的技术支持； （2）密切监控航空器的轨迹、高度和油量，在评估需要放油的情况下，提前与航管单位沟通并告知机组； （3）给予机组心理支持，稳定机组情绪； （4）与机组保持联系，了解机组意图和已采取的措施	运行控制部、飞行部、工程部
7	（按需）响应协调员负责协助AOC带班主任将事故最新进展通知民航局应急职能部门、目的地机场相关单位、事发区域航管单位： （1）民航局运行监控中心调度室/应急管理办公室联系方式＿＿＿＿＿＿； （2）机场应急指挥中心联系方式＿＿＿＿＿＿； （3）航管单位联系方式＿＿＿＿＿＿	运行控制部
8	（按需）在故障未排除的情况下，根据机组核实确定降落机场，做好紧急降落前准备： （1）向着陆机场应急指挥中心通报最新事件进展； （2）联系着陆机场预留空旷机位，做好人员疏散，通知机场消防、机场公安做好应急准备； （3）联系当地航管机构做好应急准备； （4）联系当地医疗机构，做好医疗救援准备； （5）向民航局运行监控中心报告最新事件进展	运行控制部、人资行政部航医中心

续表

序　号	应急处置措施	执行单位
9	（按需）以电话方式向事发地民航地区管理局航安办、事发地民航监管局、民航局值班室报告	安监部
10	（按需）通知预降落机场的地服（代理）人员配合机场相关部门的应急响应工作	服务部
11	倘若在处置过程中得知已经出现或极有可能出现人员伤亡或航空器严重受损的情况，AOC带班主任应立即将相关信息上报总部应急指挥中心，由应急指挥中心总指挥（如中心总指挥不在，按照中心副总指挥、公司应急经理的顺序递补）决策是否升级为一级响应并且启动公司级应急响应	运行控制部

八、空中危险品泄露处置预案

空中危险品泄露处置预案如表6-8所示。

表6-8　空中危险品泄露处置预案

空中危险品运输事故处置程序		
本程序作为空中类应急预案，用于空中类紧急事件的快速处置		
本程序指令响应部门（勾选）： 1. 运行控制部；2. 飞行部；3. 维修工程部；4. 服务部；5. 安监部；6. 人资行政部；7. 保卫部；8. 货运业务部；9. 市场营销部；10. 财务部；11. 运营管理部		
序　号	应急处置措施	执行单位
1	AOC带班主任任命当日1名签派席位值班人员作为响应协调员，负责协助AOC带班主任开展相关应急工作	运行控制部
2	AOC带班主任安排响应协调员设法与涉事机组和航空器所属区域的机场相关部门、航管单位保持联系并获取涉事航班相关信息，包含但不限于： （1）涉事航空器航班号、航段、机型； （2）航空器目前所处的位置； （3）确认载运危险品的运输专用名称和联合国编号/类/项和爆炸品的配装组以及任何已查明的次要危险性； （4）航空器的损坏情况； （5）飞机目前运行状况； （6）飞机上是否有人员伤亡； （7）飞机剩余油量； （8）飞行机组的意图和拟采取的措施； （9）确认危险品在飞机上存放的位置； （10）其他事件描述	运行控制部

续表

序号	应急处置措施	执行单位
3	AOC 响应协调员负责收集并封存涉事航班资料，包含但不限于： （1）FPL、飞行放行单、飞行计划； （2）各类动态电报； （3）航图手册； （4）NOTAM； （5）气象资料； （6）舱单和货单； （7）机组、乘务组名单以及技术级别； （8）航路导航数据； （9）飞机维修记录； （10）飞机加油单及电子舱单； （11）特种货物机长通知单、航空货运单； （12）ACARS 交流记录； （13）卫星电话通话录音； （14）飞机上救生衣、救生筏和烟火求救信号的数量、颜色、类型；急救药品和饮水的详细情况；无线电求救设备的类型和频率	运行控制部
4	若向机组确认危险品为锂电池，要求放行监控事发航班的签派员： （1）确认燃爆的锂电池的位置（客舱或者货舱）、数量、燃爆程度； （2）提醒当班飞行机组联合客舱机组执行锂电池应急处置程序； （3）不定期向机组了解处置情况并做好记录	运行控制部
5	由 AOC 带班主任将最新事件进展通报公司各部门负责人：公司总裁、公司运行副总裁、安全总监、运行控制部总经理、飞行部总经理、维修工程部总经理、服务部总经理、安监部总经理、市场营销部总经理、货运业务部、保卫部总经理、人资行政部总经理。告知信息保密性原则，通知做好应急准备	运行控制部
6	AOC 带班主任发布启动空中危险品运输事故处置程序，负责通知当日 01 值班经理、安监部、飞行部、人资行政部、维修工程部、保卫部、服务部、运营管理部当日值班、公司应急经理，赶往应急指挥室召开应急紧急会议，根据检查单和实际事件情况分配应急工作；公司应急经理，赶往应急指挥室召开应急紧急会议，根据检查单和实际事件情况分配应急工作	运行控制部
7	由 01 值班经理视情指派席位或人员将事件信息通报给当地机场、民航局和政府部门（各部门负责通知对口单位）： （1）中国民用航空局运行监控中心及始发站、经停站、预达站的航管部门、机场相关部门； （2）离失事/事故地点最近航站的航管部门、机场相关部门； （3）代码共享伙伴和代管协议单位； （4）当地政府应急办。 通报信息包含以下内容： （1）事发时间、地点； （2）航班号、航空器国际、登记标志及营运人；	各部门

续表

序 号	应急处置措施	执行单位
7	（3）航空器型号、类别、呼号、任务性质； （4）最后一个起飞点和计划降落地点； （5）机上旅客名单/机组名单； （6）机上人员及伤亡情况、航空器损害程度； （7）事故简要经过； （8）事故发生地点的地理特征与天气情况； （9）已经采取的措施； （10）飞机上救生衣、救生筏和烟火求救信号的数量、颜色、类型；急救药品和饮水的详细情况；无线电求救设备的类型和频率； （11）舱单/货单/危险品运输清单（包括特种货物机长通知单、危险品运输申报单）； （12）其他有关情况	各部门
8	给予机组提供必要的帮助，包含但不限于： （1）与机组沟通，了解危险品处理情况和航空器目前运行状态，给予机组必要的技术支持； （2）咨询危险品运输专业人士，提供机组危险品类型、注意事项及处理方法； （3）协助机组选择预降落机场和备降机场，并提供航路、预降落机场、备降机场的天气和通告以及飞行计划； （4）密切监控航空器的轨迹、高度和油量，在评估需要放油的情况下，提前与航管单位沟通并告知机组； （5）给予机组心理支持，稳定机组情绪； （6）与机组保持联系，了解机组意图和已采取的措施	运行控制部、安监部、飞行部、工程部、服务部、运营管理部
9	响应协调员负责协助 AOC 带班主任将事故最新进展通知民航局应急职能部门、目的地机场相关单位、事发区域航管单位： （1）民航局运行监控中心调度室/应急管理办公室联系方式_____； （2）机场应急指挥中心联系方式_____； （3）航管单位联系方式_____	运行控制部
10	咨询危险品运输专业人士及环境保护机构，请求协助完成事故现场的危险品处置方案	安监部
11	如有需要，可通过民航局相关职能单位与军方、外交部、政府救援机构建立联系，或请求协助救援	运控部
12	在未排除危险品威胁情况下，根据机组核实确定降落机场，做好紧急降落前准备： （1）向着陆机场应急指挥中心通报最新事件进展； （2）联系着陆机场预留空旷机位，做好人员疏散，通知机场消防、机场公安做好应急准备； （3）联系当地航管机构做好应急准备； （4）联系当地医疗机构，做好医疗救援准备； （5）向民航局运行监控中心报告最新事件进展	运行控制部、保卫部、人资行政部

续表

序　号	应急处置措施	执行单位
13	（按需）以电话方式向事发地民航地区管理局航安办、事发地民航监管局、民航局值班室报告	安监部
14	（按需）在未排除危险品威胁情况下，涉事航空器落地前，响应协调员请确认以下应急工作已完成： （1）预降落机场预留空旷滑行道和停机坪； （2）消防人员到位； （3）医疗救助人员到位； （4）危险品处置方案已制定； （5）机场机坪无关人员已疏散、设备已撤离	运行控制部
15	（按需）提供危险品处置方案给机场相关部门供应急参考	运营管理部、运行控制部
16	（按需）通知预降落机场的地服人员配合机场相关部门的应急响应工作	服务部
17	倘若在处置过程中得知已经出现或极有可能出现人员伤亡或航空器严重受损的情况，AOC 带班主任应立即将相关信息上报总部应急指挥中心，由应急指挥中心总指挥（如中心总指挥不在，按照中心副总指挥、公司应急经理的顺序递补）决策是否升级为一级响应，接到公司应急响应启动指令后，各部门负责人或其法定被授权人应在 60 min 内进入应急指挥室，01 值班经理应在 30 min 内到达应急指挥室	运行控制部

九、航空器地面失火应急处置预案

航空器地面失火应急处置预案如表 6-9 所示。

表 6-9　航空器地面失火应急处置预案

航空器地面失火处置程序	
本程序作为地面类应急预案，用于地面类紧急事件的快速处置	
本程序指令响应部门（勾选）： 1. 运行控制部；2. 飞行部；3. 维修工程部；4. 服务部；5. 安监部；6. 人资行政部；7. 保卫部；8. 货运业务部；9. 市场营销部；10. 财务部；11. 运营管理部	

序　号	应急处置措施	执行单位
1	任何人员发现航空器在地面（主要指滑行、停场或加注燃油时）发生起火都应首先报告 AOC 带班主任并通知机场消防	
2	AOC 带班主任任命当日 1 名签派席位值班人员脱岗作为响应协调员，负责协助 AOC 带班主任开展相关应急工作	运行控制部

续表

序 号	应急处置措施	执行单位
3	AOC 带班主任安排响应协调员设法与涉事机组、机务、地面保障人员和航空器所属区域的机场、航管单位保持联系并获取涉事航班相关信息，包含但不限于： （1）涉事航空器航班号、航段、机型； （2）航空器目前所处的位置； （3）航空器目前火势情况，燃烧位置； （4）航空器的损坏情况； （5）飞机目前运行状况； （6）飞机上是否有人员伤亡； （7）飞机剩余油量； （8）飞行机组的意图和拟采取的措施； （9）舱单/货单/危险品运输清单（包括特种货物机长通知单、危险品运输申报单）； （10）其他事件描述	运行控制部
4	AOC 带班主任安排资料收集员收集并封存涉事航班资料，包含但不限于： （1）FPL、飞行放行单、飞行计划； （2）各类动态电报； （3）航图手册； （4）NOTAM； （5）气象资料； （6）舱单和货单； （7）机组、乘务组名单以及技术级别； （8）航路导航数据； （9）飞机维修记录； （10）飞机加油单及电子舱单； （11）特种货物机长通知单、航空货运单； （12）ACARS 交流记录； （13）卫星电话通话录音； （14）飞机上救生衣、救生筏和烟火求救信号的数量、颜色、类型；急救药品和饮水的详细情况；无线电求救设备的类型和频率	运行控制部
5	由 AOC 带班主任将最新事件进展通报公司各部门负责人：公司总裁、公司运行副总裁、安全总监、运行控制部总经理、飞行部总经理、维修工程部总经理、服务部总经理、安监部总经理、市场营销部总经理、货运业务部、保卫部总经理、人资行政部总经理。告知信息保密性原则，通知做好应急准备	运行控制部
6	AOC 带班主任发布启动航空器失火处置程序，负责安排响应协调员通知当日首席值班员、安监部、飞行部、维修工程部、服务部当日值班、公司应急经理，赶往应急指挥室召开应急紧急会议，根据检查单和实际事件情况分配应急工作	运行控制部

续表

序　号	应急处置措施	执行单位
7	由 01 值班经理视情指派席位或人员将事件信息通报给当地机场、民航局和政府部门（各部门负责通知对口单位）： （1）中国民用航空局运行监控中心及始发站、经停站、预达站的航管部门、机场相关部门； （2）离失事/事故地点最近航站的航管部门、机场相关部门； （3）代码共享伙伴和代管协议单位； （4）当地政府应急办。 通报信息包含以下内容： （1）事发时间、地点； （2）航班号、航空器国际、登记标志及营运人； （3）航空器型号、类别、呼号、任务性质； （4）最后一个起飞点和计划降落地点； （5）机上旅客名单/机组名单； （6）机上人员及伤亡情况、航空器损害程度； （7）事故简要经过； （8）事故发生地点的地理特征与天气情况； （9）已经采取的措施； （10）飞机上救生衣、救生筏和烟火求救信号的数量、颜色、类型；急救药品和饮水的详细情况；无线电求救设备的类型和频率； （11）舱单/货单/危险品运输清单（包括特种货物机长通知单、危险品运输申报单）； （12）其他有关情况	各部门
8	响应协调员负责协助 AOC 带班主任将事故最新进展通知民航局应急职能部门、目的地机场相关单位、事发区域航管单位： （1）民航局运行监控中心调度室/应急管理办公室联系方式＿＿＿＿＿＿； （2）机场应急指挥中心联系方式＿＿＿＿＿＿； （3）航管单位联系方式＿＿＿＿＿＿	运行控制部
9	给予机组提供必要的帮助，包含但不限于： （1）与机组沟通，了解航空器火势控制情况和航空器目前运行状态，给予机组必要的技术支持； （2）咨询消防专业人士，提供机组火势控制和消防的专业建议； （3）给予机组心理支持，稳定机组情绪； （4）与机组保持联系，了解机组意图和已采取的措施	运行控制部、飞行部、维修工程部、服务部、运营管理部、保卫部
10	（按需）倘若飞机载有危险品，根据情况咨询危险品运输专业人士及环境保护机构，请求协助完成危险品处置方案	运行控制部、安监部、运营管理部
11	（按需）在火未扑灭或火势未得到控制的情况下，根据实际情况，做好紧急降落前准备： （1）向机场应急指挥中心通报最新事件进展； （2）联系着陆机场，做好人员疏散，通知机场消防、机场公安做好应急准备； （3）联系当地航管机构做好应急准备； （4）联系当地医疗机构，做好医疗救援准备； （5）向民航局运行监控中心报告最新事件进展	运行控制部、人资行政部

续表

序　号	应急处置措施	执行单位
12	（按需）以电话方式向事发地民航地区管理局航安办、事发地民航监管局、民航局值班室报告	安监部
13	（按需）在火未扑灭或火势未得到控制的情况下，响应协调员请确认以下应急工作已完成： （1）消防人员到位； （2）医疗救助、公安、武警人员到位； （3）倘若载有危险品，确认危险品处置方案已制定； （4）机场机坪无关人员已疏散、设备已撤离	运行控制部、保卫部、人资行政部、运营管理部、服务部
14	（按需）根据事态发展情况，向机场相关部门提供危险品处置建议供应急参考	安监部
15	（按需）通知机场的地服人员配合机场相关部门的应急响应工作	服务部
16	倘若在处置过程中得知已经出现或极有可能出现人员伤亡或航空器严重受损的情况，AOC 带班主任应立即将相关信息上报总部应急指挥中心，由应急指挥中心总指挥（如中心总指挥不在，按照中心副总指挥、公司应急经理的顺序递补）决策是否升级为一级响应，接到公司应急响应启动指令后，各部门负责人或其法定被授权人应在 60 min 内进入应急指挥室，01 值班经理应在 30 min 内到达应急指挥室	运行控制部

十、航空器偏航处置预案

航空器偏航处置预案如表 6-10 所示。

表 6-10　航空器偏航处置预案

航空器偏航处置程序		
本程序作为空中类应急预案，用于空中类紧急事件的快速处置		
本程序指令响应部门（勾选）： 1．运行控制部；2．飞行部；3．维修工程部；4．服务部；5．安监部；6．人资行政部；7．保卫部；8．货运业务部；9．市场营销部；10．财务部；11．运营管理部		
序　号	应急处置措施	执行单位
1	公司任何人员接收到航空器偏航信息通报后，第一时间通报 AOC 带班主任	各单位
2	AOC 带班主任任命当日 1 名签派席位值班人员脱岗作为响应协调员，负责协助 AOC 带班主任开展相关应急工作	运行控制部
3	AOC 带班主任安排响应协调员与涉事航空器所属区域的航管部门、公司机构联系核实记录以下信息，包括但不限于： （1）航空器航班号、机号、所飞航段； （2）航空器联系时位置； （3）航空器联系时间； （4）航空器联系时航向；	运行控制部

续表

序 号	应急处置措施	执 行 单 位
3	（5）航空器联系时高度； （6）航空器联系时姿态、是否有故障信息； （7）航空器最后联系时飞机剩油； （8）使用公司的地空通信设备向空中飞机盲发重要航路信息和重要气象情报； （9）应根据计算机飞行计划或最新一次位置和油量信息计算飞机目前可能的续航时间及转向正常航路的耗油量； （10）应收集所有可能备降机场的信息； （11）通过公司地空通信手段或空中交通管制部门与空中机组保持不间断联系，提示机组转向原航向飞行； （12）请求沿线空中交通管制部门开放有关助航设备，使用雷达搜索、引导飞机； （13）必要时请求空军进行引导	运行控制部
4	（1）AOC 带班主任通知技术支援小组人员（总工程师、机型总师、总签派师或资深飞行员、机型工程师、签派员），迅速到 AOC 进行技术支援； （2）为总指挥提供该航班飞行机组的技术档案； （3）准备事件飞机的技术资料，并根据需要提供给有关的现场救援机构	飞行部、工程部、运行控制部
5	AOC 带班主任安排资料收集员收集并封存涉事航班资料，包含但不限于： （1）FPL、飞行放行单、飞行计划； （2）各类动态电报； （3）航图手册； （4）NOTAM； （5）气象资料； （6）舱单和货单； （7）机组、乘务组名单以及技术级别； （8）航路导航数据； （9）飞机维修记录； （10）飞机加油单； （11）特种货物机长通知单； （12）ACARS 交流记录； （13）卫星电话通话录音； （14）飞机上救生衣、救生筏和烟火求救信号的数量、颜色、类型；急救药品和饮水的详细情况；无线电求救设备的类型和频率	运行控制部
6	由 01 值班经理视情指派席位或人员将事件信息通报给当地机场、民航局和政府部门（各部门负责通知对口单位）： （1）中国民用航空局运行监控中心及始发站、经停站、预达站的航管部门、机场相关部门； （2）离失事/事故地点最近航站的航管部门、机场相关部门；	各部门

续表

序　号	应急处置措施	执行单位
6	（3）代码共享伙伴和代管协议单位； （4）当地政府应急办。 通报信息包含以下内容： （1）事发时间、地点； （2）航班号、航空器国际、登记标志及营运人； （3）航空器型号、类别、呼号、任务性质； （4）最后一个起飞点和计划降落地点； （5）机上旅客名单/机组名单； （6）机上人员及伤亡情况、航空器损害程度； （7）事故简要经过； （8）事故发生地点的地理特征与天气情况； （9）已经采取的措施； （10）飞机上救生衣、救生筏和烟火求救信号的数量、颜色、类型；急救药品和饮水的详细情况；无线电求救设备的类型和频率； （11）舱单/货单/危险品运输清单（包括特种货物机长通知单、危险品运输申报单）； （12）其他有关情况	各部门
7	如航空器已被纠正复航，则宣布解除应急状态，如获知航空器迷航、被劫持则启动响应应急成励	运行控制部

十一、航空器空中颠簸处置预案

航空器空中颠簸处置预案如表 6-11 所示。

表 6-11　航空器空中颠簸处置预案

航空器空中颠簸处置程序		
本程序作为空中类应急预案，用于空中类紧急事件的快速处置		
本程序指令响应部门（勾选）： 1．运行控制部；2．飞行部；3．维修工程部；4．服务部；5．安监部；6．人资行政部；7．品牌创新部；8．保卫部；9．航空销售部；10．市场营销部；11．财务部；12．运营管理部		
序　号	应急处置措施	执行单位
1	AOC 带班主任任命当日 1 名签派席位值班人员脱岗作为响应协调员，负责协助 AOC 带班主任开展相关应急工作	运行控制部
2	AOC 带班主任安排响应协调员设法与涉事机组和航空器所属区域的机场相关部门、航管单位保持联系并获取涉事航班相关信息，包含但不限于： （1）涉事航空器航班号、航段、机型； （2）航空器目前所处的位置； （3）航空器的损坏情况；	运行控制部

续表

序 号	应急处置措施	执行单位
2	（4）飞机目前运行状况； （5）飞机上是否有旅客和机组伤亡； （6）飞机剩余油量； （7）飞行机组的意图和拟打算采取的措施； （8）其他事件描述	运行控制部
3	AOC 带班主任安排资料收集员收集并封存涉事航班资料，包含但不限于： （1）FPL、飞行放行单、飞行计划； （2）各类动态电报； （3）航图手册； （4）NOTAM； （5）气象资料； （6）舱单和货单； （7）机组、乘务组名单以及技术级别； （8）航路导航数据； （9）飞机维修记录； （10）飞机加油单； （11）特种货物机长通知单； （12）ACARS 交流记录； （13）卫星电话通话录音； （14）飞机上救生衣、救生筏和烟火求救信号的数量、颜色、类型；急救药品和饮水的详细情况；无线电求救设备的类型和频率	运行控制部
4	由 AOC 带班主任将最新事件进展通报公司各单位负责人：公司总裁、公司运行副总裁、运行控制部总经理、飞行部总经理、维修工程部总经理、服务部总经理、品牌创新部总经理、安监部总经理、市场营销部总经理、航空销售部总经理、保卫部总经理、人力资源部总经理、运营管理部总经理。告知信息保密性原则，通知做好应急准备	运行控制部
5	由 01 值班经理视情指派席位或人员将事件信息通报给当地机场、民航局和政府部门（各部门负责通知对口单位）： （1）中国民用航空局运行监控中心及始发站、经停站、预达站的航管部门、机场相关部门； （2）离失事/事故地点最近航站的航管部门、机场相关部门； （3）代码共享伙伴和代管协议单位； （4）当地政府应急办。 通报信息包含以下内容： （1）事发时间、地点； （2）航班号、航空器国际、登记标志及营运人； （3）航空器型号、类别、呼号、任务性质； （4）最后一个起飞点和计划降落地点；	各部门

续表

序 号	应急处置措施	执行单位
5	（5）机上旅客名单/机组名单； （6）机上人员及伤亡情况、航空器损害程度； （7）事故简要经过； （8）事故发生地点的地理特征与天气情况； （9）已经采取的措施； （10）飞机上救生衣、救生筏和烟火求救信号的数量、颜色、类型；急救药品和饮水的详细情况；无线电求救设备的类型和频率； （11）舱单/货单/危险品运输清单（包括特种货物机长通知单、危险品运输申报单）； （12）其他有关情况	各部门
6	（按需）响应协调员负责协助 AOC 带班主任将事故最新进展通知民航局应急职能部门、目的地机场相关单位、事发区域航管单位： （1）民航局运行监控中心调度室/应急管理办公室联系方式_____； （2）机场应急指挥中心联系方式_____； （3）航管单位联系方式_____	运行控制部
7	给予机组提供必要的帮助，包含但不限于： （1）与机组了解航空器是否有损伤以及目前运行状态，给予机组必要的技术支持； （2）了解飞机上旅客和机组的伤亡情况并给予暂时的救治建议； （3）协助机组选择预降落机场和备降机场，并提供航路、预降落机场、备降机场的天气和通告以及飞行计划； （4）密切监控航空器的轨迹、高度和油量，在评估需要放油的情况下，提前与航管单位沟通并告知机组； （5）给予机组心理支持，稳定机组情绪； （6）与机组保持联系，了解机组意图和已采取的措施	运行控制部、海航技术、飞行部、航医
8	（按需）以电话方式向事发地民航地区管理局航安办、事发地民航监管局、民航局值班室报告	安监部
9	（按需）联系预降落机场相关部门，做好降落前准备： （1）向着陆机场应急指挥中心通报最新事件进展； （2）联系着陆机场预留空旷机位，做好人员疏散，通知机场消防、机场公安做好应急准备； （3）联系当地航管机构做好应急准备； （4）联系当地医疗机构，做好医疗救援准备； （5）向民航局运行监控中心报告最新事件进展	运行控制部、人力资源部航医中心
10	（按需）涉事航空器落地前，响应协调员请确认以下应急工作已完成： （1）预降落机场预留空旷滑行道和停机坪； （2）消防人员到位； （3）医疗救助人员到位； （4）机场机坪无关人员已疏散、设备已撤离	运行控制部

续表

序 号	应急处置措施	执行单位
11	(按需)通知预降落机场的地服人员配合机场相关部门的应急响应工作	客舱管理部
12	倘若在处置过程中得知已经出现或极有可能出现人员伤亡或航空器严重受损的情况,AOC带班主任应立即将相关信息上报总部应急指挥中心,由应急指挥中心总指挥(如中心总指挥不在,按照中心副总指挥、公司应急经理的顺序递补)决策是否升级为A级响应并且启动航站级应急响应或相应等级的公司级应急响应	运行控制部

十二、反劫机处置预案

反劫机处置预案如表6-12所示。

表6-12 反劫机处置预案

反劫机处置程序		
本程序作为地面应急预案,用于地面紧急事件的快速处置		
本程序指令响应部门(勾选): 1. 运行控制部;2. 飞行部;3. 维修工程部;4. 服务部;5. 安监部;6. 人资行政部;7. 品牌创新部;8. 保卫部;9. 航空销售部;10. 市场营销部;11. 财务部;12. 运营管理部		
序 号	应急处置措施	执行部门
1	公司AOC任何人员接收到我司航班被劫机威胁信息后,采取边处置边报告的原则并立即通报带班主任	飞行机组
2	带班主任即可将该信息通报公司01值班员和应急经理,同时请示应急经理是否启动应急响应	运行控制部
3	AOC带班主任宣布启动反劫机处置程序,负责安排响应协调员通知当日01值班经理、安监部、飞行部、维修工程部、保卫部、服务部当日值班、公司应急经理,赶往应急指挥室或AOC召开应急紧急会议,根据检查单和实际事件情况分配应急工作	运行控制部
4	响应协调员负责协助AOC带班主任与涉事航班飞行机组、航空器所属区域的机场部门、航管机构保持联系,了解、核实事件状况。了解的内容包含但不限于: (1)事件发生的时间、地点; (2)飞机上是否有伤亡,伤亡人数; (3)劫机的人数及座位号; (4)劫机者的意图手段及意图前往的目的地; (5)机组的意图打算; (6)航空器的受损情况; (7)飞机目前所处的位置及剩油; (8)执管涉事航空器管制单位的联系方式	运行控制部

续表

序号	应急处置措施	执行部门
5	AOC 带班主任安排资料收集员收集并封存涉事航班资料，包含但不限于： （1）FPL、飞行放行单、飞行计划； （2）各类动态电报； （3）航图手册； （4）NOTAM； （5）气象资料； （6）舱单和货单； （7）机组、乘务组名单以及技术级别； （8）航路导航数据； （9）飞机维修记录； （10）飞机加油单； （11）特种货物机长通知单； （12）ACARS 交流记录； （13）卫星电话通话录音； （14）飞机上救生衣、救生筏和烟火求救信号的数量、颜色、类型；急救药品和饮水的详细情况；无线电求救设备的类型和频率	运行控制部
6	由 AOC 带班主任将最新事件进展通报公司各单位负责人：公司总裁、公司运行副总裁、运行控制部总经理、飞行部总经理、维修工程部总经理、服务部总经理、品牌部总经理、安监部总经理、航空销售部总经理、市场营销部总经理、保卫部总经理、人资行政部总经理。告知信息保密性原则，通知做好应急准备	运行控制部
7	由 01 值班经理视情指派席位或人员将事件信息通报给当地机场、民航局和政府部门（各部门负责通知对口单位）： （1）中国民用航空局公安局、运行监控中心及始发站、经停站、预达站的航管部门、机场相关部门； （2）离失事/事故地点最近航站的航管部门、机场相关部门； （3）代码共享伙伴和代管协议单位； （4）当地政府应急办。 通报信息包含以下内容： （1）事发时间、地点； （2）航班号、航空器国际、登记标志及营运人； （3）航空器型号、类别、呼号、任务性质； （4）最后一个起飞点和计划降落地点； （5）机上旅客名单/机组名单； （6）机上人员及伤亡情况、航空器损害程度； （7）事故简要经过； （8）事故发生地点的地理特征与天气情况； （9）已经采取的措施； （10）飞机上救生衣、救生筏和烟火求救信号的数量、颜色、类型；急救药品和饮水的详细情况；无线电求救设备的类型和频率； （11）舱单/货单/危险品运输清单（包括特种货物机长通知单、危险品运输申报单）； （12）其他有关情况	各部门

续表

序 号	应急处置措施	执 行 部 门
8	给予机组提供必要的帮助,包含但不限于: (1)提供劫机者意图、机组意图、根据机组要求所有可能前往的机场的天气、通告、飞行计划(按需)以及航路的天气通告; (2)稳定机组情绪并咨询谈判专家和心理专家给机组提供支持; (3)若飞机有受损情况,给予机组技术支持; (4)使用各种方法监控飞机的飞行轨迹、高度、油量; (5)根据降落机场判断是否需要放油,联系管制沟通放油区域并通知机组	运行控制部、工程部、飞行部、保卫部、人资行政部
9	响应协调员负责协助 AOC 带班主任将事故最新进展通知民航局应急职能部门、目的地机场相关单位、事发区域航管单位: (1)民航局运行监控中心调度室/应急管理办公室联系方式_____; (2)机场应急指挥中心联系方式_____; (3)航管单位联系方式_____	运行控制部
10	倘若在处置过程中得知已经出现或极有可能出现人员伤亡或航空器严重受损的情况,AOC 带班主任应立即将相关信息上报总部应急指挥中心,由应急指挥中心总指挥(如中心总指挥不在,按照中心副总指挥、公司应急经理的顺序递补)决策是否升级为一级响应并且启动航站级应急响应或相应等级的公司级应急响应	运行控制部

十三、旅客伤亡应急处置预案

旅客伤亡应急处置预案如表 6-13 所示。

表 6-13 旅客伤亡应急处置预案

旅客伤亡处置程序		
本程序作为空中、地面类应急预案,用于空中、地面类紧急事件的快速处置		
本程序指令响应部门(勾选): 1.运行控制部;2.飞行部;3.维修工程部;4.服务部;5.安监部;6.人资行政部;7.品牌创新部;8.保卫部;9.航空销售部;10.市场营销部;11.财务部;12.运营管理部		
序 号	应急处置措施	执 行 单 位
1	工作人员在得知有出现旅客伤亡事件之后,立即通报当日公司 01 值班经理,当日 01 值班经理根据事态负责宣布启动旅客伤亡事件处置程序,并迅速组织召集成立公司旅客伤亡事件处置小组。 旅客伤亡事件处置小组包括以下成员: (1)组长:当日公司 01 值班经理; (2)AOC 带班主任、服务部值班员、市场营销部值班员、人资行政部值班员、安监部值班员、品牌创新部值班员、人资行政部(法律咨询)、人资行政部航医中心经理(医疗事务协调)	01 值班经理

续表

序号	应急处置措施	执行单位
2	根据旅客伤亡进展情况，由旅客伤亡事件处置小组决定是否成立公司旅客伤亡现场协调小组，安排人员代表公司前往事发地进行现场善后处置。一般旅客在机上死亡或公司无驻场代表的旅客伤亡事件需安排现场协调小组前往处置。 组员由旅客伤亡事件处置小组组长依据事件需求进行指派	01值班经理
3	当旅客伤亡事件发生后，AOC带班主任负责组织人员立即将初步了解的事件经过通报当日01值班经理。01值班经理宣布启动旅客伤亡事件处置程序后，AOC带班主任协助01值班经理下达旅客伤亡事件处置指令，并要求处置小组全体成员按规定时间到达公司应急指挥中心集结。 AOC带班主任负责协调、指挥、监控发生旅客伤亡航班的生产运行保障，以保证抢救旅客、尽快恢复航班运行，减小影响	运行控制部
4	AOC带班主任负责组织对整个事件的发生进行初步的调查。立即安排相关单位值班员对所涉及人员进行事件调查，除执行航班的机组可完成航班后反馈，其他人员必须在事件发生后4 h内将事件发生过程和处置经过以书面形式反馈AOC带班主任处。带班主任汇总后，提交旅客伤亡事件处置小组	运行控制部
5	服务指挥席负责密切跟踪伤亡旅客的抢救进展、相关机场、场站代表的处置情况，及时向现场人员下达公司处置指令； 通知安监部服务督察岗位；通知当地机场代理单位； 协助家属处理善后事宜； 旅客伤亡发生地无分公司服务机构、基地和公司派驻场站人员的，AOC服务指挥席负责联系机场、急救等单位救治旅客	服务部
6	第一时间到达现场，代表公司联系相关急救单位对旅客进行抢救或救援，具有先期处置权，并对处理结果负责； 先期代表公司对旅客伤亡情况进行现场调查，并将初步情况和解决通报AOC服务指挥席汇总； 先期对旅客进行安抚，并接待旅客家属进行安置； 待公司现场协调小组到达后，协助小组成员进行后续处置工作； 作为旅客伤亡事件的原始信息接收单位，负责核实后，按照信息传递规定传递和发布	基地、分公司负责人
7	与相关医疗急救机构保持联系，深入了解旅客病情或救治情况，及时为旅客伤亡事件处置小组提供医疗处置建议； 与集团合规部联系，取得法律法规方面的支持，向旅客伤亡事件处置小组提供法律法规支持，并提出处置建议； 视情安排人员前往事发地，与处置小组共同对旅客进行旅客善后安置，对后续补偿进行谈判，并及时向旅客伤亡事件处置小组汇报； 根据集团合规部要求，负责收集整理相关诉讼所需要的材料	人资行政部

续表

序号	应急处置措施	执行单位
8	负责提供事件处置的媒体风险预测，监控网络、电视、报纸等相关媒体对事件的报道情况，提前预测出相关可能会对公司产生的负面影响，果断干预或提前主动报道我司声明，减少对公司的影响； 负责事件的媒体协调和公关处置、负责公司对外新闻发布	品牌创新部
9	由 01 值班经理视情指派席位或人员将事件信息通报给当地机场、民航局和政府部门（各部门负责通知对口单位）： （1）中国民用航空局运行监控中心及始发站、经停站、预达站的航管部门、机场相关部门； （2）离失事/事故地点最近航站的航管部门、机场相关部门； （3）代码共享伙伴和代管协议单位； （4）当地政府应急办	运行控制部
10	负责通知当地机场公安	保卫部
11	负责提供相关伤亡旅客的购票信息，旅客随行情况、购买机票的代理或方式、是否购买航空保险、是否提前对相关情况进行声明或告知等相关信息； 负责与其家属或相关亲属进行联系，通报旅客伤亡情况，协助家属尽快到达现场； 如事件发生地无公司的分公司，但设有集团基地，则由市场营销部协调当地基地经理先期代表公司进行处置； 负责办理伤亡旅客运输的控票、签转、退票等票务工作	市场营销部
12	负责按照公司安全信息管理程序进行信息通报和发布； 按照公司非正常安全事件标准对旅客伤亡事件进行调查，对界定为安全事件的事件出具事件调查结论报告； 负责与民航局通报相关信息，并与民航局建立有关事务的接口，如需负责应对旅客投诉工作，根据事件发展的程度，提前与民航局投诉相关单位通报事件情况和处理进展	安全监察部
13	负责先期调拨 10 000 元现金用于现场协调小组携带前往事发地，紧急情况下使用； 负责旅客伤亡事件处置过程中，现场受理事故协调小组申请和所涉及旅客安抚费预算的审核； 负责向保险公司报案，并与保险公司联系启动理赔服务程序	财务部

十四、突发公共卫生事件应急处置预案

突发公共卫生事件应急处置预案如表 6-14 所示。

表 6-14 突发公共卫生事件应急处置预案

空中突发公共卫生事件处置程序		
本程序作为空中类应急预案，用于空中类紧急事件的快速处置		
本程序指令响应部门（按需）： 1．运行控制部；2．飞行部；3．维修工程部；4．服务部；5．安监部；6．运营管理部；7．保卫部；8．航空销售部；9．市场营销部；10．财务部；11．人资行政部；12．品牌创新部		
序号	应急处置措施	执行单位
1	AOC 带班主任任命当日 1 名签派席位值班人员脱岗作为响应协调员，负责协助 AOC 带班主任开展相关应急工作	运行控制部
2	AOC 带班主任安排响应协调员与涉事航空器所属区域的航管部门、飞行机组联系，核实、记录以下信息，包括但不限于： （1）涉事航空器的航班号、机号、所飞航段； （2）涉事航空器所处的大概位置及剩油； （3）空中发生紧急医疗事件的原因和过程； （4）涉及人员的数量； （5）被波及人员的目前状况和已采取的救助措施； （6）机组的意图打算	运行控制部
3	AOC 带班主任发布启动空中突发公共卫生事件处置程序，负责安排响应协调员通知当日首席值班员、安监部、飞行部、航医、服务部当日值班、公司应急经理，赶往应急指挥室召开应急紧急会议，根据检查单和实际事件情况分配应急工作	运行控制部
4	响应协调员负责协助 01 值班经理将事故最新进展通知民航局应急职能部门、目的地机场相关单位、事发区域航管单位： （1）民航局运行监控中心调度室/应急管理办公室联系方式＿＿＿＿； （2）机场应急指挥中心联系方式＿＿＿＿； （3）航管单位联系方式＿＿＿＿	运行控制部
5	联系地面专业医疗机构，通过运行控制部地空通信系统为空中救助提供专业指导	航医中心
6	对于可能危机多人生命的突发公共卫生事件，AOC 带班主任主动与航空器所在区域航管部门联系，申请优化航路，为需救助人员争取时间	运行控制部
7	监控放行事发航班的签派员负责协助机组选择预降落机场和备降机场，并提供航路、预降落机场、备降机场的天气和通告以及飞行计划，评估是否需要放油，并提前与航管单位沟通并告知机组	运行控制部
8	监控事发航班的签派员负责立即联系预降落机场和航管单位，并联系当地医疗机构做好救助准备	运行控制部
9	倘若飞机上发生的是传染性疾病，需做以下工作，包括但不限于： （1）向机组了解传染病性质、症状、发病人数； （2）咨询传染病专家相关隔离救助工作，并给机组提供建议； （3）将最新消息通知民航局运行监控中心应急管理办公室和政府传染病防治机构； （4）了解机组意图； （5）给机组提供心理支持，稳定机组情绪； （6）通知即将前往的机场和航管部门做好传染病救助和防疫工作	运行控制部、人资行政部航医中心、飞行部

续表

序号	应急处置措施	执行单位
10	（按需）以电话方式向事发地民航地区管理局航安办、事发地民航监管局、民航局值班室报告	安监部
11	（按需）涉事航空器落地前，响应协调员请确认以下应急工作已完成： （1）预降落机场预留空旷滑行道和停机坪； （2）医疗救助人员到位； （3）（按需）防疫人员到位	运行控制部、人资行政部
12	（按需）通知预降落机场的地服人员配合机场相关部门的应急响应工作	服务部
13	倘若在处置过程中得知已经出现或极有可能出现人员伤亡或航空器严重受损的情况，AOC带班主任应立即将相关信息上报总部应急指挥中心，由应急指挥中心总指挥（如中心总指挥不在，按照中心副总指挥、公司应急经理的顺序递补）决策是否升级为一级响应，接到公司应急响应启动指令后，各部门负责人或其法定被授权人应在60 min内进入应急指挥室，01值班经理应在30 min内到达应急指挥室	运行控制部

第四节　特殊情况飞行的应急处置案例

一、飞机空中出现设备冷却灯亮的事件分析

航班：哈尔滨—南京—深圳，飞机09:05起飞。

起飞后45 min，机组通过区调联系签派员，反映飞机设备冷却灯亮，表现为机长区域设备冷却供气风扇故障，跳开关放在正常位和备用位故障灯都亮。

责任签派员接到通知后，首先查阅飞机快速检查单，显示："如果冷却供气或者排气断开灯亮，表明失去了所选冷却风扇提供的空气。"

通知维修工程部，查阅MEL，其中飞行操作（O）项显示："如在飞行中设备冷却供气'OFF'灯亮（两个供气风扇不工作），继续飞行超过30 min会导致机长的显示组件和上中央显示组件丢失显示。"

机务基本断定为设备冷却的风扇产生的流量有问题，而根据MEL的指示，只能再继续飞行30 min。

签派员报告领导，如果飞机确实是设备冷却风扇故障，那么在30 min后，很可能造成飞机机长区域的显示组件变暗，甚至熄灭，这样会给机组操作带来非常大的隐患。由于飞机刚刚飞越大连不久，于是决定通知机组备降青岛，在青岛进行机务检查工作。

责任签派员通过大连区调联系机组，通知其备降青岛，并让维修工程部通知青岛机务代理，做好排故准备；让地面服务部通知青岛外站，准备好安排旅客及机组休息。

10:48　飞机安全在青岛机场落地，机务上机排故；

11:50　机务报飞机故障排除；

12:34 飞机从青岛起飞，后续航班反映均正常。

经查，由于供气气滤较脏，导致供气的流量不足，从而诱发了飞机空中出现设备冷却跳开。签派员面对此类情况，除了按照手册规章办事，积极了解实时情况，还应该着重考虑对飞行情况的影响和限制，以飞机安全为第一目标。

签派员应该熟知设备冷却系统的工作原理。

签派员要及时与维修工程部进行沟通或向机务与飞行值班寻求技术支持，了解飞机故障的起因、此故障可能导致的最严峻的后果、是否符合放行标准。

查阅"快速检查单""飞机最低设备清单""飞机使用手册"等资料，彻底了解其系统的工作原理，辅助自己进行决断。

要向各级领导进行汇报，让领导及时掌握不正常情况的发展，及时做出合理的决定，避免更加严重的事情发生。

签派员应该加强地空通信的联系，能够更加准确地了解飞机的故障现象，进行快速的决策，并向机组提供更好的技术支持。

机务可以及时向签派建议去有航材储备和排故能力的备降场并做好航材准备工作，提高实际的运行控制能力。

二、飞机左发右点火故障的事件分析

广州—常州—哈尔滨航班，航班因常州大雾推迟起飞。09:30 后常州天气转好趋势明显，通知广州上客准备起飞。10:20 责任签派员接到广州签派报告，B2939 飞机左发右点火故障。

查阅 MEL，如果保留，参见 MEL：

(M)(O)允许一个失效，但要求：

① 点火选择电门保持于"双位"；

② 左点火系统运作正常；

③ 相关的发动机左点火器采用一种可接受的方案连到交流备用汇流条上。

如是 NG 飞机遇此情况可直接转接，而 B737-300 需要安装一转接架，广州无件。

机务一方面从深圳运转接架去广州，预计到白云机场需 2 h，安装需半小时左右；另一方面因左点火可以保留且不需要转接架，故在广州将 B2939 左右点火互换，预计 1 h 后换完。

签派员调整航班；

签派员告商务值班计算收益，等机务对调左右点火后的结果。

签派员做好了如下预案：

11:20 左右　点火系统互换完，故障仍存在；

13:20　深圳运至广州的转接架到；

13:54　MCC 报 B2939 飞机修好 "13:54 MCC reported B2939 aircraft repaired"；

15:05　调机回深圳。

分析案例可以得到如下结论。

（1）分公司航材储备不足。

（2）出现航班长时间延误、飞机故障等情况时，要考虑各种可能性，及早制定预案，尽可能调整飞机执行已延误较长时间的航班，减少赔偿。

（3）将人数少可保护的航班调整为故障的飞机执行，再根据飞机的维修进度和实际情况决定是否取消该航班，尽可能避免多个航班延误。

（4）在此次案例中，特别要注意考虑公司收益及旅客处理，研究方案，为后继航班的顺畅执行创造条件。

三、TCAS 空中故障的事件分析

深圳—吉隆坡，飞机 22:41 起飞，23:51，签派员收到机组通过 ACARS 发来的信息，报机载的 TCAS 故障，此时，飞机已经接近出境点 EXOTO（三亚高空管制区与越南情报区交接处）。

签派员立即报告签派带班主任，并向机务工程师反映飞机的故障现象。

考虑到次日的放行，查询 737NG 的 MEL：TCAS 空中防撞系统在基地，如系统故障则不能放飞，在外站，如系统有故障，经空中交通管制单位报民航局空管局运行中心同意后可飞回基地。

向民航局空管局运行中心总调室询问飞机的剩油，与吉隆坡马航签派室取得联系，了解到：

□ 飞机如在吉隆坡有这样的故障是不能放行的；

② 需要飞机制造商给出技术鉴定，是否能执行航班；

□ 必须向沿途管制部门申请并得到批准。

不断同维修控制中心（maintenance control center，MCC）相关专业人员及时沟通，通过三亚区调协助机组进行快速检查单的程序处理和复位，同时不断提醒机组注意油量。

制定出了应急预案，如果故障继续：

预案一是返航，因为本场有可以更换的飞机，三亚回深圳的航程不算太长，最多延误两个小时左右；

预案二是降落三亚机场，但不确定因素较多；

综合所有信息，建议返航深圳。

协助并建议机组做了多次空中排故尝试。

00:12，把决策下达到机组。00:15，机组反映飞机在最近 10 min 之内 TCAS 已经稳定，恢复正常。

签派员马上询问机上剩油，得知剩油 9.0 t，立即计算在吉隆坡落地的剩油量为 4.0 t，满足公司燃油政策的要求，决定 ZH795 航班继续飞往目的地机场吉隆坡，并要求机组及时通过 ACARS 与签派联系。

签派报告部门领导，值勤签派员每隔几分钟通过 ACARS 向机组询问 TCAS 的情况。

13 日 02:30，飞机在吉隆坡落地。

从此案例中，我们应认识 ACARS 实时监控的重要性。要充分认识放行国内和国际航班的差异性。接到机组在空中报告的飞机故障信息后，签派员应立即寻求 MCC 和公司应急支援小组成员的技术支持；请求资深签派员的帮助；及时向公司总值班经理报告并根据飞机的具体故障情况决定是否建议启动公司的相应等级应急程序；对于国际航班，一定要慎重决策继续带故障飞行，还是返航；全面了解信息，为自己的决策找到有力的依据。

四、机械故障导致飞机运行高度受限的事件分析

北京—深圳航班，机务航前检查发现飞机左空调组件故障，由于单组件工作对飞机的运行高度有影响，限制在 25 000 ft 以下运行，而从北京 7 号走廊离场时高度限制必须在 8400 m 以上。

机组报告故障后，签派室立即与华北管调进行协调，协商是更改飞行高度还是更改离场航路。

飞机升空后，爬升至 5000 m 高度左右，左空调组件故障再次出现，只能限制在 25 000 ft 以下飞行，从而导致了空中走廊里管制指挥的困难。

从此案例中应学习到如下几点。

（1）北京出港改走石家庄要临时向管制申请。

（2）对故障保留的飞机的放行一定要检查它的限制放行条件是否得到充分满足，对不太清楚的地方，建议同相关的专业人员联系核实。

（3）对已出现问题的处理要谨慎，及时汇报，避免耽误最佳处理时机。

五、空中火警

11 月 13 日，南航 CZ6406 航班（南京—桂林）在飞行过程中，机组发现货舱火警灯亮，为确保飞行安全，机组立即启动应急处置程序决定就近备降长沙机场，飞机于 21:56 安全降落。

21 点 35 分，飞机飞行高度在 7800 m 左右，此时机组发现货舱火警灯亮，立即对照检查单释放灭火剂，马上准备备降，大速度飞行，飞行速度一度达到 903 km/h，沿途飞机全部避让，21:56，飞机平安落地。CZ6406 航班并未发现明火。

火警分为真火警、假火警，真火警又分为两种情况：一种是确实着火，产生了高温；另外一种虽然没有明火，但是确有东西燃烧，出现了烟雾，这也会造成探测器的报警。至于假火警，如果火警探测器出现故障则可能误报，同时，如果货舱突然出现大量烟尘、灰尘，也可能触发烟雾探测器报警，但发生的概率很低。无论是哪种原因，一旦出现火情警报，机组都要采取应急处置，因为机组在空中往往无法接触并了解到下部货舱的情况，一旦出现火警，机组需要立即查看手册中相应的处置要求，如果不能判断是否为真实火警，则需要进行灭火措施，同时考虑备降、紧急撤离乘客等后续措施。

六、飞机故障后签派员的处置

某飞机执行 XXXX/Y 航班包头过站期间出现防滞刹车故障情况，得知情况后签派员及时协助机组查找运行限制规定，制定放行方案，并把情况上报公司领导，后机务排除故障，航班正常执行。

值班主任接到包头机组电话，告知飞机出现防滞刹车故障。值班主任将情况反映给机务，保持与机务及机组联系。

放行签派员与值班主任共同查找运行手册，涉及起落架防滞系统的内容、B2997 包头机场起飞性能分析、空中性能等。

通过 MEL、QRH 确定飞机需减少业载 7.7 t。

当日计算机飞行计划：

业载 10010KG P 130|B 650KG|M 0KG|C 0KG，起飞重 56 330 kg。

根据实况天气、起飞性能分析手册。

由 13 号跑道起飞性能分析得到限制重量，71.3 t-7.7 t=63.6 t>56.4 t。

由 31 号跑道起飞性能分析得到限制重量，60.5 t-7.7 t=52.8 t<56.4 t。

综合上述情况，处理如下。

（1）飞机需使用 31 号跑道起飞，运行重量限制较大。

（2）通知机务尽量排除故障，如按 MEL 放行航班需减载 7.7 t，实际需减载 3.6 t，预计减少 40～50 名旅客，后续影响较大。

（3）通知机组飞机性能限制情况，并了解机组意图。

（4）制定临时运行方案：① 排除故障，航班正常执行；② 减载运行，商调负责处理旅客。

（5）将上述情况及处置方案上报公司相关领导，征求领导意见，并联系性能工程师，听取专业人士意见。

（6）20:00 包头机场风向风速变化，可以使用 13 号跑道起飞，通知机组可按 MEL 放行，无起飞重量限制，并提醒机组进行 V1 调整且进行着陆分析。

（7）通知机务可按 MEL 放行航班，并再次了解排故进展。

（8）机务通知故障已排除，并已通知机组限制取消。经与机组确认后得到证实，航班于 20:33 起飞。

（9）该飞机后续航班进行调整，改由其他飞机执行。情况处理基本完毕。

七、空中起落架指示灯显示不正常

××月××日签派员接到 XXXX 航班，BXXXX 飞机，外站回深圳机组在空中通过 VHF 报告，内容如下：机组在深圳进近准备中，放起落架时，前起落架红灯不灭，后主起落架绿灯不亮。当值签派员立即将此事告知带班主任，带班主任立即给其他席位值勤签派员分工。

（1）立即通知维修工程部值班经理和飞行部值班经理前往 AOC 大厅提供技术支援。

（2）立即通知当日总值班经理、运行中心总经理、签派室经理。

随后，带班主任立即通过甚高频联系机组，了解当前具体情况，并询问机组意图，向到场的维修支持人员说明最新情况。维修技术支持人员建议机组进行重新收放起落架，等待盘旋。同时，总值班经理指令启动应急事件三级状态——原地待命，通知所有应急指挥中心成员。此外，带班主任还指挥当值签派员进行分工协作。

（1）安排两名值勤签派员分别监听 VHF 和备用甚高频，保持监听机组与塔台的对话。

（2）同时电话通知应急指挥中心成员相关情况，建议机场相关部门暂时不要出动救援车辆，避免引起恐慌。

（3）通过机组和塔台的联系，签派监听到机组通过观察窗证实后主起落架已经完全放下，并且锁好，而前观察窗由于看不清楚红线标志，无法判断前起落架是否完全放下，准备做低空通场，让地面人员从地面观察起落架的位置。得知此意图后，当值签派员立即与塔台联系，确认机务需要前往的具体位置，并通知维修外场人员立即赶到 33 号跑道头的联络道，D、E 滑行道的联络道口，准备仔细观察起落架的位置。一切就绪，报告塔台，塔台指挥飞机做 100 ft 低空通场。

（4）随后接外场人员报，能看到前起落架已经放下，由于飞机设计特点，机务无法判断起落架是否锁好。签派将此信息迅速通报塔台、总值班经理、运行中心总经理。

（5）由于此时油量已经不多，机组连续 3 次收放起落架始终无法消除不正常指示，最后决定进行技术着陆。签派获知机组的着陆意图后，请示总值班经理是否需要机场相关部门协助开展应急救援准备。获得批复后，签派立刻通知机场指挥中心，立即出动实施救援。同时，值班领导和带班主任马上向上级领导和公司领导汇报不正常情况及处置预案，并向机组通报公司领导的决策，指挥各个保障部门为故障飞机提供良好的地面保障。

飞机安全落地，带班主任立即通过短信群发信息通知各应急小组成员，并且电话向公司领导汇报安全落地的信息，指挥各个签派岗位封存此次航班的一切资料，并且将××××飞机当日后续航班进行调整，留足够的时间供维修工程部对飞机进行排查，以及安监部门的调查。

思 考 题

1. 飞行中的特殊情况主要有哪几类？
2. 飞行签派员接收到特殊情况后，应该做什么？
3. 空中交通管制员接收到特殊情况后，应该做什么？

第七章

飞行组织与实施人员事故及差错标准

本章学习目标

- 掌握空中交通管制员事故及差错标准；
- 掌握飞行签派员事故及差错标准，并会对案例进行分析；
- 掌握航行情报事故及差错标准。

近年来的研究表明，与人为因素相关的飞行事故，已由原来的20%增加至80%；与运控人员相关的飞行事故，也呈上升趋势。人为因素是一门应用科学，它研究的中心是操作设备的人。它涉及多种学科，应用人为因素有利于优化人为表现并减少人为差错。人为因素体现了行为科学和社会科学、工程学和心理学的方法和原则。航空运行系统中的人不是孤立工作的，是航空运行复杂系统中的一个要素，是防止事故发生的最后防线。人为因素研究的是人，以及与人相关的各种因素及其相互影响。研究航空中的人为因素，就是要研究运控中的人的状况以及与人有关的各种因素对运控工作的影响。通过建立人与软件、人与硬件、人与环境和人与人相匹配的条件，提高人的主观能动性，减少人为差错，降低人为差错造成的后果。

本章介绍了飞行组织与实施人员的事故及差错标准。

第一节 空中交通管制事故、差错

一、空中交通管制事故及事故征候

空中交通管制事故是指主要由空中交通管制原因造成的飞行事故或航空地面事故的事件。空中交通管制事故征候是指主要由空中交通管制原因造成飞行事故征候的事件。

空中交通管制事故的分类按照中华人民共和国国家标准中《民用航空器飞行事故等级》的规定执行。

空中交通管制事故征候的分类按照民航局发布的中华人民共和国民用航空行业标准《民用航空器征候等级划分办法》（民航规〔2021〕25号）的规定执行。危险接近属于严重飞行事故征候。在《民用航空空中交通管理规则》中对危险接近的规定从管制运行的不同阶段分别进行了阐述。

由于某种原因导致正在运行的航空器之间的纵向间隔、侧向间隔、垂直间隔同时小于下列规定的间隔标准，为空中航空器危险接近。

(1) 在航路飞行阶段（指在区域管制区内的飞行），危险接近是指如下情况。

① 纵向间隔：相近两航空器小于3 km。

② 侧向间隔：相近两航空器小于3 km。

③ 垂直间隔：高度在6600 m（含）以上时小于200 m或高度在6000 m（含）以下时小于100 m。

（2）在进近飞行阶段（指在进近管制区内的飞行），危险接近是指如下情况。

① 纵向间隔：相近两航空器小于 2 km。

② 侧向间隔：相近两航空器小于 1 km。

③ 垂直间隔：相近两航空器小于 100 m。

（3）在塔台管制区飞行时，危险接近是指如下情况。

① 纵向间隔：相近两航空器小于 500 m。

② 侧向间隔：相近两航空器小于 200 m。

③ 垂直间隔：相近两航空器小于 50 m。

例 7-1：

"10·11"虹桥机场跑道入侵事件

2016 年 10 月 11 日，东航飞行员准备驾驶 A320 飞机执行 MU5643 航班，由上海虹桥起飞，将 147 名旅客送往天津。

11:54，飞机在晚点了 19 min 后，接到塔台指令滑出。12:03，塔台指挥飞机进跑道 36L-18R，机组在执行完起飞前检查单之后进跑道。12:04，塔台指挥：跑道 36L-18R，可以起飞。最开始的时候，两架飞机并不在同一条跑道上。

之后，A320 机组在确认跑道无障碍的情况下，执行了起飞动作，然而，就在飞机滑跑速度达到 110 节（200 km/h）左右时，机长突然发现一架 A330 正准备横穿 36L-18R 跑道，在立即让中间座询问塔台时，机长观察并确认该 A330 飞机确实是在穿越跑道，此时飞机表速已达 130 节（240 km/h）。

横穿跑道的是中国东方航空 MU5106 航班（A330 执飞），载有 266 名旅客，从北京飞抵上海。其在得到空管指令后，开始穿越跑道前往航站楼停靠。在穿越 36L-18R 跑道过程中，MU5106 航班机组也发现了有飞机正在滑跑起飞，于是立即加速滑行以尽快脱离跑道。

眼看两架飞机就要呈"T"字形相撞，当时，操纵 A320 飞机的副驾驶一度有所迟疑，点了一下刹车，不过 A320 飞机的机长迅速接过了操纵，以 7.03 度/s 的速率，带杆到机械止动位，最终，A320 飞机从 A330 飞机的上空飞越，两架客机垂直距离最短仅 19 m，翼尖距 13 m。如果再晚 3 s，恐怕就要导致机毁人亡的后果。最终东航 A320 飞机从 A330 上空飞越，成功让 439 条生命（机上旅客 413 人，机组 26 人）避免了可能发生的撞机事故。

这是一起塔台管制员遗忘飞机动态、违反工作标准造成的一起人为原因严重事故征候。性质极为严重，属于 A 类跑道入侵。管制员的疏忽懈怠是事件的主要原因，A330 机组成员的工作也存在瑕疵。

二、空中交通管制差错

空中交通管制差错是指，在航班组织实施生产运行及与之相关的生产活动中，由于管理或人为责任原因危及航空安全，其性质和程度尚未构成民用航空地面事故或民用航空器事故征候，但已接近航空地面事故或事故征候的航空不安全事件。根据不安全事件的性质及对安全的影响程度，航空安全差错划分为严重差错和一般差错两个等级。

（一）空中交通管制严重差错

由于空中交通管制工作上的失误，造成下列情况之一的事件，为空中交通管制严重差错。

（1）飞行取消、返航、备降。

（2）在航空器仪表进入着陆时，错误地关闭导航设备或同时开放同频双向导航设备，并以此实施管制。

（3）指挥航空器起降过程中违反尾流间隔规定。

（4）影响邻近管制区管制单位的正常工作，或者致使航空器飞出该管制区 10 min 以后仍未与下一管制区建立无线电联络。

（5）承办出国专机、重要任务飞行时，未向有关国家申请或者申请错误。

（6）组织实施专机、重要任务飞行过程中，因管制原因对外造成不良影响的差错。

（7）值班过程中脱离岗位或睡觉。

例 7-2：

管制员、飞行员睡岗事件频发

空中管制员的疲劳问题与航空安全密切相关，据统计，各国曾发生多起管制员或飞行员睡岗事件。

2011 年上半年，美国联邦航空管理局（FAA）针对数起管制员睡着或玩忽职守事件发布新规，令管制员增加 1 h 休息时间，严禁值班时睡觉。此前，华盛顿繁忙的里根国家机场两架飞机在管制员睡觉的状态下着陆，引起震惊；田纳西州和华盛顿州西雅图连续发现机场管制员当班睡觉的情况；得克萨斯州的两名管制员因与其他机场失去联络，没能指挥飞机起降而被停职；另有美国一架医疗飞机因管制员打瞌睡而冒险自行降落；还有一名美国管制员因上班时看电影而被停职。

接连发生的睡岗事件使管制员疲劳问题引起广泛关注。美国交通部除给单人值班的机场增加空管员外，一名 FAA 高官也引咎辞职，接着 FAA 颁布法令对管制员值班及休息时间进行约束，并开展系列教育计划。同年 9 月，日本也发生类似事件，一名管制员于凌晨值班时打瞌睡，致使一架进港飞机与地面失去联系 10 多分钟。

虽然多数睡岗事件未造成严重后果，但"打瞌睡"的确会带来安全隐忧，后果严重的情况下，可能造成飞行事故的发生，属于管制员的严重差错。

（二）空中交通管制差错

由于空中交通管制工作上的不慎，造成下列情况之一的事件，为空中交通管制差错。

（1）误将航空器指挥飞向炮射区、禁区、危险区，但进入前得到纠正。

（2）航空器能见飞行时，开错或误关导航设备，或同时开放同频双向导航设备。

（3）航班延误达 15 min 以上。

（4）专机抵离时间报错正负 15 min。

（5）未按规定向有关单位发出有关航空器的飞行计划、起飞、降落、延误、取消等情况的电报或通知，或者发出的电报或通知有错误、遗漏。

（6）未按规定进行管制移交，造成接受方工作被动。

（7）两航空器纵向、侧向、垂直间隔小于规定的间隔数据，但大于规定的间隔数据的二分之一。

（8）值班过程中不填写飞行进程单。

（9）管制员在饮用含酒精饮料之后的 8 h 内和处在麻醉剂或其他对值勤有影响的药物作用的情况下参加值勤。

（10）违反本系统、本单位有关的工作程序、守则制度，但情节较轻。

三、空中交通管制事件的报告

发生飞行冲突或由于空中交通管制原因造成危及飞行安全的事件，应当及时、如实报告。发生问题的管制室应当在 24 h 内将主要情况逐级上报至总调度室，并同时按照有关规定程序上报相应的航空安全管理部门。

地区管理局空中交通管理部门应当在 3 天内将事件详细经过上报民航局空中交通管理局，并在 7 天内将情况报告及处理结果上报民航局空中交通管理局。

空中交通事件的报告按照"空中交通事件报告表"的格式填写。尽可能向空中交通管制单位提供有关空中交通事件的完整资料，使其能够尽快向航空器驾驶员或航空器经营人反馈有关事件调查的结果，以便采取纠正措施。

"空中交通事件报告表"可供航空器驾驶员着陆后填写飞行中发生的空中交通事件，也可供空中交通管制单位记录从无线电、电话或电传收到的空中交通事件报告。

航空器驾驶员对与其有关的空中交通事件，应当按照下述程序工作。

（1）在飞行期间用适当的地空频率报告比较重要的事件。

（2）在着陆后尽快递交一份填好的空中交通事件报告表，以详细证实在飞行中发出的报告或者报告在事件发生时不需立即报告的事件。

航空器驾驶员在飞行中用无线电报告空中交通事件时，应当报告下列事项。

（1）事件种类。

（2）航空器的呼号、位置、高度等。

（3）发生事件的时间。

（4）有关另一航空器的说明，以及对事件的简述。

在"空中交通事件报告表"中填写事故征候类别时，可以直接填写事件的类型。在向其他国家提供空中交通事件的报告时，可以按国际民航组织的分类，即危险接近、未遵守准确的程序及地面设备失效填写。

"空管不安全事件报告表"如表 7-1 所示。

表 7-1 空管不安全事件报告表

报告单位			联系人	
报告时间（北京时）		年　月　日　时	联系电话	
事发时间（北京时）		年　月　日　时	责任单位	
一、管制有关情况 管制方式：雷达管制（　）　程序管制（　）　ADS-B（　）　ADS-C（　） 管制阶段：区域管制（　）　进近管制（　）　塔台管制（　）　其他（　） 实施管制人员：持照（　）　见习（　） 管制员：采取避让措施（　）　未采取避让措施（　）				
二、事件涉及的航空器和机组有关情况 航空器 1： 呼号（　）　机型（　）　所属单位（　） 任务性质（　） 起飞机场（　）　目的地机场（　） 飞行状态：目视飞行规则飞行（　）　仪表飞行规则飞行（　） 机载 ACAS：出行告警（　）　未出现告警（　）　不详（　） 机载近地警告系统：出现告警（　）　未出现告警（　）　不详（　） 机组：采取避让措施（　）　未采取避让措施（　）　不详（　） 航空器 2： 呼号（　）　机型（　）　所属单位（　） 任务性质（　） 起飞机场（　）　目的地机场（　） 飞行状态：目视飞行规则飞行（　）　仪表飞行规则飞行（　） 机载 ACAS：出行告警（　）　未出现告警（　）　不详（　） 机组：采取避让措施（　）　未采取避让措施（　）　不详（　） 航空器 3： 呼号（　）　机型（　）　所属单位（　）　任务性质（　） 起飞机场（　）　目的地机场（　） 飞行状态：目视飞行规则飞行（　）　仪表飞行规则飞行（　） 机载 ACAS：出行告警（　）　未出现告警（　）　不详（　） 机组：采取避让措施（　）　未采取避让措施（　）　不详（　）				

第二节 飞行签派员的事故及差错

一、飞行签派事故

凡因飞行签派责任造成下列情况之一者，属于飞行签派事故。
（1）等级飞行事故。
（2）未将有关情况告知飞行机组，造成航空器迫降的严重后果。
（3）未经拍准擅自调动安排飞行。

等级飞行事故指依据《民用航空器飞行事故等级》的规定，民用航空器在运行过程中，发生飞行事故的等级划分准则和分类指标，是确定飞行事故严重程度的依据。在《民用航空器飞行事故等级》中将飞行事故分为特别重大飞行事故、重大飞行事故和一般飞行事故。

凡属下列情况之一者为特别重大飞行事故。

（1）人员死亡，死亡人数在 40 人及其以上者。

（2）航空器失踪，机上人员在 40 人及其以上者。

凡属下列情况之一者为重大飞行事故。

（1）人员死亡，死亡人数在 39 人及其以下者。

（2）航空器严重损坏或迫降在无法运出的地方（最大起飞重量 5.7 t 及其以下的航空器除外）。

（3）航空器失踪，机上人员在 39 人及其以下者。

凡属下列情况之一者为一般飞行事故。

（1）人员重伤，重伤人数在 10 人及其以上者。

（2）最大起飞重量 5.7 t（含）以下的航空器严重损坏，或迫降在无法运出的地方。

（3）最大起飞重量 5.7～50 t（含）的航空器一般损坏，其修复费用超过事故当时同型或同类可比新航空器价格的 10%（含）者。

（4）最大起飞重量 50 t 以上的航空器一般损坏，其修复费用超过事故当时同型或同类可比新航空器价格的 5%（含）者。

二、飞行签派事故征候

凡因飞行签派责任造成下列情况之一者，属于飞行签派事故征候。

（1）擅自决定并要求航空器低于天气标准起飞或降落。

（2）违反放行航空器规定，低于标准天气、没有备降机场、飞机有故障等放行航空器造成航空器返航、备降。

（3）航班取消。

（4）承办专、包机国外飞行任务，错、漏、忘向有关国家申请。

三、飞行签派严重差错

凡因飞行签派责任造成下列情况之一者，属于飞行签派严重差错。

（1）擅自同意航空器超载起飞。

（2）违反备份油量的规定放行飞机。

（3）专机抵离时间错报正负 15 min 以上。

（4）专机、包机及重要旅客乘机任务或有关飞行重要的情况漏、忘、错布置或通报有关单位。

（5）擅自安排无关人员乘机。
（6）对设施、设备因操作错误或使用不当造成损失达1000元（含）以上者。

对于航空地面严重差错（飞行签派类）共划分为一级航空地面严重差错（飞行签派类）和二级航空地面严重差错（飞行签派类）两个级别。

（一）一级航空地面严重差错（飞行签派类）

（1）擅自安排无关人员乘机。
（2）错报、漏报、忘报航行情报、通告或飞行计划，造成航班运行不正常。
（3）错报、漏报、忘报专机、包机、重要旅客、特殊飞行的有关情况和信息。
（4）低于起降机场、备降场运行限制条件放行航班。

（二）二级航空地面严重差错（飞行签派类）

（1）特殊飞行时，飞机飞越关键位置报高点 15 min 后，未收到飞机位置报告，且未采取相关措施。
（2）发生重大事件未适时启动公司应急处置预案或启动公司应急程序不当。

四、飞行签派差错

凡因飞行签派责任造成下列情况之一者，属于飞行签派差错。
（1）航空器的飞行预报、飞行计划，起飞、降落、延误、取消、飞行放行单等电报有错、漏、忘。
（2）航空器滑出又滑回，上客又下客，开车又关车。
（3）航班延误 15 min 以上。
（4）放行飞机超过时限。
（5）对设施、设备因操作错误或使用不当，造成损失 500 元（含）以上，1000 元（不含）以下者。
（6）没有在飞行放行单上签字。
（7）违反本系统、本单位有关的制度、工作规程、守则，但情节不严重的。

五、飞行签派差错案例

例 7-3：

某日×××航班计划起飞时间为 09:20，机组在 09:15 通报飞行计划上的业载数据与舱单标明的实际业载相差了 7 t，提出疑义并要求重新计算飞行计划。签派放行室重新计算后发现原计划加油量满足业载变化后的飞行需要，并通知机组，但机组仍要求提供新的飞行计划，签派放行室遂通知外长值班司机返回综合楼领取新的飞行计划。因为外长值班司机返回综合楼需要的时间较长，等待一段时间后，09:30 签派放行室联系机组告知时间紧迫，提出通过 ACARS 将更改的内容发上飞机，机组同意。最后飞机 09:35 推出，09:55 起飞，航班延误 35 min。

此次事件构成了一起飞行签派工作差错。造成航班延误的原因有以下几个方面。

（1）飞行签派人员对工作席位设备使用不熟练。当日签派室一个常用工作席位因显示器故障不能使用，负责×××航班飞行计划制作的值班签派员临时使用了备用的工作席位，但备用席位未安装最新版本的业载告警软件，仍然使用告警准确率较低的旧版软件，造成配载平衡室分别于 08:28 和 09:08 两次发出的×××航班载量变化电报因为系统原因没有告警，导致签派员未能提前发现载量的变化，失去及时处理的机会。

（2）签派方形室在常用工作席位长期故障的情况下，未能及时保持备用工作席位的系统处于更新状态，保证备份的工作能力。

（3）飞行签派员业务能力不熟练，对 ACARS 系统应用不充分。若第一时间采用 ACARS 系统传递新的飞行计划，不会导致航班延误 35 min。

例 7-4：

6 月 12 日上午班，上海航空签派放行室放行席位由魏某带班，值班员刘某和童某负责上机签派放行资料的提供。由于值班员的疏忽大意，没有严格按照操作流程对放行资料进行认真检查，导致在提供 FM9304 航班放行资料时，错误地提取了 6 月 11 日的 FM9304 的飞行计划，并通过基地协调部外场送单人员将飞行计划提供给了上航机组。11:30（北京时），魏某在核查系统及抽查放行资料时，发现上海航空的计划提供网页没有刷新，日期还是 6 月 11 日，意识到上海航空计划有误，于是立即通知外场送单人员重新向 FM9304 提供更新的飞行计划。但 FM9304 已经按时起飞（起飞时刻为 11:30），没能收到最新的飞行计划。事件发生后，签派放行室放行席位带班主任魏某没有按信息通报程序及时上报，延误了信息处理时机和中心对整体工作质量的掌握。

分析原因，有如下两个方面。

（1）值班员刘某和童某在工作中疏忽大意，没有认真遵照放行资料提取操作规范，没有对放行资料进行检查核对，对此次工作差错负有直接责任。

（2）带班主任魏某对新员工的培训组织和工作监督不到位，对此次工作差错负有管理责任。

例 7-5：

××年××月××日，飞行签派员在制作沈阳到浦东航班飞行计划时，选择了一条未经批准的临时航路，后重新制作并递交飞行计划和放行单，导致航班延误，构成一起飞行签派工作差错。事件经过如下。

××年××月××日，助理签派员在制作沈阳到浦东航班飞行计划时，选择了名为 ZYTXZSPDTMP 的临时航路（该航路使用前需向航空局递交申请，获批后方可使用），责任签派员李某及放行讲解签派员陈某也均未检查出航路错误。飞机推出后，签派接到浦东站调电话，告知航路有问题。签派员重新制作并递送飞行计划及放行单，造成航班延误 67 min。

该事件由于飞行签派的原因导致航班延误 15 min 以上，构成一起飞行签派工作差错。其具体原因如下。

（1）放行签派员未严格按照工作流程操作，根据经验主义，使用系统默认航路制作飞行计划，未严格检查航路，存在安全隐患。

（2）此事件存在系统缺陷和多层工作疏漏，导致危险源层层穿透，最终暴露出来。

（3）签派资源管理不到位，交叉检查和相互提醒不到位，未能及时发现和纠正错误。

例 7-6：

2020 年，某航空承运人的航班执飞乌鲁木齐至贵阳的飞行任务，公司运控编制了飞行计划，区域管制雷达自动化系统根据签派发送的空中交通服务飞行计划（以下简称 FPL）自动匹配该航班的飞行计划，发现所拍发的 FPL 电报中航段数据错误，管制员发现飞机实际飞行航迹与雷达自动化系统显示航迹不一致。其间航班一直处于雷达监控飞行，未造成飞行冲突、未导致管制指令调配，经过飞行员与管制协调，风险处于可控范围，未造成一定的影响。

此次事件导致一起飞行签派严重差错，其主要原因如下。

（1）航空签派人员发送了错误的 FPL 电报，未发现放行单中的 FPL 与 CFP 航路不一致，最终导致实际飞行中空管雷达 RO 告警的运输航空一般事件，是直接责任人。

（2）运控中心航行情报人员工作作风不严谨。

第三节　航行情报事故差错标准

一、航行情报事故

凡主要因航行情报责任造成下列情况之一者，属于航行情报事故。

（1）等级飞行事故。

（2）航空器迫降。

二、航行情报事故征候

凡主要因航行情报责任造成下列情况之一者，属于航行情报事故征候。

（1）航班取消、返航或备降。

（2）航空器严重偏航、飞错航线和航线高度，造成严重后果。

（3）航空器进入空中禁区或有活动的危险区内的危险高度，造成严重后果。

（4）丢失机密以上文件资料，造成严重泄密。

三、航行情报工作严重差错

凡主要因航行情报责任造成下列情况之一者，属于航行情报严重差错。

（1）发布或处理的航行情报文件，有严重错误或遗漏，提供给机组后，虽未造成严重后果，但威胁飞行安全和正常。

（2）向机组或有关单位错误地提供了航行资料，虽未造成严重后果，但威胁到飞行安全和正常。

（3）迟发、漏发航行情报资料，或者提供航行情报不及时，影响了飞行。

（4）值班期间擅离职守，贻误对航行情报文电的处理。

（5）由于人为原因，致使计算机工作不正常或出现数据错漏，不能及时、准确地向机组提供航行情报服务，影响了航班的正常运行。

（6）上报或印发的机场细则、各种特种航图以及其他资料有错误，造成严重影响。

（7）分发航行资料发生错发或漏发，造成严重影响。

（8）因操作或使用不当损坏设备，造成人民币4000元（含）以上损失。

四、航行情报工作差错

凡主要因航行情报责任造成下列情况之一者，属于航行情报差错。

（1）未按规定收集、整理和发布航行通告，但未造成后果。

（2）发布的各类航行通告和航行通告校核单的格式或内容不符合规定。

（3）签发或处理的航行情报文电有重要错误或遗漏，但未造成后果。

（4）机组、空中交通管制或其他有关单位提供了不准确的航行资料，但未造成任何影响。

（5）由于人为原因致使设备工作不正常或出现数据错漏，但未对飞行造成影响。

（6）上报或印发的机场使用细则、各种特种航图以及其他资料，内容、数据出现重要错漏，但未造成后果。

（7）各种航行资料由于保管不当造成损失，或因分发航行资料时发生了差错，对使用单位的工作造成了不便。

（8）因操作或使用不当损坏设备，造成人民币1000元（含）以上，4000元（不含）以下损失。

五、航行情报差错案例分析

例7-7：

7月20日广州至上海的某航班（计划起飞时间为20:10）因机组连飞，航线手册由现场协调室送上飞机。19:35，机组反映其中一本航线手册内容有错误，要求更换航线手册。在收到机组通知后，因为现场协调室签派放行人员与现场值班司机配合失误，造成航线手册送出迟缓，直到20:35正确的航线手册才送上飞机。最后飞机于21:03起飞，航班延误53 min。

此次事件构成一起航行情报工作严重差错。主要原因如下。

（1）当日现场协调室签派放行人员曹某因迟到很长时间（约 1 h 30 min），到位后忙于准备后续其他航班的飞行计划，得知×××航班需要更换航线手册后，没有积极与值班司机协调配合及时送出航线手册。

（2）航行情报室机载资料箱中情报资料的有效性检查存在漏洞和隐患。

（3）现场协调室陈某在没有等到接班人员到位，没有很好地做好交接班工作就擅自离开工作岗位。

（4）现场协调室放行资料准备不到位。

例 7-8：

1948 年秋，荷兰航空公司星座客机，执行阿姆斯特丹—里斯本航段，普雷斯特维奇机场的 VIS 很差，降至 500 m，仍不见跑道，继续进近见跑道时，跑道剩余不多，复飞爬升至 150 m，准备重新进近着陆，撞上高压线，起火，坠机。其主要原因是离机场东面不远处有一高 150 m 的高压线，而航图上关于这个高压线的高却为 15 m，数据存在很大的误差。

此次事件构成一起航行情报事故。主要原因如下。

（1）航图数据与实际障碍物的数据存在很大的误差。

（2）原始数据提供单位提供错误的数据，而航行情报工作人员没有进行审核、校准，并发放了包含错误的航图资料。

例 7-9：

2002 年，兰州情报区因军方活动关闭航路。一次，当郑州区调向西安区调交接 XO95XX 航班时，西安区调说此航班所经的一段航路已经关闭。郑州区调立即与情报室值班人员联系，经查实，没有关于这段航路关闭的通告。所幸的是，该航班飞经此段航路时，航路刚刚开放，避免了航班返航备降。

此次事件构成了航行情报工作差错，主要原因如下。

（1）航行情报人员漏发航行通告，导致飞行此航段的航班并不知航路关闭。

（2）航班实施过程中，飞行签派人员未能及时发现航路关闭情况。

好在此次事件并未造成什么后果，若导致航班返航或备降，将导致航行情报事故征候。

第四节　其他飞行组织保障人员的差错标准

一、维修人员的事故及差错标准

在航空器、航空器部件及维修设施所进行的管理、使用、检查、维护、修理、排故、更换等维修活动中，由于维修责任造成的具有巨大直接经济损失的航空器、航空器部件、车辆、设备、设施损坏和人员重伤或人员死亡的事件，称为维修事故。

在维修活动中，由于维修责任造成的严重威胁飞行安全的事件或具有重大直接经济损失的航空器、航空器部件、车辆、设备、设施损坏和人员致残，但其程度未构成维修事故的事件，称为维修事故征候。

在维修活动中，由于维修责任造成的严重威胁飞行安全、违反适航规章或具有一定直接经济损失的航空器、航空器部件、车辆、设备、设施损坏和人员受伤，但其程度未构成维修事故征候的事件称为维修差错。

维修事故与差错分为如下几类。

（1）特大维修事故。

（2）重大维修事故。

（3）一般维修事故。

（4）维修事故征候。

（5）维修严重差错。

（6）维修一般差错。

（一）特大维修事故

由于维修造成下列情况之一者，为特大维修事故。

（1）航空器及部件在地面发生损坏，直接经济损失超过事故当时同型或同类可比新航空器（最大起飞质量小于或等于 5.7 t 的航空器除外）整机价格的 3%或超过 500 万元（含），以低限为准。

（2）在地面发生事故，人员死亡 4 人（含）以上。

（3）重大飞行事故。

（二）重大维修事故

由于维修造成下列情况之一者，为重大维修事故。

（1）航空器及部件在地面发生损坏，直接经济损失超过事故当时同型或同类可比新航空器（最大起飞质量小于或等于 5.7 t 的航空器除外）整机价格的 1%或 100 万元（含）～500 万元，以低限为准。

（2）在地面发生事故，人员死亡 3 人（含）以下。

（3）地面设备、厂房设施损坏，直接经济损失 100 万元（含）～500 万元。

（4）一般飞行事故。

（三）一般维修事故

由于维修造成下列情况之一者，为一般维修事故。

（1）航空器及部件在地面发生损坏，直接经济损失超过事故当时同型或同类可比新航空器（最大起飞质量小于或等于 5.7 t 的航空器除外）整机价格的 0.5%或 50 万元（含）～100 万元，以低限为准。

（2）地面设备、厂房设施损坏，直接经济损失 50 万元（含）～100 万元。

（3）人员重伤。

（四）维修事故征候

由于维修造成下列情况之一者，为维修事故征候。

（1）航空器及部件发生损坏，直接经济损失超过 20 万元（含）。

（2）地面设备、厂房设施损坏，直接经济损失超过 10 万元（含）。

（3）活塞式发动机在未关磁电机的情况下，扳动螺旋桨。

（4）未按规定取下航空器的堵塞、管套、销子、夹板、尾撑等，航空器起飞。

（5）任何系统工作失效，导致需地洞应急系统或航空器紧急下降。

（6）为取得航空器的国际登记证、适航证和无线电台执照，擅自放行航空器从事飞行活动。

（7）未按中国民用航空局适航维修部门批准或认可的维修大纲、维修方案和部件维修手册进行维修或修理民用航空器及部件，并造成航空器不能正常使用。

（8）航空器加注规格不符合要求的液压油、滑油后起飞。

（9）航空器在低于"最低设备清单"和"外形缺损清单"标准的情况下放行并起飞。

（10）运行中，航空器操纵面、发动机整流罩、舱门、风挡玻璃飞掉，蒙皮揭起或张线断裂。

（11）运行中航空器机轮脱落。

（12）运行中，维护、检查盖板脱落，造成航空器受损。

（13）航空器起飞滑跑速度小于胎前轮速度 37 km/h 时至上升高度达到 300 m 的过程中，发动机停车，在上升、平飞、下降过程中，三发（含）以上航空器多于一台发动机停车。

（14）在空中，航空器的主要操纵系统出现卡阻或襟翼、缝翼失效。

（15）直升机飞行中发生旋翼颤振。

（16）发动机、起落架舱或操纵系统带外来物飞行。

（17）直升机飞行中，发生该机型飞行手册规定的需立即着陆的故障。

（18）凡未达到维修事故等级，但性质严重的其他事件。

（五）维修严重差错

由于维修造成下列情况之一者，为维修严重差错。

（1）因人为责任原因造成人员受伤自受伤之日起 7 日内需要住院 24 h（含）以上。

（2）因人为责任原因造成航空器及部件损坏，直接经济损失超过 10 万元（含）。

（3）因人为责任原因造成地面设备、厂房设施损坏，直接经济损失超过 5 万元（含）。

（4）航空器维修工作中漏做工作卡中规定的内容造成航空器不能正常使用。

（5）加错燃油、液压油、滑油等油料，未造成后果。

（6）发动机放滑油后未加注滑油开车，未造成后果。

（7）没有整机放行权的人员签署整机放行并造成航空器起飞。

（8）航空器上使用失效的"三证"（适航证、国籍登记证、电台执照）原件或复印件。

（9）未经民航局批准擅自在已取得适航证的航空器上进行重大加、改装工作。

（10）在航空器上使用未经民航局批准的机载设备和客、货舱服务设施。
（11）未按规定时间及规定程序完成中国民航局适航部门颁发的适航指令，但未起飞。
（12）航空器时控件超时使用。
（13）航空器未经批准超时检修。
（14）未经批准的航材在航空器上使用。
（15）在飞控区内车辆违章行驶、停放造成碰挂航空器。
（16）因人为原因造成飞行中滑油箱接近面板飞丢。
（17）航线维修中漏检并造成航空器不能正常使用。
（18）各种舱门、盖板未关好或空速管套堵塞、插销、挂牌等未取下使航空器推出或滑出未起飞。
（19）误放滑梯充气但未造成人员伤亡。
（20）飞机表面覆盖有冰、雪、霜，低于放行标准放行。
（21）航空器低于"最低设备清单"和"构型偏离清单"的标准放行。

（六）维修一般差错

由于维修造成下列情况之一者，为维修一般差错。
（1）人为责任原因航空器及部件损坏，直接经济损失超过 5 万元（含）。
（2）人为责任原因地面设备、厂房设施损坏，直接经济损失超过 2 万元（含）。
（3）未按说明书要求实施操作专用设备，造成直接经济损失超过 1 万元（含）。
（4）未按规定清点工具，造成丢失。
（5）航空器完成了维修工作，而未完成签字放行手续就投入飞行。
（6）因工作差错造成航空器被迫停场维修。
（7）机务管理的飞机上必配适航文件不齐或过期。
（8）发动机滑油量低于标准开车，未造成后果。
（9）开关、设备使用错误，未造成严重后果。
（10）在地面错误地放出旅客氧气面罩。
（11）在地面错误地放出冲压涡轮泵。
（12）未按工作单卡规定实施航后货舱检查（入舱）。
（13）未按规定时限完成技术、服务通告。
（14）对机组反映的故障问题未做处理就放飞。
（15）将不合格的器材入库、发放。
（16）违规驾车进入滑行道、跑道。
（17）保留项目单未按规定填写。
（18）当气温低于"飞行运行手册"要求时，未按规定将飞机水箱内的水放出。
（19）随机工作人员未带或丢失相关证件、各类工作单卡、适航文件、技术文件或未在"飞行记录本"上签字放行。
（20）停靠飞机车辆未按规定作业。

(21) 在停机坪区域内或当飞机在地面时在驾驶舱内吸烟。
(22) 执管飞机单位在管理飞机过程中，出现对飞机监护失控。
(23) 导航数据库未按规定程序传递、更新、装载，或未按规定时间完成航行资料配备而影响航班正常运行。
(24) 因操作不当，使特种车辆工作台（梯）顶撞航空器，但未造成严重后果。
(25) 维修工作中操作错误，导致机上固定灭火瓶释放。
(26) 未按规定挡轮挡使航空器滑动，未造成后果。

（七）维修事故及差错案例

例 7-10：

2002 年 9 月 29 日，（武汉天河机场）机务人员对即将执行航班任务的飞机做航前短停维护，排除 AB 火警环路失效故障，更换火警控制面板。根据排故操作程序，机务人员断开了相应的跳开关，因火警控制面板位于中央操纵台燃油控制手柄下方，机务人员将燃油控制手柄提起放在慢车位。更换火警控制面板后，恢复了跳开关，做了功能测试，系统正常工作，但忘记将燃油控制手柄恢复至关断位。机组准备执行航班任务，到场后对飞机外部进行了检查，机务排除故障撤离驾驶舱后，机组进行了驾驶舱准备，完成允许开车检查单后，在地面机务人员的指令下，三次冷转左发（左侧发动机），由于机组未发现双发燃油手柄均在"慢车位"，造成左发着火受损。整个冷转过程持续了 3 min 多，左发 EGT 最高指示达 1024°。损伤情况：① 左发低压涡轮第 4 级 6、10 点钟位置二处烧穿，呈圆形，直径约 18～20 cm；发动机转子咬死；② 机身外部多处被烧伤：左发吊架右侧板（共 3 块）烧糊；3 号襟翼滑轨整流罩烧糊；左发右侧机翼下表面烧糊面积约 35×35 cm^2。

原因分析如下。

（1）机务人员完成火警控制面板更换后，未按工作程序进行检查，没有将燃油手柄恢复至关断位，造成冷转时喷油点火。

（2）机组在驾驶舱准备时未按正常程序对驾驶舱设备进行检查，没有发现燃油控制手柄放在切断位。

（3）机务人员观察到第一次冷转发出"砰"的响声，且左发尾喷管喷出火花后，不仅不立即对左发进行检查和查明原因，反而要求机组进行第二、第三次冷转，加剧了发动机的损坏。

业务理论知识差，发动机冷转过程中发生喷油点火后，空地勤人员均没人提出冷转程序问题，更没有想到造成喷油点火的原因与燃油控制手柄位置有关；机组在驾驶舱眼看着发动机温度在上升并超温警告，也不检查燃油控制手柄的位置。

例 7-11：

2009 年 4 月 23 日 00:10 左右，某航空公司飞机维修厂 4 名员工负责将 B737-700/B-5222 飞机从贵阳机场 2 号停机位拖回机库，对飞机机身外部进行清洗，陈某为牵引车驾驶员，张某在飞机驾驶舱负责与塔台联系，胡某负责地面指挥，杨某负责协助胡某与车辆驾驶员联系。得到塔台同意后，杨某、胡某二人分别登上牵引车尾部的右侧和左侧。飞机通过联络道牵引至滑行道，机坪光线昏暗，飞机朝北面滑行不到 100 m 时，胡某与张某进行联系，看见杨某向左侧身去扳动牵引车尾部的反光镜，当时牵引车正好发生颠簸，杨某失去平衡掉下牵引车，胡某下意识提醒其小心。杨某在地面上翻滚后站起来，又被滑行中飞机的右侧发动机内包皮前缘挂倒在地，飞机的右主轮从杨某的身上碾过，后胡某立即通知牵引车驾驶员陈某停车，并通过对讲机告诉调度室叫救护车抢救，经机场急救中心医生鉴定，杨某被飞机右主轮碾压之后死亡。

事发相关的民航-D2508 牵引车尾部平台高 1.6 m，平台上未设置座椅和人员保护设施。事件原因分析如下：

（1）当事人员在牵引飞机过程中违反牵引车使用规定，乘坐不具备安全条件的牵引车，在侧身扳动反光镜时遇牵引车颠簸从牵引车坠落，爬起过程中又被飞机右发动机刮倒，最终导致该起事件的发生。

（2）航空公司未提前发现安全隐患并予以纠正。

二、其他飞行组织保障人员的一般差错标准

（一）飞行的一般差错标准

（1）飞行人员由于未进行飞行准备、未按时进场或证照不齐等个人原因，造成机组人员临时调换或航班延误 10 min（含）以上。

（2）直接准备检查接收飞机漏项，飞机发动机、设备开关等部件不在正常位。

（3）航空器听错指令或未经允许进入跑道。

（4）一般机场飞行未按规定落实检查单，造成后果。

（5）机组执行航班未携带有效证照，或未带齐、带错资料，造成后果。

（6）直接准备时，加油不当超过规定，造成抽油。

（7）开关、设备使用错误，未造成严重后果。

（8）飞行实施中，机组成员将报纸、杂志带进驾驶舱阅读。

（9）航空器的堵塞、管套、销子等未取而关闭舱门在开车前发现。

（10）飞机减速板、缝翼、襟翼不在规定位置，安定面配平超出起飞允许范围滑出准备起飞。

（11）航空器未按指令滑行或停错停机位。

（12）飞机着陆后未按规定关闭雷达。

（13）机组人为原因忘盖加油口盖或加油面板。

（14）未经机务放行签字起飞（特殊情况除外）。

（15）由于机组成员操作失误，致使机载设备不工作，造成滑出后滑回或返航、备降。

（16）在地面错误地放出旅客氧气面罩。

（17）在地面错误地放出冲压涡轮泵。

（18）空中违规修改着陆重量。

（19）未关好侧窗滑行而造成中断起飞。
（20）人为过失，损坏航空器及部件，造成经济损失。
（21）人为过失，损坏地面设备、设施，造成经济损失。
（22）在停机坪区域内或当飞机在地面时，在驾驶舱内或飞行关键阶段吸烟。
（23）着陆后忘开反推。
（24）在飞行过程中违反 SOP，造成后果。例如，超过"飞行机组操作手册"所规定的高度、速度改变构型。
（25）着陆载荷较大，达到"飞行机组操作手册"所规定的机型限制值。
（26）在非 I、II 类高原特殊机场仪表进近在场高 1000 ft，目视进近在场高 500 ft，未满足以下进近条件之一且继续强行进近、着陆。
① 飞机表速大于进近速度不超过 25 节，小于进近速度不超过 10 节。
② 飞机未处于正确的着陆构型。
③ 精密进近，下滑道、航向道偏差大于 1 个点。
④ 非精密进近修正偏差时坡度大于 35°，下降率大于 1500 ft/min。
以上内容未涉及的，尚未构成严重差错的不安全事件。

（二）航务一般差错

（1）凡因飞行签派工作上的不慎，造成下列情况之一者，属于飞行航务一般差错。
① 航空器的飞行预报、飞行计划、起飞、降落、延误、取消、飞行放行单等电报有错、漏、忘。
② 航空器中断起飞、滑出又滑回、上客又下客、开车又关车。
③ 航班延误 15 min（含）至 30 min（不含）。
④ 放行飞机超过时限。
⑤ 对设施、设备因操纵错误或使用不当，造成人民币 1000～10 000 元（不含）损失者。
⑥ 未在飞行放行单上签字被机组或其他人员发现，未造成后果。
⑦ 选择备降场不合理或与计算机飞行计划不一致。
⑧ 飞机上必配适航文件不齐或过期。
⑨ 丢失或未按规定保存应当存档的飞行资料、文件，但未造成后果。
⑩ 信息传递错漏或不及时，未造成严重影响。
⑪ 未经批准为不符合条件人员办理加入机组手续。
⑫ 印发或向运行控制系统提交数据，由于人为原因出现重要错漏，但尚未造成严重后果。
⑬ 签派员未按规定和程序处置安全、运行信息，造成不良影响。
（2）凡因航行情报、性能及资料配备原因造成下列情况之一者，属于航务一般差错。
① 造成飞机偏离航线，但未达到严重差错标准。
② 航空器中断起飞、滑出又滑回、上客又下客、开车又关车。

③ 航班延误 15 min（含）至 30 min（不含）。
④ 航行情报未按照规定收集、整理和发布航行通告，但未造成后果。
⑤ 航行情报发布的航行通告和航行通告校核单的格式或内容不符合规定。
⑥ 情报人员上报或印发的机场细则、各种特种航图以及其他资料，内容、数据因人为原因出现错漏，但未造成后果。
⑦ 性能分析失误，但未造成后果。
⑧ 各种应该保存的航行资料由于保管不当遗失，造成工作不便。
⑨ 导航数据库未按规定程序传递、更新、装载，或未按规定时间完成航行资料配备而影响航班正常运行。
⑩ 印发或向运行控制系统提交的数据由于人为原因出现错漏，但尚未造成严重后果。
⑪ 未在规定时间内更换职责范围内的机载手册或资料，但未造成后果。
⑫ 航务人员未遵守酒精、药物使用规定。
（3）以上内容未涉及的尚未构成严重差错的不安全事件。

（三）客舱一般差错

（1）没有对客舱进行安全检查，未造成严重后果的。
（2）因使用机载设备不当，造成损失价值或赔偿额在人民币 50 000 元（含）以下。
（3）乘务组在航前未按规定与机组、安全员进行航前空防协同的。
（4）乘务人员未对配送上机的餐车铅封进行检查确认的。
（5）乘务人员未与地面人员准确核对旅客人数，造成错乘、漏乘、多乘，在起飞前发现。
（6）起飞前未按规定进行安全示范演示的。
（7）大件行李没有有效固定，造成安全隐患的。
（8）由于相应号位乘务员在所分管区域监管不力，造成安全隐患的。
（9）由于清舱不力，造成飞机带遗留物品飞行的。
（10）乘务人员不按要求检查应急设备及服务设备。
（11）执行航班任务时，未按规定携带有效证件、资料和物品。
（12）客舱机组未能按工作程序操作，造成不良后果。
（13）客舱机组未按规定填写和检查"客舱记录本"。
（14）以上内容未涉及的，尚未构成严重差错的不安全事件。

（四）货运一般差错

（1）因人为原因造成货舱货物、行李、集装箱、集装板未按规定固定，损坏舱壁、设备，不影响正常放行的。
（2）因人为原因，致使飞机及其附件受损需修理或地面设备、设施损坏，造成直接经济损失人民币 5 万元（含）以下的。
（3）因人为原因造成信息传递过程中数据有误，或其他原因造成实际装载与舱单不符的。

　　（4）因人为原因，造成货物、行李错装、漏装的。

　　（5）货物装卸人员在货物装机前未清舱，直接将货物装上飞机，飞机起飞。

　　（6）对装机货物，监装监卸人员未按规定履行职责。

　　（7）货运库房监控不力，造成非工作人员进入隔离区。

　　（8）因包装不符合规范，在收运时未严格把关，造成水货漏水，动物逃逸，但尚未造成飞机污染或货舱损坏。

　　（9）停靠飞机车辆未按规定作业。

　　（10）在停机坪区域内吸烟。

　　（11）人为原因造成已装机货物清舱。

　　（12）错填货运单、错填舱单，起飞前被发现，未造成后果的。

　　（13）由于人员过失，行李、货物装错飞机运往非目的地。

　　（14）未按规定的限制条件及程序收运货物的。

　　（15）由于计算错误或装载错误导致该航班舱单重心与实际重心不符，被及时发现，未造成操作困难的。

　　（16）对特种货物未按规定收运，装机后未与机组办理交接手续的。

　　（17）装机前（包括航前和过站）未对货舱进行清舱，未及时发现货舱设备及货舱地板、顶板、舱壁的损坏并报告。

　　（18）以上内容未涉及的，尚未构成严重差错的不安全事件。

（五）商务一般差错

　　（1）因人员过失，造成旅客上错飞机，起飞前发现。

　　（2）因人员过失，在值勤或服务过程中，造成旅客或工作人员受到法规界定的轻伤。

　　（3）由于人员过失，导致未经安全检查、未办理相关手续的旅客、行李进入隔离区或上飞机（按规定免检的除外）。

　　（4）私自将登机牌、行李牌交给未办登机手续的旅客及任何非旅客人员的。

　　（5）由于人员过失，造成违禁品（包括危险品）上机，未造成后果的。

　　（6）由于人员过失，行李装错飞机运往非目的地。

　　（7）未按规定的限制条件及程序收运旅客、行李的。

　　（8）未按规定正确使用标签、标贴、行李牌、登机牌的。

　　（9）未按规定核查旅客的有效身份证件，或未按规定安排出口座位的。

　　（10）错、漏报载量，造成舱单与重量不符，在起飞前发现，未造成后果。

　　（11）人为原因造成航空器滑出再滑回或清舱重新上下旅客。

　　（12）未按装卸作业的有关规定或未认真核对旅客行李凭证，造成行李错装、漏装、错卸、漏卸。

　　（13）因工作过失（如未认真核对旅客登机牌等），造成旅客错乘、漏乘、多乘，在起飞前发现。

（14）各种车辆在机坪违章行驶、停放，未造成后果。

（15）以上内容未涉及的，尚未构成严重差错的不安全事件。

凡未在上述条款中提及的其他不安全事件，依据事件具体情况可定性为航空安全一般差错。

三、严重安全差错标准

（一）飞行严重差错

（1）航空器听错指令或未经允许进入跑道造成其他航空器复飞或采取相应措施但未构成事故征候的情况。

（2）航空器未经允许开车或滑行。

（3）特殊机场未按特殊机场检查单执行造成一定后果。例如，特殊机场自动刹车不按公司规定使用造成一定后果。

（4）空中错误地使用应急设备造成后果。例如，空中错误地放出旅客氧气面罩。

（5）飞机表面有冰、霜、雪时未按"除冰/防冰程序"工作准备起飞。

（6）在飞行过程中人为原因导致气压基准使用错误或气压值调整错误。例如，在进近着陆或起飞上升过程中忘调、错调或报错高度表气压刻度数值4个。

（7）因机组违反燃油政策造成油量少尚未宣布紧急状态。

（8）因机组原因造成飞机超重着陆。

（9）航空器起动、滑行、试车因机组人员操作不当尾气流吹坏、损坏停放在地面的其他飞机或地面设施设备但未构成事故征候。

（10）航空器起动和关车过程中未刹车造成飞机移动、偏转。

（11）飞行实施中，机组未按标准程序操作或没有按管制指令飞行而改变飞行航径，被管制员发现纠正且未造成不良后果。

（12）飞机起降过程中人为原因刹破轮胎未导致飞机其他部位受损。

（13）操纵错误造成机件、设备损坏未构成事故征候。

（14）飞行中误入积雨云、浓积云或未按规定绕飞致使航空器遭雷击、冰击未达到事故征候标准。

（15）飞行中人为过失造成航空器在进场、离场阶段与地面失去通信联络或航线上与地面指挥失去通信联络 5 min 以上未构成事故征候。

（16）机组成员未遵守酒精、药物使用规定。

（17）进近过程中认错、看错机场、跑道或弄错着陆方向且进行了着陆准备，在准备着陆过程中发现纠正并在决断高度以上复飞但未达到事故征候标准。

（18）飞行中抬起前轮后因操纵不当前轮再次接地或抬前轮过高造成小速度离陆飞机状态不稳定，在高度 100 m（不含）以上出现失速警告但未达到事故征候标准。

（19）飞机滑行误关停车手柄或偏出规定的滑行道，飞机未受损伤，但未达到事故征候标准。

（20）因机组成员违反操作程序和公司运行手册规定超出以下标准之一。

① 飞行速度超过"飞行机组操作手册"所规定的机型限制值天气原因、瞬间超过除外飞行高度 100 m 以上触发警告。

② 在非 I、II 类高原特殊机场仪表进近场高 1000 ft，目视进近场高 500 ft，出现以下情况之一且继续强行进近、着陆。

- 下降率大于 2200 ft/min。
- 速度大于目标速度 45 m/h 以上。
- 在已触发一般差错标准的前提下机组成员提醒复飞未复飞。
- 飞机着陆前 1000 ft 以下忘放起落架，准备着陆造成警告。

③ 飞行中出现失速警告或触发飞行包线保护天气原因除外。

④ 机组违反机场进离场程序触发近地警告。

⑤ 因机组原因发生飞机重着陆超过机型限制值尚未构成事故候。

（二）航务严重差错

（1）凡因飞行签派工作上的失误造成下列情况之一者，属航务原因严重差错。

① 得知下列情况后同意放行航班但飞机未起飞。

- 机表面覆盖有冰、雪、霜。
- 低于规定数量的航行备用燃油。
- 装载超重或载重平衡不符合规定。
- 航线或机场的地面保障设施发生故障，不能保证飞行安全。
- 在禁区、危险区、限制区和机场宵禁的有效时间内。
- 机场关闭期间。
- 飞机上所携带的氧气量低于规章要求。
- 航空器低于"最低设备清单"和"构型偏离清单"的标准。
- 机上有未经正当程序登机的人员，包括旅客、机组、加机组人员。
- 飞机有隐载情况。

② 违反签派放行标准或公司相关规定放行或接收航班造成航班取消、航空器返航、备降或其他严重不良影响。

③ 未经批准擅自调动安排非计划的飞行任务，未造成严重后果。

④ 承办专、包机国外飞行任务错、漏、忘向有关国家申请。

⑤ 擅自安排不符合加入机组规定的人员乘机。

⑥ 因人为原因漏、错、忘通报传递应急救援保障信息。

⑦ 未在放行单上签字即放行飞机，造成不良影响。

⑧ 因其他人为原因工作差错造成飞机不能正常飞行、出境、着陆、进入最低油量、取消、返航、备降等后果。

⑨ 重要信息传递错漏或不及时造成严重影响。

(2) 凡因航行情报、性能及资料配备原因造成下列情况之一者，属于航务原因严重差错。

① 航空器偏出航路 50 km（含）以上、飞错航线或航线高度但未达到事故征候标准。
② 丢失机密等级以上文件资料，造成不良影响。
③ 性能分析失误，造成飞机超重起飞、着陆或其他危及飞行安全的情况。
④ 发布、处理或提供给相关人员的航行资料有严重错误或遗漏，造成严重影响但尚未构成事故征候。
⑤ 迟发、漏发航行资料或者提供航行情报信息不及时造成后果。
⑥ 值班期间擅离职守，贻误对航行情报文电的处理。
⑦ 由于人为原因致使计算机工作不正常或者出现数据错漏不能及时、准确地向机组提供航行情报服务，影响了航班的正常运行。
⑧ 上报或印发的机场细则、各种特种航图以及其他资料存在人为原因错漏造成不良影响。
⑨ 因其他人为原因工作差错造成飞机不能正常飞行、出境、着陆或进入最低油量、取消、返航、备降等后果。
⑩ 对设施、设备因操纵错误或使用不当造成人民币 10 000 元（含）以上损失者。
以上内容未涉及的尚未构成事故征候的不安全事件。

（三）客舱严重差错

(1) 造成机载设备损坏或赔偿人民币 50 000～100 000 元（含）。
(2) 由于乘务员工作原因导致乘务员、旅客受轻伤、机上设备损坏，如未控制好餐车刹车致使餐车箱柜冲出服务间。
(3) 在紧急情况下乘务员处置失当，未造成严重后果。
(4) 乘务员误操作造成滑梯放出充气。
(5) 客舱机组未按工作程序操作造成严重后果。
(6) 客舱机组打开航空器舱门时未及时挂警示带导致人员严重受伤。
(7) 未及时向旅客进行安全介绍致使旅客打开航空器紧急门窗造成航班延误。
(8) 客舱机组飞行时间超时，未及时报告造成严重后果。
以上内容未涉及的尚未构成事故征候的严重不安全事件。

（四）货运严重差错

(1) 人为原因致使飞机及其附件受损需修理或地面设备、设施损坏，造成直接经济损失人民币 5 万元（含）以上的。
(2) 违反配载、装载规定，造成飞机重心超过规定范围但未造成飞机操纵困难的。
(3) 将未经安全检查或没有采取其他安全措施的行李、邮件、货物进入隔离区或装机起飞的。
(4) 违反规定操作，在生产过程中导致人员受伤未达到地面事故征候标准的。

(5) 因操作不当使特种车辆、传送带顶撞航空器但尚未造成严重后果的。

(6) 在飞机上配置未经适航部门批准的货舱服务设施的。

(7) 漏装压舱物未造成飞机操作困难的。

(8) 违规驾车进入滑行道、跑道。

(9) 误收危险品，飞机起飞前发现的。

以上内容未涉及的尚未构成事故征候的严重不安全事件。

（五）商务严重差错

(1) 人为过失损坏航空器及部件，造成直接经济损失人民币5万元以上、10万元以下。

(2) 人为过失损坏地面设备、设施，造成直接经济损失人民币1万元以上、5万元以下。

(3) 飞机发生紧急情况时，地面应急保障单位和人员反应迟缓信息传递不畅，延误时机造成后果的。

(4) 接到特情通报售票、值机人员工作失职未把住关口。

(5) 漏乘或未登机旅客已装机行李未拉下，造成直接经济损失。

(6) 利用工作便利违规捎、买、带或带违禁物品危及空防安全。

(7) 飞机起飞后发现客舱旅客人数与舱单不相符。

(8) 违反配载、装载规定或人为过失造成航空器重心超限或与舱单不符造成安全隐患或经济损失。

(9) 飞机起飞后将未经安全检查的行李装上飞机。

(10) 擅用职权授权或迫使工作人员违章违规操作。

(11) 漏配压舱物并已起飞未造成后果。

(12) 因配载人员不按时拍发商载电报造成航班在外站延误。

(13) 以上内容未涉及的尚未构成事故征候的严重不安全事件。

凡未在上述条款中提及的其他不安全事件，依据事件具体情况可由公司安委会定性为航空安全严重差错。

思 考 题

1. 空中交通管制人员的事故和差错是如何分类的？
2. 飞行事故是如何分类的？
3. 飞行签派员事故和差错是如何分类的？
4. 什么是维修事故？
5. 空中交通管制人员事故和差错报告的程序是什么？

第八章

其他飞行的组织与保障

本章学习目标

- 了解通用航空的含义；
- 掌握通用航空的分类；
- 了解通用航空飞行的管理与管制；
- 了解通用航空飞行的特点和飞行标准；
- 了解外国民用航空器飞行的管理规定与保障。

第一节 通用航空飞行的一般规定

一、通用航空定义

通用航空（general aviation），是指使用民用航空器从事公共航空运输以外的民用航空活动，包括从事工业、农业、林业、渔业和建筑业的作业飞行以及医疗卫生、抢险救灾、气象探测、海洋监测、科学实验、教育训练、文化体育等方面的飞行活动。

通用航空业是以通用航空飞行活动为核心，涵盖通用航空器研发制造、市场运营、综合保障以及延伸服务等全产业链的战略性新兴产业体系。

二、通用航空的一般规定

通用航空飞行主要有为工业、农业、林业、牧业、渔业生产服务的作业飞行，以及从事医疗卫生、抢险救灾、海洋及环境监测、科学实验、教育训练、文化体育、游览等的飞行。通用航空飞行具有种类繁多、远离基地、流动分散、设备简单、飞行条件和操纵复杂等特点。航空公司必须加强组织领导，在确保安全的前提下，努力提高作业质量和效率，争取按时完成任务。执行通用航空飞行任务的驾驶员，必须经过作业项目飞行的训练和检查合格，方可单独执行任务。

（一）驾驶员的要求

（1）航空器的驾驶员应当根据其所驾驶的航空器的等级、在航空器上担负的职位以及运行的性质和分类，符合 CCAR-61 部中规定的关于其执照和等级、训练、考试、检查、航空经历等方面的相应要求，并符合本规则和相应运行规章的要求。

（2）在以取酬或出租为目的的商业飞行中担任航空器驾驶员的人员，应当至少取得商用驾驶员执照和相应的航空器等级和运行许可。

（3）为他人提供民用航空器驾驶服务并以此种服务获取报酬的驾驶员，应当至少取得商用驾驶员执照和相应的航空器等级和运行许可。

（4）摄入酒精和药物的限制。

① 处于下列身体状况的人员不得担任或试图担任民用航空器的机组成员。
- 饮用含酒精饮料之后 8 h 以内。
- 处于酒精作用之下。
- 使用了影响器官功能的药品，可能对安全产生危害。
- 其血液中酒精含量以重量为计量单位，达到或超过 0.04%。

② 除紧急情况外，民用航空器的驾驶员不得允许在航空器上载运呈现醉态或者由其举止或身体状态可判明处于药物控制之下的人员（受到看护的病人除外）。

③ 飞行人员应当在民航局要求时，接受民航局人员或民航局委托的人员检查其血液中酒精含量百分比的测试。当民航局认为某人有可能违反本条 1、2、4 项的规定时，此人应当根据民航局的要求，将其担任或试图担任机组成员之后 4 h 内所做的血液酒精含量百分比测试结果提供给民航局。

④ 如果民航局认为某人有可能违反本条第 3 项的规定，此人应当根据民航局的要求，将其担任或试图担任机组成员之后 4 h 内所做的每次体内药物测试的结果提供给民航局。

⑤ 民航局根据本条第 3 或第 4 款所取得的测试结果来判定该人员是否具备持有飞行人员执照的资格，或是否有违反中国民用航空法规的行为，并且可以在相应的法律程序中作为证据。

（二）航空器适航要求

（1）任何人不得运行未处于适航状态的民用航空器。

（2）航空器的机长负责确认航空器是否处于可实施安全飞行的状态。当航空器的机械、电子或结构出现不适航状态时，机长应当中断该次飞行。

（三）空中交通管制许可和指令的遵守要求

（1）当航空器驾驶员已得到空中交通管制许可时，除在紧急情况下或为了对空中交通警戒与防撞系统的警告做出反应外，不得偏离该许可。如果驾驶员没有听清空中交通管制许可，应当立即要求空中交通管制员予以澄清。

（2）除紧急情况外，任何人不得在实施空中交通管制的区域内违反空中交通管制的指令驾驶航空器。

（3）每个机长在紧急情况下或为了对空中交通警戒与防撞系统的警告做出反应而偏离空中管制许可或指令时，必须尽快将偏离情况和采取的行动通知空中交通管制部门。

（4）被空中交通管制部门给予紧急情况优先权的机长，在民航局要求时，必须在 48 h 内提交一份该次紧急情况运行的详细报告。

（5）除空中交通管制另有许可外，航空器驾驶员不得按照雷达管制员向另一架航空器驾驶员发出的许可和指令驾驶航空器。

（四）其他要求

航空公司领导在机组执行任务前，必须亲自组织检查其训（熟）练飞行和准备工作情况。在执行任务期间,应当经常深入作业基地,督促检查,发现问题,及时解决。

在昼间和拂晓进行作业飞行时,应当根据任务性质、作业地区地形确定每天开始和结束飞行的时间。

只有在能够清楚地看到地标和能够目视判断作业飞行高度的情况下,方可起飞,但不得早于日出前 30 min(山区日出前 20 min);着陆时间不得晚于日落时间(山区日落前 15 min)。

进入国境地带作业的通用航空飞行,必须按照特殊规定提出飞行申请,经过批准后方可进入,并且遵守下列规定。

(1)严格按照飞行计划实施。

(2)准确地报告进入、飞离国境地带的时间和方位。

(3)未经过批准,禁止飞越国境线。

两架以上航空器在同一地区执行通用航空任务,如果作业区邻近,必须制定安全措施,及时互通情报,正确调配间隔;在飞行中,航空器之间必须保持通信联络。

执行通用航空飞行任务的航空器,由机长(基地负责人)根据任务性质、气象条件、航空器准备情况决定可否飞行,特殊情况按照空中交通管制部门的要求执行。

第二节 几种通用航空飞行的特点和飞行标准

一、农业飞行

农业飞行主要有播种、除草、施肥和防治病虫等项目。

(一)作业飞行的最低天气标准

(1)平原地区:云高不低于 150 m,能见度不小于 5 km,直升机不小于 3 km。

(2)丘陵、山区(高原):云高距作业区的最高点不低于 300 m,能见度不小于 5 km,无连续性颠簸、下降气流。

(3)作业飞行的风速限制,必须遵守各类作业项目的要求。

没有经过空中视察的地区,不得进行作业飞行。视察飞行后,如果机长认为某一地段地形复杂,还应当进行地面视察;根据视察结果,确定能否作业飞行。

(二)作业飞行时的禁止

(1)机长回头观察喷撒(洒)故障。

(2)在空中排除喷撒(洒)设备的故障。

(3)早晨和傍晚作业航向与太阳方位之差小于 45°。

(4)进入由喷撒(洒)药剂形成的雾带。

(5)飞行高度在 10 m 以下修正航向时的坡度大于 10°。

（6）沿山坡向上飞行。

（7）使用单组油箱供油。

（8）搭载与飞行无关的人员。

作业飞行高度应当根据机型、生产要求和地形决定，在平原地区航空器距地面作物、果树、防护林带的高度不得少于 3 m，距水上植物、森林和建筑物不得少于 10 m；在丘陵、山区距地面作物不得少于 15 m。

到作业区的往返飞行高度，应当根据航线距离、天气情况和地形决定，目视飞行在平原地区距障碍物不得低于 50 m；在丘陵、山区和较大的水面、森林、居民区上空距障碍物不得低于 100 m。

（三）在有空中架设电线的地段上空作业

（1）禁止从各种电线下方穿过。

（2）沿高压线飞行时，航空器距高压线的侧向距离不得小于 30 m；沿其他电线飞行时，不得小于 20 m；当风速超过 5 m/s，在电线的上风区飞行时，上述距离都不得小于 50 m。

（3）飞越有高大构架的高压线的高度，距高压线不得少于 30 m；当风速超过 5 m/s 时，高度还应当适当提高。

（4）飞越一般输电线的高度，距电线不得少于 10 m；飞越电话、电报线的高度，距电线不得少于 5 m；当风速超过 5 m/s 时，距电线都不得少于 20 m。

（5）空中不易发现的电线须布置信号标示。

当山坡坡度小于 45°时，一边净空良好，方准沿等高线作业飞行。山坡坡度小于 20°时，机翼距山坡的垂直距离不得小于 15 m；山坡坡度大于 20°时，机翼距山坡的水平距离不得小于 50 m；直升机旋翼距山坡的水平距离不得小于旋翼直径的 1.5 倍。

二、林业飞行

林业飞行主要有航空护林、森林调查、森林航空摄影、播种造林和防治森林病虫等。

森林航空摄影按照航空摄影飞行的规定执行。

林业播种和防治森林病虫飞行，按照农业飞行的规定执行。

航空护林飞行主要有林区上空巡护，视察火情，空投火报、物资，空降（空运）灭火人员，急救运输，化学灭火，喷洒化学除草剂，开设防火线等。

林区上空巡护飞行，通常按照预定计划进行。飞行中发现火情时，可以改变巡护航线进行观察，但必须立即报告区域管制室。国境地带按照特殊规定执行。

观察火情时，必须沿火场边缘保持目视飞行，禁止进入烟中或者在烈火上空飞行。在即将熄灭的火场上空可以降低飞行高度，但航空器距树梢不得少于 100 m，直升机不得少于 50 m。

当林区发生紧急火情时，机长（基地负责人）可根据天气实况决定是否飞行，并且迅速报告区域管制室。

直升机护林防火飞行中，如果需要在火场附近着陆，起降场地应当选择在火场上风方向，直升机着陆后不关车，起降场地距离火场边缘不少于 300 m；着陆后关车，距离火场边缘不少于 2 km。禁止机组离开直升机。

森林调查和林业播种飞行，应当根据任务的要求、地形和使用机型，确定飞行高度和方法。森林调查飞行距离地面障碍物：速度在 200 km/h 以下的航空器不得少于 100 m；速度在 200 km/h 以上的航空器不得少于 200 m。在丘陵、山区林业播种飞行时，速度在 200 km/h 以下的航空器距地面障碍物不得少于 50 m；速度在 200 km/h 以上的航空器距地面障碍物不得少于 100 m。

三、渔业飞行

渔业飞行主要有渔业侦察飞行、引导和指挥捕鱼（海兽）船队的飞行、渔业通信联络飞行、援救遇险渔民的飞行、渔业运输飞行和投放鱼苗的飞行等。

渔业通信联络飞行和渔业运输飞行，应当按照运输飞行的下述规定执行。

渔业侦察飞行、引导和指挥捕鱼（海兽）船队的飞行，投放鱼苗的飞行，应当在云下、目视条件下进行。

渔业飞行中，作盘旋侦察时，坡度不得大于 30°；空投通信筒时，航空器距船舶桅杆或水面都不得少于 30 m。

在广阔水域上空进行各种渔业飞行的最低天气标准：云高不得低于 200 m；水平能见度不得小于 5 km（直升机不得小于 2 km）。

自广阔水域上空飞向岸边，如果不能保持云下目视飞行，必须报告区域管制室，根据其指令上升到指定的高度层，按照仪表飞行。

四、人工降水飞行

人工降水飞行是利用航空器在空中喷撒催化剂，促使云体发生变化而形成降水。

人工降水飞行的飞行高度如果在 3600 m 以上，机组必须带足氧气。

飞行中，机组应当系好安全带，机舱内的工作人员必须系好安全绳。

用浓积云进行人工降水飞行时，应做到如下几点。

（1）作业区距离基地 150 km 以内，起飞前应当选好一至两个备降机场。

（2）严禁飞入浓积云、积雨云中。

（3）催化飞行通常应当在云顶进行，如果云顶太高需要在浓积云周围飞行时，机长必须根据云系情况，做好飞近和飞离的准备。

（4）在迂回进行催化飞行的整个过程中，必须保持云外飞行。

无雷达设备的航空器，只有在地面雷达的监视和引导下，方准在夜间进行人工降水飞行。

五、直升机机外载荷飞行

直升机机外载荷飞行包括吊运、吊装、牵引、绞车装卸等。

机外载荷飞行最低天气标准如下。

（1）云高：直升机距云底的垂直距离不少于 100 m，风速限制按机型手册规定。

（2）能见度：平原地区 2 km，丘陵、山区 3 km。

执行机外载荷飞行任务前，必须按无地效认真计算重量和重心位置，并根据地形及任务的性质等，留有一定的剩余马力。

任何情况下，不允许超过该型直升机飞行手册规定的最大吊挂重量、最大外挂起飞重量、最大吊挂高度、最大吊挂坡度和吊挂允许速度。

进行机外载荷作业前应当进行空中或地面视察，机组、地面施工人员以及指挥人员要共同制定飞行方案、安全措施以及特殊情况下的处置方法。

每次飞行前，必须检查货钩和绞车情况，以及应急释放装置。

机外载荷飞行时，有如下禁止。

（1）无关人员乘坐直升机。

（2）低于最低天气标准作业。

（3）吊运货物装载不合规定。

（4）增速时掉高度。

（5）在情况复杂，特别是下滑角过大，下滑速度过大，备用马力不足和距离障碍物过近的情况下，无充分准备勉强进入投放点。

（6）消速后半段吊挂物触地或者碰撞障碍物。

由于天气、地形、机械、身体等原因，驾驶员对继续完成吊挂任务缺乏信心时，应果断停止作业。

机外载荷飞行往返作业地点的飞行高度应当根据飞行距离、天气情况和地形条件决定。在平原地区吊挂物距障碍物不得少于 50 m；在丘陵、山区吊挂物距障碍物不得少于 100 m。

凡两架以上直升机，使用一个作业基地往返作业点进行机外载荷飞行时，必须保持通信联络，采取统一制定的同方向运行圆圈航线。两机同航向时，必须保持 500 m 以上的间隔。

每次机外载荷飞行，都应按以下规定携带备用燃油。

（1）作业点距离临时基地（加油点）10 km 以外，备用油量不得少于 20 min。

（2）作业点距离临时基地（加油点）10 km 以内，备用油量不得少于 15 min。

在正常情况下，飞行人员 24 h 内机外载荷飞行时间不得超过 5 h。机外载荷、运输总时间不得超过 7 h（其中机外载荷飞行时间不得超过 4 h）。

在执行机外载荷飞行中，必须搞好空地通信联络，密切协作配合。要利用小型通信设备、辅助手势、旗语等进行指挥。执行任务前，对手势、旗语要做统一规定，并进行必要的演练。

机外载荷飞行遇有特殊情况时，允许驾驶员应急投放吊挂物和临时选场着陆。在可能情况下，应当在紧急投放吊挂物和临时选场前，向管制员和基地报告，尽量降低飞行高度，选择合适的投放场地，保证地面人员和财产的安全。

六、航空摄影飞行

在组织与实施航空摄影飞行中，应当拟订主要和备份飞行计划，充分利用可飞的天气。

航空摄影飞行时，必须按时报告航空器的位置和飞行高度。在航路、航线或者在其附近作业时，必须经过区域管制室允许，方可按照飞行计划改变作业区和飞行高度。飞往作业区和飞返着陆机场，必须按照指定的高度进行。

航空摄影飞行时，航空器距地面和障碍物的安全高度为：平原、丘陵地区不低于 100 m，山区不低于 200 m。当测量分区的侧、前方有不符合飞行安全高度的山峦时，应当遵守下列规定。

（1）侧方离山距离不得小于 2 km。
（2）前方离山距离，在进入和脱离测线转弯过程中，均不得小于 3 km。

两架以上航空器在同一地区进行航空摄影飞行时，应当避免同时在相对、相邻分区作业。确有必要时，必须经过区域管制室允许，并且应当遵守下列规定。

（1）作业飞行中飞越相对、相邻分区时，两架航空器飞行的高度差不得小于 300 m。
（2）在相对、相邻分区作业，高度差小于 300 m 时，两架航空器应当严格保持规定的间隔、距离飞行；在相邻分区作业，还应当保持测线推进方向一致。
（3）航空器之间应当保持通信联络。

七、航空物理探矿飞行

航空物理探矿（放射性、磁性）飞行（以下简称物探飞行）时，机组必须不断地观察空中情况，注意收听和了解有关空中飞行动态。当飞行高度低于山顶时，应当注意地形和天气的变化，禁止飞入云中。

低空、超低空物探飞行的最低天气标准如下。

（1）云底距离作业地段最高点不低于 300 m。
（2）作业区的风速不超过 5 m/s。
（3）水平能见度不小于 10 km（直升机不小于 5 km）。
（4）在飞行高度上无连续性颠簸或者较明显的下降气流。

在山区执行低空、超低空物探飞行前，应当先进行视察飞行。对个别地形复杂的地段，必须在距离地面不少于 200 m 的高度上再做补充视察。

作业飞行中遭遇下降气流时，必须立即使用发动机的最大功率，转入上升状态，并且迅速脱离危险区域。

低空、超低空物探飞行上升、下降速度的规定如下。
（1）上升时，不得小于航空器的最小巡航速度，直升机不得小于安全速度。
（2）下降时，不超过航空器的最大允许速度，直升机不得小于最小安全速度。

低空、超低空物探飞行，距离地面、障碍物的最低作业飞行高度规定如下。
（1）平原地区，不得低于 25 m（转弯高度不得低于 50 m）。
（2）地形高差在 100～200 m 的丘陵地区，飞机不得低于 50 m，直升机不得低于 40 m。
（3）地形高差在 200～400 m 的丘陵地区，飞机不得低于 70 m，直升机不得低于 50 m。
（4）地形高差超过 400 m 的丘陵、山区，飞机不得低于 100 m，直升机不得低于 60 m。
（5）飞越山脊时的高度，气流平稳时，进行放射性测量飞行的飞机，不得低于 30 m；进行磁性测量飞行的飞机，不得低于 50 m，直升机不得低于 30 m。稍有颠簸时，上述高度都应当适当提高。

各种航空器的作业飞行高度，还应当根据任务性质和作业地区的地形标高确定。

低空、超低空航空物探飞行，有如下禁止。
（1）在飞行高度距离地面低于 100 m 时，飞行航向与太阳方位之差小于 45°。
（2）在山峰的背风面连续作业。
（3）在规定的飞行高度上，进入宽度小于该机型转弯半径的 3 倍的山谷或者峡谷。
（4）沿鞍形山或者口袋山向上坡飞行。
（5）使用最大功率时，在上升率不能达到 1 m/s 的高度上进行山区作业。
（6）进入云、雾中。
（7）沿大于 45°的陡峭山坡，翼尖距山小于 75 m。
（8）过山时，从上升状态猛然推杆，转入大的下滑状态。

八、急救飞行

急救飞行主要有医救飞行、抢险救灾飞行等。

急救飞行任务时间紧迫，各航空公司接受任务后，应当立即根据天气、地形和飞行保障条件，确定航空器和机组。迅速组织空勤人员和有关保障部门，做好飞行准备，保证及时起飞。

在无法取得目的地的天气实况时，可根据天气预报放行航空器，如果航线距离不超过 100 km，可按照本场天气实况放行航空器。当着陆机场（场地）天气不稳定或者无天气资料时，应当选定可靠的备降机场，并且携带足够的航行备用燃油，保证安全完成任务。

夜间急救飞行必须指派经验丰富的机长担任。起飞着陆地带要有临时夜航灯光标志。

急救飞行需要场外着陆时，航空公司应当组织机组在飞行前认真准备。根据机型性能和现有的资料尽可能地周密计划、研究、选择预计的着陆地点，了解场面硬度，冰、雪厚度，拟订飞行的程序、方法和特殊情况的处置方案。

进行预定场外着陆时，机长应当注意如下几点。
（1）在不低于真高 100 m 的高度上仔细查看场地面积、坡度、进入着陆方向的净空条件和风向、风速等，然后按照选定的着陆方向下降到真高 25 m，确定场地是否适用。

（2）选择逆风和可供航空器安全降落滑跑的方向进入着陆。

（3）直升机应当在 10 m 以下的高度上悬停，查看场地然后着陆。

（4）着陆后，仔细查看场地，判明确能保证安全，方准起飞。

执行空投、空降急救任务时，航空公司的领导和机长应当根据任务要求空降人员数量，空投物资种类、重量，与有关单位共同制订空投、空降计划。

实施空投的飞行高度，由机长根据预定方案、地形、气象条件、机型和空投方式等决定。空投非带伞物品距离地面和障碍物的飞行真实高度，昼间：速度 200 km/h 以下的航空器，在平原地区不得低于 10 m，在丘陵和山区不得低于 30 m；速度 200 km/h 以上的航空器，在平原地区不得低于 30 m，在丘陵和山区不得低于 50 m。空投带伞物品，距地面均不得低于 100 m。夜间空投的飞行高度均应适当提高。

直升机可以在任何高度上悬停空投。

在山区实施空投前，航空器应当在距离地面和障碍物不低于 400 m（夜间 600 m）的真实高度上进行观察飞行，查看场地，决定最安全的进入和脱离方向。

实施空投时，有如下禁止。

（1）机翼与陡峭山坡的距离小于 100 m，直升机小于 30 m。

（2）沿山坡向上飞行或者向上坡方向进入转弯。

（3）机长亲自投掷或者向后观察。

（4）进入烟雾、强烈颠簸气流。

实施空降时，机长应当操纵航空器准确进入空降场地上空，严格保持空降的飞行高度和速度。昼间空降前，为了便于选择空降场，可根据地形适当降低飞行高度，但距障碍物不得低于 100 m。

两架以上航空器在同一地段上空执行空投、空降任务时，负责指挥的单位必须预先将实施飞行的程序和规定通知执行任务的机组，调整各架（批）航空器的进入时间。必要时，还应当指定其中一架航空器担任空中指挥。机组在改变高度实施空投、空降前，必须取得指挥人员的许可，并与有关航空器保持密切联系，注意空中观察。

第三节　其他飞行的飞行组织与实施管理规定

一、训练飞行的飞行组织与实施管理规定

（一）训练飞行的定义及各部门组织实施职责

1. 训练飞行的定义

训练飞行即为使飞行人员掌握飞行、战术、领航、通信、侦察和试飞等各种技术而组织的飞行。飞行部负责制订及调整训练飞行计划，负责提出训练申请。

2. 训练飞行的开展各部门组织实施职责

运控部负责根据飞行部训练申请完成训练机场协议签署、训练飞行的组织论证实施工作。

飞行部、运控部、工程部、战略市场部、客舱与地面服务部、货运业务部、航空安保部等部门具体工作项目参见"特殊飞行工作检查单"。

（二）新训练飞行机场的确定及保障

飞行部综合评估向运控部提出进行训练飞行机场的需求申请，运控部协议管理岗位根据申请组织评估训练飞行机场的保障情况，并完成协议签署等工作。

运控部协议管理岗位完成训练飞行机场协议签署后，将机场可提供的服务内容、申请训练飞行的要求或程序及对口业务单位的联系方式等信息通报相关部门。原则上，飞行部应至少提前 30 个工作日向运控部提出新训练飞行机场的需求申请，以确保充足的时间完成机场保障情况及协议签署等工作。

运控部协议管理岗位也可以根据情况，自行完成训练飞行机场保障协议的签署工作，通报飞行部作为备选训练飞行机场。如飞行部选择已签署协议的备选机场作为训练飞行机场，可无须向运控部提出训练飞行机场协议签署需求申请。

（三）训练飞行计划的制作

飞行部在制订训练飞行计划时应尽可能避开公司客/货运市场旺季，并应提前征询运控部协议管理及计划协调席、市场航线网络及销售和工程部计划等单位的意见。

飞行部应根据工程部提供的适航运力、市场部门航班计划、运控部协议训练机场签署等情况至少提前 1 个月启动训练计划制作工作，且在制订训练飞行计划前，了解训练飞行机场情况，选择合适的可供训练飞行使用的机场，确定训练机组成员、训练科目（是否为转左座飞行）、训练所需时间、运力安排、完成期限、在不正常情况下优先保障次序等信息。

工程部收到飞行部训练飞行计划意见征询时，应评估可提供训练飞行的适航飞机；市场部门根据航班计划评估运力调整；运控部协议管理岗位评估训练飞行机场保障及航油协议是否有效，次日计划席（或计划协调席）联系拟订计划执行训练飞行的机场，并根据机场要求发送传真或函件，特殊情况下需视情征询其他有关部门意见；正常情况下，各相关部门应不晚于计划训练飞行日期前 2 周完成相关评估工作。

飞行部经征询各相关部门意见，确定训练飞行计划后，需要将训练飞行计划呈报公司运行副总裁批准后方可予以执行。

（四）训练飞行的申请及实施

飞行部根据批准的训练飞行计划，正常情况至少提前 10 个工作日向运控部运管中心提出训练申请（并需随附公司运行副总裁批准的公文或文件）。训练飞行计划一旦提交运管中心，除不可控因素外，训练机场、调机日期（如有）、训练日期等不允许调整。

运管中心负责训练飞行的组织实施工作。在接到训练申请后，不晚于 2 个工作日内向各相关部门下发"特殊飞行指令"，并督促、跟踪各项工作限时完成。

各有关部门在收到"特殊飞行指令"后即刻开展相关工作，正常情况下，"特殊飞行指令"相关工作需在不晚于训练飞行前 1 个工作日完成。

特殊情况，如遇民航局、军方未批复等不可控因素影响训练飞行计划执行，相应席位应及时通报飞行部、运管中心及有关单位，飞行部应据此重新调整训练计划。

（五）训练飞行的保障

（1）当日带班主任负责训练飞行的组织和实施。

（2）各部门席位值班员收到飞行训练信息后及时通知相关业务单位。

（3）如临时有其他原因取消、延误训练计划，负责制作计划席位的值班员应及时将信息发布给相关单位。

（4）按照飞机性能和平衡要求，训练飞行时可能需要压舱物，配载平衡席需提前通知相关保障单位准备压舱物。

（5）超出预计训练时间，飞行部应完成相关单位的协调工作。

二、试飞计划的飞行组织与实施管理规定

对于外委服务中有试飞申请服务的由外委单位负责维修后试飞申请。对于航空公司维修的飞机或外委服务中无试飞服务项目则由公司运控部负责相关申请工作。公司运控部运管中心负责试飞飞行的组织和协调，带班主任负责试飞飞行的实施和监控。

（一）试飞计划的申请

工程部 MCC 提前与飞行部确认有可用飞行机组执行试飞计划。

工程部 MCC 确保飞机状态满足试飞要求。

各单位在收到"特殊飞行指令""特殊飞行工作检查单"后，开展申请与保障工作。

（二）试飞计划的变更

工程部协调相关部门后发布调整计划至运控部。

运控部运管中心 2 个工作日内发布调整计划至相关单位。

（三）试飞前工作准备

带班主任安排试飞保障。

按照飞机性能和平衡要求，试飞时可能需要压舱物，配载平衡席及时通知相关保障单位准备压舱物。

（四）试飞进程监控

带班主任需对试飞过程进行监控。

飞机落地后，带班主任及时向机组了解试飞的结果，如果未达到预想的结果，立即反馈给运控部运管中心和工程部，重新进行评估，准备组织下一次试飞。

三、紧急包机的飞行组织与实施管理规定

（一）紧急包机定义

紧急包机指无法满足有关开航准备限定条件要求，受突发因素（疫情、灾难救援等）影响，获得公司领导审批同意，或根据民航局指示需要立即执行的临时包机航线。

（二）紧急包机运行组织实施原则及条件

安全风险：满足除公司安监部风险管理评估不可执行外的情况。
运行条件：满足航班运行的最基本条件。

（三）工作职责

紧急包机需要安监部启动公司级风险评估，并第一时间发布评估结果，评估时限不得影响航前准备。

（1）紧急包机根据航班计划直接启动开航准备工作。
（2）运控部运管中心接到指令后，第一时间发布"紧急包机开航工作检查单"，各部门接到通知后，即刻启动相关工作。
（3）紧急包机航前准备工作推荐微信等即时通信工具。
（4）航前准备过程中，如遇市场变化、突发不可抗力等因素，导致无法开航，相关单位需第一时间提出。

（四）航班监控

AOC密切监控飞行动态，及时跟踪、协调解决飞行中出现的问题，及时将航班动态通报给公司值班领导、公司01值班员及运管中心。紧急包机开航工作检查单如表8-1所示。

表8-1 紧急包机开航工作检查单

序号	工作内容	责任部门	负责人	完成时限	备注
1	航班计划	客/货运市场			
2	确定使用飞机	客/货运市场、工程部			
3	航路信息确定	运控部			
4	机组名单	飞行部、客舱与地面服务部、航空安保部			
5	跟机保障人员名单	货运业务部/客舱与地面服务部、工程部			

续表

序　号	工作内容	责任部门	负责人	完成时限	备　注
6	航班航权、时刻申请	客/货运市场			
7	新开航线审定报备（报局），运行偏离等	运标部			
8	提交民航局相关文件、函件	客/货运市场			
9	调机航班压舱物准备	货运业务部			
10	随机工具设备	维修工程部			
11	更新机场分析	运控部			
12	各站点配餐	客舱与地面服务部			
13	各站点航务、延伸、加油保障	运控部			
14	各站点地面保障	货运业务部/客舱与地面服务部			
15	各站点地面保障相关单位及联系方式汇总	货运业务部/客舱与地面服务部			
16	收集机上人员信息，以向安检等单位报备	航空安保部			
17	了解各地防疫政策，掌握标准，做好机组、一线人员保障支持工作（涉及疫情包机）	人资行政部（航卫）			
18	受疫情影响，航班机上人员限制、医学隔离方案（涉及疫情包机）	人资行政部（航卫）、货运业务部/客舱与地面服务部			
19	额外费用统计	运控部、各部门			

四、疫情包机航班的组织与实施管理规定

公司各相关部门应严格执行民航局《运输航空公司和运输机场疫情防控技术指南》（最新版）有关规定，完成包含但不限于航班防疫风险等级评估、旅客体温检测、机组人员个人防护、机上服务、航空器日常清洁与预防性消毒、航空器维护、机上紧急医学事件应急处理、机组人员隔离方案、执行疫情高发国家（地区）特殊运输保障任务（包机任务）防控措施、来自高风险国家在境内机场转机旅客（体温正常）处置程序等。

第四节　外国民用航空器飞行的管理规定和保障

国际飞行与国内飞行有着许多不同的特点和要求，主要体现在飞行的批准程序上。国

际飞行除飞行的管制和保障需要批准外,还涉及国家的主权和经济权益。因此,飞行的批准需要经过签订双边航空运输协定或经过外交部、民航局的批准后方可飞行。在执行飞行和管制规则上,虽然国际飞行与国内飞行执行相同的规则,但在国际飞行中,还需明确在飞行与管制过程中违反规定的责任和发生不正常情况处理的原则和程序。总之,国际飞行的管理与保障是一项政策性很强的工作。外国民用航空器在我国境内的飞行,组织与实施飞行的工作程序和国内飞行大致相同。

一、外国民用航空器管理的有关规定

外国民用航空器管理的有关规定如下。

(1) 外国民用航空器只有根据中华人民共和国政府同该国政府签订的航空运输协定或者其他有关文件,或者通过外交途径向中华人民共和国政府申请,在得到答复接受后,才准飞入或者飞出中华人民共和国国界和在中华人民共和国境内飞行。

(2) 外国民用航空器及其空勤组成员和乘客,在中华人民共和国境内飞行或者停留时,必须遵守中华人民共和国的法律和有关入境、出境、过境的法令规章。

(3) 外国民用航空器飞入或者飞出中华人民共和国国界和在中华人民共和国境内飞行,必须服从中国民用航空局各有关的空中交通管制部门的管制,并且遵守有关飞行的各项规章。

(4) 外国民用航空器根据中华人民共和国政府同该国政府签订的航空运输协定,可以在中华人民共和国境内按照协定中规定的航线进行定期航班飞行和加班飞行。

定期航班飞行,应当按照班期时刻表进行。班期时刻表必须由同中华人民共和国政府签订协定的对方政府指定的航空运输企业,预先提交中国民用航空局,并且征得同意。

加班飞行,由同中华人民共和国政府签订协定的对方政府指定的航空运输企业,最迟要在预计飞行开始前 5 天或者按照协定所规定的时间,向中国民用航空局提出,获得许可后,才能进行。

(5) 外国民用航空器在中华人民共和国境内进行定期航班飞行和加班飞行以外的一切不定期飞行,必须预先提出申请,在得到答复接受后,才能进行。

不定期飞行的申请,最迟要在预计飞行开始前 10 天通过外交途径提出。如果双边航空运输协定中另有规定,依照规定。

不定期飞行的申请,应当包括下列内容。

① 航空器登记的国籍,航空器的所有人和经营人。
② 飞行的目的。
③ 航空器的型别、最大起飞重量和最大着陆重量。
④ 航空器的识别标志(包括国籍标志和登记标志)。
⑤ 航空器的无线电通话和通报的呼号。
⑥ 航空器上无线电台使用的频率范围。
⑦ 空勤组成员的姓名、职务和国籍,航空器上乘客的人数和货物的重量。

⑧ 允许空勤组飞行的气象最低条件。

⑨ 预计由起点机场至目的地机场的飞行航线、飞行日期和时刻，以及在中华人民共和国境内飞行的航路。

⑩ 其他事项。

（6）外国民用航空器在中华人民共和国境内进行不定期飞行时，由中国民用航空局指派飞行人员（包括领航员和无线电通信员）随机引导，如果许可中有特别规定，依照规定。

（7）在中华人民共和国境内飞行的外国民用航空器，必须具有国籍标志和登记标志。没有国籍标志和登记标志的外国民用航空器，禁止在中华人民共和国境内飞行。

（8）在中华人民共和国境内飞行的外国民用航空器，应当具有下列文件。

① 航空器登记证。

② 航空器适航证。

③ 空勤组每一成员的专业执照或者证件。

④ 航空器的航行记录簿。

⑤ 航空器上无线电台使用许可证。

⑥ 总申报单。

⑦ 航空器如载运乘客，应当携带注明乘客姓名及其登机地与目的地的清单。

⑧ 航空器如载运货物，应当携带货物仓单。

二、外国民用航空器飞行的相关规定

（1）外国民用航空器飞入或者飞出中华人民共和国国界，必须从规定的空中走廊或者进出口通过。禁止偏离空中走廊或者进出口。

（2）外国民用航空器飞入或者飞出中华人民共和国国界前 20～15 min，其空勤组必须向中国民用航空局有关的空中交通管制部门报告：航空器的呼号、预计飞入或者飞出国界的时间和飞行的高度，并且取得飞入或者飞出国界的许可。没有得到许可，不得飞入或者飞出国界。

（3）外国民用航空器飞越中华人民共和国国界和中华人民共和国境内规定的位置报告点，应当立即向中国民用航空局有关的空中交通管制部门做位置报告。位置报告的内容如下。

① 航空器呼号。

② 位置。

③ 时间。

④ 飞行高度或者飞行高度层。

⑤ 预计飞越下一位置的时间或者预计到达降落机场的时间。

⑥ 空中交通管制部门要求的或者空勤组认为需要报告的其他事项。

（4）外国民用航空器飞入或者飞出中华人民共和国国界后，如果因为天气变坏、航空器发生故障或者其他特殊原因不能继续飞行，允许其从原航路及空中走廊或者进出口返航。此时，空勤组应当向中国民用航空局有关的空中交通管制部门报告：航空器呼号、被迫返航的原因、开始返航的时间、飞行的高度，以及返航后预定降落的机场。在中华人民共和国境内，如果没有接到中国民用航空局有关的空中交通管制部门的指示，通常应当在原高度层的下一反航向的高度层上返航；如果该高度层低于飞行的安全高度，则应当在原高度层的上一反航向的高度层上返航。

（5）外国民用航空器在没有同中国民用航空局有关的空中交通管制部门沟通无线电联络以前，禁止飞入或者飞出中华人民共和国国界和在中华人民共和国境内飞行。

（6）外国民用航空器在中华人民共和国境内飞行，如果与中国民用航空局有关的空中交通管制部门的航空电台通信联络中断，其空勤组应当设法与其他航空电台或者空中其他航空器沟通联络，传递飞行情报。如果仍然无法恢复联络，则该航空器应当按照下列规定飞行。

① 在目视气象条件下，应当继续保持在目视气象条件下飞行，飞往就近的机场（指起飞机场、预定的降落机场和中国民用航空局事先指定的备降机场）降落。降落时，应当按照《外国民用航空器飞行管理规则》附件一《辅助指挥、联络的符号和信号》的规定进行。

② 在仪表气象条件下或者在天气条件不允许在目视气象条件下飞往就近的机场降落时，应当严格按照现行飞行计划飞往预定的降落机场的导航台上空；根据现行飞行计划中预计到达时间开始下降，并且按照该导航设备的正常仪表进近程序，在预计到达时间之后 30 min 内着陆。

③ 失去通信联络的航空器，如果无线电发信机工作正常，应当盲目发送机长对于继续飞行的意图和飞行情况，随后，在预定时刻或者位置报告点盲目发送报告；如果无线电收信机工作正常，应当不间断地收听地面航空电台有关飞行的指示。

（7）中华人民共和国境内航空器飞行的目视气象条件：能见度不少于 8 km，航空器距离云的垂直距离不少于 300 m，航空器距离云的水平距离不少于 1500 m。

（8）飞行的安全高度是保证航空器不致与地面障碍物相撞的最低的飞行高度。

中华人民共和国境内航线飞行的安全高度，在高原、山岳地带应当高出航线两侧各 25 km 以内最高标高 600 m；在高原、山岳以外的其他地带应当高出航线两侧各 25 km 以内最高标高 400 m。

（9）外国民用航空器在中华人民共和国境内飞行，必须在规定的飞行高度或者高度层上进行。

中华人民共和国境内飞行的高度层，按照下列办法划分：真航线角在 0°～179°以内，高度由 600 m 至 6000 m，每隔 600 m 为一个高度层；高度在 6000 m 以上，每隔 2000 m 为一个高度层。真航线角在 180°～359°以内，高度由 900 m 至 5700 m，每隔 600 m 为一个高度层；高度在 7000 m 以上，每隔 2000 m 为一个高度层。

飞行高度层应当根据以特定气压 1013.2 hPa 为基准的等压面计算。真航线角应当从航线起点和转弯点量取。

（10）外国民用航空器在中华人民共和国境内每次飞行的高度或者高度层，由中国民用航空局有关的空中交通管制部门指定。

外国民用航空器在飞行中，无论气象条件如何，如果需要改变飞行高度或者高度层，必须经过中国民用航空总局有关的空中交通管制部门的许可。

（11）外国民用航空器在中华人民共和国境内必须沿规定的航路飞行。禁止偏离航路。

中华人民共和国境内航路的宽度最大为 20 km，最小为 8 km。

（12）在中华人民共和国境内飞行的外国民用航空器，其空勤组如果不能判定航空器的位置，应当立即报告中国民用航空局有关的空中交通管制部门。

外国民用航空器在飞行中如果偏离规定的航路，中国民用航空局有关的空中交通管制部门，在可能范围内帮助其回到原航路，但对该航空器由于偏离航路飞行所产生的一切后果，不负任何责任。

（13）目视飞行时航空器相遇，应当按照下列规定避让。

① 两航空器在同一个高度上对头相遇，应当各自向右避让，相互间保持 500 m 以上的间隔。

② 两航空器在同一个高度上交叉相遇，飞行员从座舱左侧看到另一架航空器时应当下降高度，从座舱右侧看到另一架航空器时应当上升高度。

③ 在同一个高度上超越前面航空器，应当从前面航空器右侧保持 500 m 以上的间隔进行。

④ 单独航空器应当主动避让编队或者拖曳物体的航空器，有动力装置的航空器应当主动避让无动力装置的航空器。

（14）外国民用航空器在中华人民共和国境内飞行时，应当按照中国民用航空局规定的无线电通信的方式和无线电频率，同中国民用航空局有关的空中交通管制部门保持不间断地收听，以便及时地进行通信联络。

进行地空无线电联络，应当遵守下列规定。

① 通报时使用国际 Q 简语；通话时使用汉语，或者使用中华人民共和国政府同意的其他语言。

② 地理名称使用汉语现用名称或者用地名代码、地名代号、无线电导航设备识别信号和经纬度表示。

③ 计量单位：距离以 m 或者 km 计；飞行高度、标高、离地高度以 m 计；水平速度、空中风速以 km/h 计；垂直速度、地面风速以 m/s 计；风向以度计（真向）；能见度以 km 或者 m 计；高度表拨正以毫米水银柱或者毫巴计；温度以°计（摄氏）；重量以 t 或者 kg 计；时间以 h 和 min 计（格林威治平时二十四小时制，自子夜开始）。

三、外国民用航空器管制的有关规定

（1）在中华人民共和国境内飞行的外国民用航空器，应当在中国民用航空局指定的机场降落。降落前应当取得降落机场的空中交通管制部门的许可；降落后，没有经过许可，不得起飞。

不定期飞行的外国民用航空器降落后,其机长还应当到机场空中交通管制部门报告在中华人民共和国境内的飞行情况,并且提交有关下一次飞行的申请。

(2) 外国民用航空器的空勤组必须在起飞前做好飞行准备工作,机长或其代理人至少要在预计起飞前一小时向中国民用航空局有关的空中交通管制部门提交飞行计划。

如果航空器延误超过规定起飞时间 30 min 以上,应当修订该飞行计划,或者另行提交新的飞行计划,并且撤销原来的飞行计划。

(3) 中华人民共和国境内机场的起落航线飞行通常为左航线。起落航线的飞行高度,通常为 300~500 m。进行起落航线飞行时,禁止超越同型或者速度相接近的航空器。航空器之间的纵向间隔,一般应当保持在 2000 m 以上,并且还要考虑航空器尾流的影响。经过机场空中交通管制员许可,大速度航空器可以在第三转弯前从外侧超越小速度航空器,其横向间隔不得小于 500 m。除被迫必须立即降落的航空器外,任何航空器不得从内侧超越前面的航空器。

加入起落航线飞行必须经过机场空中交通管制员许可,并且应当顺沿航线加入,不得横向截入。

(4) 外国民用航空器在航空站区域内目视气象条件下飞行时,其空勤组应当进行严密的空中观察,防止与其他航空器碰撞;如果发生碰撞,航空器的机长应负直接责任。

(5) 外国民用航空器在中华人民共和国境内的机场起飞或者降落,高度表拨正程序按照下列规定进行。

① 规定过渡高度和过渡高度层的机场。

航空器起飞前,应当将机场场面气压的数值对正航空器上气压高度表的固定指标;航空器起飞后,上升到过渡高度时,应当将航空器上气压高度表的气压刻度 760 mm 对正固定指标。航空器降落前,下降到过渡高度层时,应当将机场场面气压的数值对正航空器上气压高度表的固定指标。

② 没有规定过渡高度和过渡高度层的机场。

航空器起飞前,应当将机场场面气压的数值对正航空器上气压高度表的固定指标;航空器起飞后,上升到 600 m 高度时,应当将航空器上气压高度表的气压刻度 760 mm 对正固定指标。航空器降落前,进入航空站区域边界或者根据机场空中交通管制员的指示,将机场场面气压的数值对正航空器上气压高度表的固定指标。

③ 高原机场。

航空器起飞前,当航空器上气压高度表的气压刻度不能调整到机场场面气压的数值时,应当将气压高度表的气压刻度 760 mm 对正固定指标(此时所指示的高度为假定零点高度)。航空器降落前,如果航空器上气压高度表的气压刻度不能调整到机场场面气压的数值,应当按照降落机场空中交通管制员通知的假定零点高度(航空器着陆时所指示的高度)进行着陆。

(6) 外国民用航空器在中华人民共和国境内起飞或者降落时,应当遵守中国民用航空局规定的机场气象最低条件。当机场的天气实况低于机场气象最低条件时,航空器不得起飞或者着陆。在紧急情况下,如果航空器的机长决定低于机场气象最低条件着陆,须对其决定和由此产生的后果负完全的责任。当机场天气实况十分恶劣，机场空中交通管制部门将关闭机场，禁止航空器起飞或者着陆。

（7）在中华人民共和国境内的航路上飞、降落机场附近有威胁航空器飞行的危险天气时，中国民用航空局有关的空中交通管制部门可以向外国民用航空器的机长提出推迟起飞、返航或者飞往备降机场的建议；航空器的机长对此类建议有最后的决定权并对其决定负责。

（8）在中华人民共和国境内飞行的外国民用航空器，如果发现可能危及飞行安全的严重故障时，中国民用航空局的有关部门有权制止该航空器继续飞行，并且通知其登记国；该航空器可否继续飞行，由航空器登记国确定。

（9）外国民用航空器在中华人民共和国境内飞行时，无论在任何情况下，均不准飞入中华人民共和国划定的空中禁区。中国民用航空局对飞入空中禁区的外国民用航空器的机长，将给予严肃处理，并且对该航空器飞入空中禁区所产生的一切后果，不负任何责任。

（10）在特殊情况下，中国民用航空局公布临时关闭有关的航路或者机场时，与该航路或者机场飞行有关的外国民用航空器，必须根据中国民用航空局的航行通告或者有关的空中交通管制部门的通知，修订飞行计划。

（11）在中华人民共和国境内飞行的外国民用航空器，除遇险情况下的跳伞外，只有得到中国民用航空局有关的空中交通管制部门的许可，并且在指定的条件下，才可以向地面投掷物品、喷洒液体和使用降落伞。

（12）在中华人民共和国境内飞行的外国民用航空器，如果发生严重危及航空器和机上人员安全，并且需要立即援助的情况时，其空勤组应当立即向中国民用航空局有关的空中交通管制部门发出遇险信号，以便及时进行搜寻和援救。遇险信号以无线电话发出时用"MAYDAY"，以无线电报发出时用"SOS"。遇险航空器在发出遇险信号后，应当尽可能将航空器呼号，遇险性质，现在的位置、高度、航向和机长的意图在遇险通信中发出。遇险通信应当在当时使用的地空无线电通信频率上发出；必要时，按照中国民用航空局有关的空中交通管制部门的通知，将通信频率转到紧急频率上继续进行联络。这种紧急频率在航行资料汇编中提供。

（13）在中华人民共和国境内飞行的外国民用航空器，如果发生可能危及航空器或者机上人员安全，但不需要立即援助的情况时，其空勤组应当立即向中国民用航空局有关的空中交通管制部门发出紧急信号。紧急信号以无线电话发出时用"PAN"，以无线电报发出时用"XXX"。遇有紧急情况的航空器，在发出紧急信号后，还应当将航空器呼号，紧急情况的性质，现在的位置、高度、航向和机长的意图在紧急通信中发出。紧急通信应当在当时使用的地空无线电通信频率上发出；必要时，按照中国民用航空局有关的空中交通管制部门的通知，将通信频率转到紧急频率上继续进行联络。这种紧急频率在航行资料汇编中提供。

（14）飞入或者飞出中华人民共和国国界的外国民用航空器，必须在指定的设有海关、检疫和边防检查站的机场降落或者起飞。

在中华人民共和国境内的外国民用航空器（包括其必须具备的文件以及空勤组成员、

乘客和所载物品），应受中华人民共和国有关机关的检查。

在中华人民共和国境内飞行的外国民用航空器，禁止载运爆炸物、易燃物、武器、弹药以及中华人民共和国政府规定的其他违禁品。

（15）外国民用航空器在飞行中，如果空勤组成员或者乘客患急病，空勤组应当报告有关的空中交通管制部门，以便在降落后取得协助为病员进行必要的医疗。

被强迫降落的外国民用航空器，只有得到中国民用航空局的许可，才能继续飞行。

四、外国民用航空器的组织保障

（1）外国民用航空器的航班飞行，按照班期时刻表进行，在飞行前一日不发飞行预报；外国民用航空器航班飞行改期或取消，以及航班以外的加班飞行和不定期飞行应按规定提出申请，经同意后由总调通知。

（2）外国民用航空器的放行，由航空器机长或由机长与飞行签派员共同研究决定。

（3）外国民用航空器飞行的保障工作，与我国有通航协议的航空公司的航空器，按通航协议的规定和要求提供飞行保障服务；与我国没有通航协议的，除提供例行的协议外，还应按照飞行申请提出的项目和要求提供飞行保障服务。

（4）外国民用航空器在我国境内飞行、起降、停场，空中交通服务报告室负责填写"航空器起降、停场及使用其他服务设备清单"，作为收费的依据。

思 考 题

1. 通航飞行主要包括哪几类？
2. 农业飞行的最低天气标准是什么？
3. 通航飞行对飞行人员有哪些要求？
4. 不定期飞行的申请，应当包括哪些内容？
5. 外国民用航空七位置报告的内容有哪些？

参 考 文 献

[1] 叶林，王杰. D-ATIS 系统工作原理及其应用[J]. 中国西部科技，2011，10（25）：10-13.

[2] 王绍翰. ADS-B 原理解析及其在空中交通管制中的应用研究[J]. 科技创新与应用，2014，14（43）：49-51.

[3] 刘婷. ADS-B 原理及在空中交通管制中的运用分析[J]. 军民两用技术与产品，2017，2（14）：16-18.

[4] 周志. 浅述 ADS-B 技术原理和在民航中的发展[J]. 通讯世界，2016（12）：28-30.

[5] 李洋. ADS-B 系统原理及应用[J]. 通讯世界，2017（5）：62-64.

[6] 王秋萍. 基于全球卫星导航系统的 ADS-B 技术[J]. 科技资讯，2018（26）：58-59.

[7] 刘晓静. ADS-B 技术在空管中的应用研究[J]. 空中交通管理，2011（6）：22-25.

[8] 刘洋. 浅谈 ADS-B 原理及在空中交通管制中的运用[J]. 互联网+健康，2018，20（14）：210.

[9] 郭宝华. 空管数据链技术应用及发展[J]. 指挥信息系统与技术，2019，10（6）：8-13.

[10] 郭湘云. 卫星通信在民航中的应用概述[J]. 数字通信世界，2018（4）：165.

[11] 赖月梅. 卫星通信在民航中的应用概述[J]. 科技广场，2014（04）：119-121.

[12] 董襄宁，赵征，张洪海. 空中交通管理基础[M]. 北京：科学出版社，2011.